肇庆学院校本系列教材

实用语体修辞训练教程

孟建安　主编

SHIYONG YUTI XIUCI
XUNLIAN JIAOCHENG

中山大学出版社
SUN YAT-SEN UNIVERSITY PRESS
·广州·

版权所有　翻印必究

图书在版编目（CIP）数据

实用语体修辞训练教程／孟建安主编．—广州：中山大学出版社，2019.6
（肇庆学院校本系列教材）
ISBN 978-7-306-06602-2

Ⅰ. ①实… Ⅱ. ①孟… Ⅲ. ①汉语—修辞—高等学校—教材 Ⅳ. ①H15

中国版本图书馆 CIP 数据核字（2019）第 073237 号

出 版 人：王天琪
策划编辑：嵇春霞
责任编辑：周明恩　罗梓鸿
封面设计：曾　斌
责任校对：姜星宇
责任技编：何雅涛
出版发行：中山大学出版社
电　　话：编辑部 020-84110771，84113349，84111997，84110779
　　　　　 发行部 020-84111998，84111981，84111160
地　　址：广州市新港西路 135 号
邮　　编：510275　传　真：020-84036565
网　　址：http://www.zsup.com.cn　E-mail：zdcbs@mail.sysu.edu.cn
印 刷 者：广东虎彩云印刷有限公司
规　　格：787mm×1092mm　1/16　16.75 印张　384 千字
版次印次：2019 年 6 月第 1 版　2020 年 7 月第 2 次印刷
定　　价：42.00 元

如发现本书因印装质量影响阅读，请与出版社发行部联系调换

肇庆学院校本系列教材编委会

主　任　曾桓松
副主任　王　忠
编　委　（以姓氏笔画为序）
　　　　丁孝智　刘玉勋　祁建平　李　妍　李佩环
　　　　吴　海　张旭东　胡海建　唐雪莹　曹顺霞
　　　　梁　善　梁晓颖
秘　书　梁晓颖　陈志强

本书编委会

主　编　孟建安
编写人员　（以姓氏笔画为序）
　　　　陈爱锋　易　洁　孟建安
　　　　段　然　黄年丰　黄秋尘

目 录

第一章　实用修辞知识述要 …………………………………………… (1)
　　第一节　语文实践与语体呈现 ………………………………… (1)
　　　　一、语文实践 ……………………………………………… (1)
　　　　二、语体呈现 ……………………………………………… (3)
　　第二节　修辞应用与同义手段 ………………………………… (4)
　　　　一、修辞属性 ……………………………………………… (4)
　　　　二、同义手段 ……………………………………………… (5)
　　第三节　语言环境及其修辞作用 ……………………………… (10)
　　　　一、语境属性 ……………………………………………… (10)
　　　　二、语境构成 ……………………………………………… (11)
　　　　三、语境对修辞应用的作用 ……………………………… (15)
　　第四节　修辞应用原则 ………………………………………… (19)
　　　　一、得体原则 ……………………………………………… (19)
　　　　二、得体要求 ……………………………………………… (20)
　　　　三、得体实现 ……………………………………………… (22)
　　第五节　知识应用技能训练 …………………………………… (25)
　　　　一、语音修辞训练 ………………………………………… (25)
　　　　二、词语修辞训练 ………………………………………… (26)
　　　　三、意义修辞训练 ………………………………………… (26)
　　　　四、句式修辞训练 ………………………………………… (27)
　　　　五、语体风格修辞训练 …………………………………… (28)
　　　　六、知识应用综合训练 …………………………………… (29)

第二章　谈话语体及其修辞应用 ……………………………………… (31)
　　第一节　谈话语体理论知识 …………………………………… (31)
　　　　一、什么是谈话语体 ……………………………………… (31)
　　　　二、谈话语体的类型 ……………………………………… (31)
　　　　三、谈话语体修辞应用原则 ……………………………… (32)
　　　　四、谈话语体分体修辞特征 ……………………………… (34)
　　第二节　知识应用与会话技能训练 …………………………… (44)
　　　　一、谈话语体知识应用训练 ……………………………… (44)
　　　　二、谈话语体会话技能训练 ……………………………… (46)

第三章　事务语体及其修辞应用 (51)

第一节　事务语体理论知识 (51)
一、什么是事务语体 (51)
二、事务语体的类型 (51)
三、事务语体修辞应用原则 (52)
四、事务语体分体修辞特征 (56)

第二节　知识应用与写作技能训练 (69)
一、事务语体知识应用训练 (69)
二、事务语体写作技能训练 (72)

第四章　政论语体及其修辞应用 (78)

第一节　政论语体理论知识 (78)
一、什么是政论语体 (78)
二、政论语体的类型 (78)
三、政论语体修辞应用原则 (79)
四、政论语体分体修辞特征 (82)

第二节　知识应用与写作技能训练 (88)
一、政论语体知识应用训练 (88)
二、政论语体写作技能训练 (90)

第五章　科学语体及其修辞应用 (95)

第一节　科学语体理论知识 (95)
一、什么是科学语体 (95)
二、科学语体的类型 (95)
三、科学语体修辞应用原则 (96)
四、科学语体分体修辞特征 (100)

第二节　知识应用与写作技能训练 (108)
一、科学语体知识应用训练 (109)
二、科学语体写作技能训练 (112)

第六章　广告语体及其修辞应用 (119)

第一节　广告语体理论知识 (119)
一、什么是广告语体 (119)
二、广告语体的类型 (120)
三、广告语体修辞应用原则 (121)
四、广告语体分体修辞特征 (124)

第二节　知识应用与写作技能训练 (129)
一、广告语体知识应用训练 (129)

二、广告语体写作技能训练 ……………………………………… (134)

第七章　文学语体及其修辞应用 ……………………………………… (140)
　第一节　文学语体理论知识 ……………………………………… (140)
　　一、什么是文学语体 ……………………………………… (140)
　　二、文学语体的类型 ……………………………………… (140)
　　三、文学语体修辞应用原则 ……………………………………… (140)
　　四、文学语体分体修辞特征 ……………………………………… (142)
　第二节　知识应用与写作技能训练 ……………………………………… (152)
　　一、文学语体知识应用训练 ……………………………………… (152)
　　二、文学语体写作技能训练 ……………………………………… (155)

第八章　新闻语体及其修辞应用 ……………………………………… (161)
　第一节　新闻语体理论知识 ……………………………………… (161)
　　一、什么是新闻语体 ……………………………………… (161)
　　二、新闻语体的类型 ……………………………………… (161)
　　三、新闻语体修辞应用原则 ……………………………………… (162)
　　四、新闻语体分体修辞特征 ……………………………………… (164)
　第二节　知识应用与写作技能训练 ……………………………………… (171)
　　一、新闻语体知识应用训练 ……………………………………… (171)
　　二、新闻语体写作技能训练 ……………………………………… (176)

第九章　演讲语体及其修辞应用 ……………………………………… (181)
　第一节　演讲语体理论知识 ……………………………………… (181)
　　一、什么是演讲语体 ……………………………………… (181)
　　二、演讲语体的类型 ……………………………………… (182)
　　三、演讲语体修辞应用原则 ……………………………………… (182)
　　四、演讲语体分体修辞特征 ……………………………………… (185)
　第二节　知识应用与写作技能训练 ……………………………………… (191)
　　一、演讲语体知识应用训练 ……………………………………… (192)
　　二、演讲语体写作技能训练 ……………………………………… (198)

第十章　网络语体及其修辞应用 ……………………………………… (202)
　第一节　网络语体理论知识 ……………………………………… (202)
　　一、什么是网络语体 ……………………………………… (202)
　　二、网络语体的类型 ……………………………………… (203)
　　三、网络语体修辞应用原则 ……………………………………… (203)
　　四、网络语体分体修辞特征 ……………………………………… (206)

第二节　知识应用与写作技能训练 ··· (214)
　　　　一、网络语体知识应用训练 ··· (214)
　　　　二、网络语体写作技能训练 ··· (216)

第十一章　修辞病例及其评改 ·· (222)
　　第一节　概　述 ·· (222)
　　　　一、什么是修辞病例 ··· (222)
　　　　二、修辞病例评改 ··· (223)
　　第二节　语音修辞病例及评改 ··· (224)
　　　　一、语音修辞病例 ··· (224)
　　　　二、评点与修改 ··· (225)
　　第三节　词语修辞病例及评改 ··· (227)
　　　　一、词语修辞病例 ··· (227)
　　　　二、评点与修改 ··· (227)
　　第四节　句式修辞病例及评改 ··· (230)
　　　　一、句式修辞病例 ··· (230)
　　　　二、评点与修改 ··· (230)
　　第五节　意义修辞病例及评改 ··· (236)
　　　　一、意义修辞病例 ··· (237)
　　　　二、评点与修改 ··· (237)
　　第六节　辞格修辞病例及评改 ··· (242)
　　　　一、辞格修辞病例 ··· (242)
　　　　二、评点与修改 ··· (243)
　　第七节　语体风格病例及评改 ··· (244)
　　　　一、语体风格病例 ··· (244)
　　　　二、评点与修改 ··· (245)
　　第八节　修辞病例评改技能训练 ··· (248)
　　　　一、修辞病例收集与归类 ··· (248)
　　　　二、语音修辞病例评改训练 ··· (248)
　　　　三、词语修辞病例评改训练 ··· (249)
　　　　四、句式修辞病例评改训练 ··· (249)
　　　　五、意义修辞病例评改训练 ··· (250)
　　　　六、辞格修辞病例评改训练 ··· (251)
　　　　七、语体风格病例评改训练 ··· (251)

主要参考文献 ··· (253)

后　记 ··· (256)

第一章　实用修辞知识述要

【本章导读】 本章在修辞学范畴内阐释修辞应用、语文实践、语体规制、语言环境、同义手段、得体原则等重要概念；厘定了语文实践范畴及其语体呈现，结合修辞应用实际阐释了语境的修辞作用，并论证了得体原则。根据主要修辞理论与知识点设计编制了修辞应用技能训练题，以备课堂拓展训练和课后延伸实践之需。

【教学目标】 通过学习和训练，促使学生掌握修辞基本理论和基础知识，为在特定语体规制下具体语境中的语文实践打下较为坚实的理论基础。

任何交际活动都必然与语文实践紧密相连，而语文实践又必然要通过表达者对特定语体、具体语境、修辞原则等的统筹规划，才能使语言表达更加恰当得体。从修辞学角度看，语文实践实际上就是用相关修辞理论知识来指导言语交际活动的一种有意识的修辞应用行为。注重的是修辞理论的实践化，突出的是修辞知识的实用性，关注的是怎么样才能够把修辞理论知识与语文实践有机结合起来，从而高效率地实现言语交际的目的。特定语体、具体语境与修辞应用自始至终相互影响，由此而贯穿在语文实践过程之中。

第一节　语文实践与语体呈现

一、语文实践

（一）语文实践范畴

语文是什么？叶圣陶说，口头说为语，书面写为文。那么，与"说"对应的逆向语文行为就是"听"，而与"写"对应的逆向语文行为则是"读"。《全日制义务教育语文课程标准》指出，语文课程的基本理念之一是必须面向全体学生，使学生获得基本的语文素养。……使他们具有适应实际需要的识字写字能力、阅读能力、写作能力、口语交际能力。并认为，语文是实践性很强的课程，应着重培养学生的语文实践能力，而培养这种能力的主要途径也应是语文实践。应该让学生更多地直接接触语文材料，在大量的语文实践中体会、掌握运用语文的规律。王荣生把语文实践分为三种类型：与语文实践能力具有同一形态的听、说、读、写实践，带有自然学习性质；对所要培养的语文能力有直接促进作用的，潜藏着特定语文教学内容的实践活动；语识转化为语感的语文实践活动。[1] 由此可见，语文教学的重要目的之一就是培养与训练学生的语言应用能

---

[1] 王荣生：《解读语文实践》，载《课程·教材·教法》2006 年第 4 期。

力，包括书面语言能力和口头语言能力，而书面语言能力和口头语言能力最终都落实在特定语体规制下的听、说、读、写语文实践活动上。换句话说，听、说、读、写就是语文实践的四种表现形式，语文实践聚焦于听、说、读、写四种语文行为。这四种语文行为在现实操作上以一种"螺旋"模式来展开："说""写"为顺向思维的语文实践过程，即陈满铭所谓［（〇）一、二、多］结构；"听""读"为逆向思维的语文实践过程，也就是陈满铭所谓［多、二、一（〇）］螺旋结构。螺旋结构图示如下：①

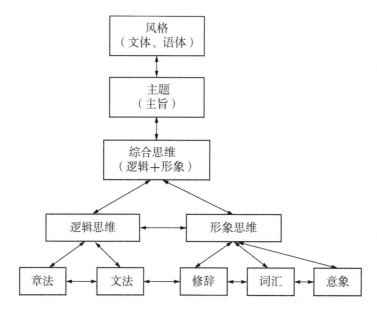

在听、说、读、写四种语文实践活动中，听与读是对语文现象或者说修辞应用现象的理解和吸收，也就是由"言"到"意"的转换，由外部语言向内部语意的转化，是一种逆向理解语文实践过程。说与写是表达，是由"意"到"言"的生成，由内部语意向外部语言的转化，是一种顺向表达语文实践过程。因此，语文实践总的来说是由"说""写"顺向修辞表达和"听""读"逆向修辞理解呈螺旋状展演的修辞应用活动。具体地说，听、说、读、写本来就是生活的表现、生活的形式，人们也不可能为听、说、读、写而听、说、读、写，总是出于生活的需要。生活就是听、说、读、写的本和源。修辞应用就是在各种语文生活中对文字、语音、词汇、语法、句群、段落、篇章、逻辑、思维等的策划和实际运用。

出于教学的需要，本教材把主要关注点聚焦于特定语体规制下"说"和"写"顺向表达语文实践及其修辞应用问题。

（二）语文实践领域

李军用调控修辞理论把话语领域修辞划分为政治领域修辞、商贸领域修辞、传媒领域修辞、司法领域修辞、科学领域修辞、文艺领域修辞、日常口语交际领域修辞、宗教

---

① 陈满铭：《章法学综论》，万卷楼图书股份有限公司2003年版，第17页。

领域修辞、应用文书领域修辞、职业交际领域修辞、社会公益领域修辞、社会标识领域修辞等。[①] 这些领域修辞与语文实践活动相对应则主要聚焦于三大语文实践领域：日常交际语文实践领域、社会交际语文实践领域、艺术交际语文实践领域。说和写就是三大语文实践领域内的具体话语实践活动。在说和写的过程中，按照陈望道的说法，需经收集材料、剪裁配置、写说发表三个阶段而生成语辞，并按照某种逻辑关系连缀在一起形成修辞成品。这个过程就是根据表意的需要，在材料配置定妥之后在语言表达上还要对语音、语义、句式、辞格、辞趣、语篇等有一个调整适用的过程。或者保持原貌，或者增删，或者替换，或者变序，或者分解，等等。这个过程就是修辞运作过程，也就是语文实践中的修辞应用过程，更是对特定语体规制的践行过程。由此可见，语文实践是修辞应用的平台，特定语体规制是修辞应用的依托，修辞应用是对语文实践中的语言策划与运作，是对特定语体规制语言规划的具体落实。

二、语体呈现

"说""写"语文实践活动分属于不同交际领域，由于各交际领域对修辞应用的要求不同，造成了语言使用功能上的变异，从而表现出各不相同的系列性语言应用特征，于是便呈现出各不相同的语体规制及语文体式。

（一）什么是语体

袁晖、李熙宗在《汉语语体概论》（2005）中认为："语体就是运用民族共同语的功能变体，是适应不同交际领域的需要所形成的语言运用特点的体系。"[②] 王德春、陈晨在《现代修辞学》（1989）中认为，是"在语境类型作用下的言语功能变体，在特定语境中表现出来的使用语言材料特点的体系"[③]。黎运汉和盛永生在《汉语修辞学》（2006）中认为语体"是指长期的语言使用过程中，因为交际领域、交际方式、交际目的、交际对象的不同，而逐渐形成的具有相对稳定的一系列语言使用特点的综合体"[④]。这些定义突出了四方面的内涵：第一，语体是语言在不同语文实践领域和具体语境中的功能变体；第二，语体划分的依据是语言表达的特定体制、使用语言要素和超语言要素表情达意时所呈现的系列性特征；第三，这些系列性语言特征是全体社会成员经过较长时期的惯性应用而形成的，具有相对稳定性；第四，每种语体和语文体式都有自己特有的专用的核心语体成分，也有与其他语体和语文体式通用的语体成分。综合上述观点便不难看出，所谓语体，实际上就是在不同语文实践领域和具体语境中，全体社会成员为了表情达意的需要，经过长期修辞运作而形成的模式化言语体式和稳定性系列化语言应用特点的综合体。

[①] 李军：《话语修辞理论与实践》，上海外语教育出版社2008年版，第375—382页。
[②] 袁晖、李熙宗：《汉语语体概论》，商务印书馆2005年版，第260页。
[③] 王德春、陈晨：《现代修辞学》，江西教育出版社1989年版，第60页。
[④] 黎运汉、盛永生：《汉语修辞学》，广东教育出版社2006年版，第428页。

（二）语体类型

不同语文实践领域，或相同语文实践领域内的差异性制导因素，都决定了表达者在语言应用方面表现出不同的系列性特征。这就为语体归属提供了依据和标准。在不同语文实践领域存在着不同的特定语体制式，从而形成各不相同的语体类型及其下位分类。传统意义上学界通常把语体首先二分为口头语体和书面语体，书面语体又分为文学语体、科学语体、公文语体和政论语体。近些年来，随着社会实践活动的频繁化以及活动范围的扩大，王德春、宗廷虎、郑颐寿、程祥徽、郑远汉、李熙宗、黎运汉、袁晖等对语体及其下位分类又不断有新的认识。比如黎运汉、盛永生根据内外因素结合的标准把语体及其下位语文体式分作三个层次共 25 类：把公文语体划分为法律体、通报体、约据体、函电体 4 小类，把科技语体划分为论著体、报告体、说明体、辞书体 4 小类，把政论语体划分为论证体、评论体 2 小类，把文学语体划分为散言体、韵文体、剧文体 3 小类，把新闻报道语体划分为消息体、通讯体 2 小类，把文学科技语体划分为散言体、韵文体 2 小类，把演讲语体划分为鼓动性演讲体、说服性演讲体、传授性演讲体 3 小类，把广告语体划分为营销广告体、服务广告体、招聘广告体、形象宣传体、公益广告体 5 小类。[①] 这些不同层次的语体类型是说写语文实践活动在语言使用上的类型化表现，是表达者囿于不同交际领域，根据不同交际目的和交际内容，参照不同交际环境，针对不同交际对象，采用不同交际方式，通过修辞运作而形成的。因此，全方位大范围地开展各种语体（语文体式）和语体文说写训练是培养大学生语文实践能力和修辞应用能力的必然之举。黎运汉、袁晖和盛永生等学者划分出的如上语体及其下位语文体式，既是编写本教材的基本立足点，也是在语文实践活动中坚持以语体为纲进行修辞运作的基本依托。

第二节　修辞应用与同义手段

一、修辞属性

（一）什么是修辞

概括起来看，学界赋予"修辞"以两种属性：一种是把"修辞"当作动词看待的修辞内涵，一种是把"修辞"看作名词的修辞内涵。

把"修辞"当作动词看待，认定修辞是语文实践过程中对语言应用的筹划与运作行为。例如陈望道在《修辞学发凡》中说："修辞不过是调整语辞使达意传情能够适切的一种努力。"王德春在《修辞学词典》中说："修辞是对言语进行加工、修饰和调整，以达到最佳交际效果的活动。"张志公在《修辞学习》创刊号上指出："修辞就是在运用语言的时候，根据一定的目的精心地选择语言材料这样一个过程。""修辞不是把话

[①] 黎运汉、盛永生：《汉语语体修辞》，暨南大学出版社 2009 年版，第 29 页。

这么装饰那么装饰，更不是自己制造什么花样翻新的说法，只不过是从现有的语言材料中精心选择而已。"这类解释表明，修辞就是一种修辞活动或者修辞行为。

把"修辞"看作名词，则认定了修辞就是在语文实践过程中所形成的有关修辞理论知识，也就是修辞学。比如王希杰在《修辞学通论》中认为，"修辞只是指在人们的交际活动中客观存在着的有利于提高语言的表达效果的规则"；修辞学就是研究交际活动中如何提高语言表达效果的规律、规则的科学。宗廷虎在《中国修辞学通史·总论》中认为，修辞学就是研究修辞现象，探讨恰当运用语辞以适应各种各样题旨情境的学科。黎运汉、盛永生在《汉语修辞学》中认为，修辞学就是研究提高修辞表达和接受效果的规律、规则的科学。具体地说，就是研究言语交际表达主体如何依据语境选择语言材料和修辞手段，组建能够适切表达思想内容的话语，以及接受主体如何正确理解和接受表达主体所传话语信息的规律、规则的一门学科。这类解释表明，修辞就是指修辞学，简单地说，就是研究语文实践过程中修辞应用现象、方法技巧和规律规则的科学。

借鉴黄伯荣和廖序东《现代汉语》（下册）的观点，认为"修辞"有三层含义：一是指客观存在的修辞现象；二是指修辞知识或修辞学；三是指修辞活动或修辞行为。这类解释同时涵盖了作为名词"修辞"和作为动词"修辞"的含义。

（二）什么是修辞应用

在任何语文实践活动中，都必然存在着对语言的运用。运用语言来表达语意并实现特定交际目的或意图，必须要策划好语言应用的全过程。从修辞学意义上看，语言应用就是修辞应用，其实也就是特定语体中的修辞应用。修辞应用就是语文实践中的一种语文创造行为或选择活动，其实也就是对特定语体规制的创造与选择。因此，所谓修辞应用，就是立足于修辞学范畴，从宏观、中观和微观多个层面来统筹策划特定语体实践活动中，表达者如何综合利用语言的、物理的、文化的和心理的等语言内和语言外因素，怎么样采用优化的修辞手段，而使语言表达更能取得理想修辞效果的一种修辞运作。简单地说，是指修辞主体在语文实践过程中，出于不同的修辞目的，在特定语体规制管控下，凭借具体语境条件，坚持修辞原则，而对众多广义同义手段做出的适宜创造和选择。

二、同义手段

修辞应用作为一种修辞运作行为必然要借助于多种多样的表达手段，而表达手段的选择从深层次上看其实就是广义同义手段的选择。广义同义手段的构拟与选择需要由语言要素和超语言要素的共同参与。

（一）语言要素手段

语音、词汇和语法是语言的三要素，修辞虽然不属于语言要素范畴，但是与语言三要素关系密切。语文实践作为一种综合性语文行为、综合性修辞活动，当利用语言要素进行修辞表达时，就会采用相应的语音手段、词汇手段和语法手段。

1. **语音修辞手段**

现代汉语多样化的语音资源为修辞应用提供了优质的语音条件。以双音节为主的词语结构，元音占优势的音节形式，有规则的声调变化和音变现象，丰富的同音、叠音、摹声、联绵词语等，这些都为修辞应用奠定了语音基础。在语文实践过程中，修辞主体往往会努力发掘汉语语音的修辞功能，创造出整齐匀称、平仄相间、韵脚和谐、双声叠韵、叠音自然的语音修辞现象，由此来塑造丰满的语音形象。

　　任何交际领域的语文实践中，都有对语音的锤炼，都要结合特定语体和具体语境对语音做出相应的调整与修饰。在诗歌语体中，如唐代刘禹锡《竹枝词》中就利用了谐音、平仄、韵脚等条件创造出了"杨柳青青江水平，闻郎江上唱歌声。东边日出西边雨，道是无晴还有晴"这一韵律和谐的诗歌文本。在广告语体中，作为语文实践者的广告制作商则利用了谐音关系，创造了"汾酒必喝，喝酒必汾""随心所浴""咳不容缓""骑乐无穷"等活生生的谐音广告文本。在新闻报道语体中，也有利用谐音关系而形成的"沪深股市'跌跌不休'，拿什么拯救证券市场"等类似的谐音修辞现象。在小说语体中也有，例如：

　　她们轻轻划着船，船两边的水哗，哗，哗。顺手从水里捞上一棵菱角来，菱角还很嫩很小，乳白色。顺手又丢到水里去。那棵菱角就又安安稳稳浮在水面上生长去了。

　　"现在你知道他们到了哪里？"

　　"管他哩，也许跑到天边上去了！"

　　她们都抬起头往远处看了看。

　　"唉呀！那边过来一只船。"

　　"唉呀！日本鬼子，你看那衣裳！"

　　"快摇！"

　　……那明明白白是鬼子！这几个青年妇女咬紧牙制止住心跳，摇橹的手并没有慌，水在两旁大声哗哗，哗哗，哗哗哗！

　　"往荷花淀里摇！那里水浅，大船过不去。"（《荷花淀》）

　　摹声词"哗"先后多次以单音节、双音节和三音节等不同的形式出现，并把这些变化着的音节形式植于作者正常的修辞文本之中。表面上看，这是摹声词"哗"外在语音形式上的变化，但结合上下文语境就会发现，这种变化与现实语境中情况的突变有关。作者作为表达主体就是在有意识地通过对摹声词"哗"数量的逐渐增加，以及话语节奏的适度调整来描绘颇具动态感的划桨节奏，并由此来表现白洋淀几个年轻女人在此情此景中的心理状况。让读者看到的是，她们由最初划船时的舒缓自然、兴奋悠闲，到由于"日本鬼子"的突然出现而变得紧张慌乱，但马上又做到了镇定自若、颇有主见。

2. 词语修辞手段

　　现代汉语词汇系统有着无限丰富的词汇资源，从不同角度看有同义词、反义词等不同的词语类型，以及模糊义、色彩义、修辞义（语境义）等不同的词义类型，这足以让修辞主体有更多的选择余地。各种不同类型、适合于不同语体的词语及其意义都有各不相同的用法和修辞性能，在说话和写作过程中如果用心锤炼，调配得当，使用合理，就可以很好地发挥其修辞作用。对词语通过语意内容的锤炼，而使用词准确、鲜明、生动，并获取精当贴切、简洁明晰、幽默风趣和含蓄深厚的修辞效果；[①] 通过色彩意义锤

[①] 黄伯荣、廖序东：《现代汉语》（下册，第五版），高等教育出版社2011年版，第173页。

炼，词语褒贬分明、语体色彩协调、摹状形象生动；通过词性的锤炼，词语破格活用、搭配灵活、表意丰富。例如：

①小王的才干要比小姚强百倍。

②a. 船随山势左一弯，右一弯，每一曲，每一折，都向你展开一幅绝好的风景画。（刘白羽《长江三日》，发表稿）

　b. 船随山势左一弯，右一转，每一曲，每一折，都向你展开一幅绝好的风景画。（刘白羽《长江三峡》，见高中《语文》教材）

③咱们家所有的这些管家奶奶，那一个是好缠的。错一点儿，他们就笑话打趣；偏一点儿，他们就指桑骂槐的抱怨。坐山观虎斗，借刀杀人，引风吹火，站干岸儿，推倒了油瓶儿不扶，都是全挂子的武艺！（曹雪芹《红楼梦》）

例①属于日常谈话语体，"百"是词义精确的数词，在该语境中其修辞语义显然并不是具体数量，而是相当于"非常多"。词义由精确的理性义而转化成为模糊的修辞语义，由此造成了准确词义与模糊词义的倒置现象。这种倒置自然是表达者的一种修辞运作，是把准确性与模糊性有机地结合起来所创造的一种词语修辞现象。这种修辞应用不但没有使人觉得反感，相反还使人们感到自然可信。例②中的 a 和 b 属于文学语体中的散言体，它们的区别就在于"弯"和"转"两个词的不同。比较两例就会发现，前例"左一弯，右一弯"中用同一个词来描写船行驶的情势，太过于重复单调；后例把"弯"换成了"转"，是一种同义词替换现象，也就是一种同义手段选择现象。表面上看仅仅是这个词换成另外一个词的问题，实际上则突出了船在行驶过程中随着长江河床的走势顺流而下，更逼真更切合实际，而且也使语言表达更富有变化。例③属于文学语体中的小说体，这段话的背景是贾琏刚刚把黛玉从苏州带回来，王熙凤刚好办理完秦可卿的丧事。王熙凤在向贾琏介绍办理丧事的情况时，接连使用了"指桑骂槐""坐山观虎斗""借刀杀人""引风吹火"四个成语，主要语用目的就是在丈夫贾琏面前夸耀自己的贤良淑德和办事能力。她采用了修辞上的夸张、衬托、贬拟等手法，借用这几个成语把管家奶奶等各路人马都说成有本事的主儿，都不是省油的灯，但是即便如此，也都被自己一个个搞定。从创作角度看，作者通过选用这几个成语来刻画王熙凤刻薄、势利、弄权的性格，使人觉得如闻其声，如见"凤辣子"的形象。

3. 句子修辞手段

语法要素在语文实践中主要反映在句子、句式的创新与选择上。表达者为了表意的需要，尤其是在表达相同语意时，为了获取理想修辞效果，完全可以根据特定语文体式和具体语境做出优化选择。这种优化选择其实就是修辞运作，就是对意义相同或相近而表达重点、语意轻重、语气态度、风格色彩、[①] 修辞功能、表达效果方面存在着细微差别的同义句式做出选择。

在文学语体及其下位语文体式中，不同句式的使用对叙述故事、塑造形象、阐述事理、文本写作等都有不同的修辞效应。例如：

①水生笑了一下。女人看出他笑得不像平常，"怎么了，你？"（孙犁《荷花淀》）

---

① 曾毅平：《华语修辞》，暨南大学出版社2012年版，第145页。

②车夫毫不理会,——或者并没有听到,——却放下车子,扶那老女人慢慢起来,搀着臂膊立定,问伊说:

"你怎么啦?"(鲁迅《一件小事》)

这两例都属于文学语体。通常情况下,人们会使用常式句"你怎么了"。例①中,女人毫不犹豫地放弃了常式句而选择了变式句"怎么了,你"。这显然是由"女人看出他笑得不像平常"这一前提条件决定的。正是由于看到水生的笑和平时不一样,因此才会感到莫名的惊讶,才会从心里感觉到事情的蹊跷并有一种紧迫感。在急促紧张心理的支配之下,便把疑问的重心先脱口而出,而把询问对象作为追叙成分放在了句末,由此而创造了主谓倒置的变式句式。例②也是在问"你怎么啦",根据正常情形来分析应该是情况也很紧急,但是作者却让车夫使用了常式句,而没有让使用变式句。为什么?车夫是作者着意刻画的正面人物形象,在这种语境下"怎么了,你"这种变式句带有更多责问、呵斥的口气,不但不能凸显车夫对被撞女人的关心,相反还有损车夫形象;用常式句"你怎么啦",则使车夫说话的语气更趋柔和平缓,更能体现车夫对被撞倒老女人的关心。再如:

在我的后园,可以看见墙外有两株树,一株是枣树,还有一株也是枣树。(鲁迅《秋夜》)

该例属于文学语体中的散言体。该例完全可以说"在我的后园,可以看见墙外有两株枣树"这样的短句、紧句,但是作者偏偏选用了长句、松句。两种句式所表达意思没有什么区别,但是从修辞角度看,语义信息的焦点发生了重大变化。作为紧句和短句时的信息焦点只有一个,显得集中,凸显不出作者对枣树这一意象的强化之意;作为松句和长句时,则把语义信息的焦点分散为两个,而且这两个语义信息的聚焦点是先后出现在几乎完全相同的句子结构之中,这就创新了一种表达形式,使表达者的用意和表意的力度无形中给强化了。

从新闻语体及其下位语文体式看,选用不同句式对新闻事件的发布和报道会产生不同新闻效应,也会影响国家形象、机构形象和新闻当事人形象的塑造。如:

①嵩岳无言,颍水低徊。雨像泪一样飘洒,泪如雨一般倾诉。面对每一位受访者的泪眼,记者视线模糊,无法拍照,无法笔记。

4月14日20时40分,当任长霞为侦破"1·30"案件从郑州返回登封途中突遇车祸因公殉职后,登封"黑幛白花漫嵩山""城巷尽闻嚎啕声",仿佛一夜之间出了无数诗人,使整个山城涌动着诗的潮水,哀的旋律。4月17日,14万群众自发为她送行,其哀其痛,其悲其壮,撼天动地,千年历史的古城登封前所未有。

一个眉清目秀的柔弱女子,一个到任仅3年的公安局长,何以能在这么短时间内赢得60多万百姓的如此爱戴、如此尊崇?!(通讯《百姓心中的丰碑——追记公安局长的楷模任长霞》,《人民日报》2004年6月3日)

②日本首相小泉纯一郎10日在纽约说,他不认为中国的发展是一种威胁。

例①属于新闻语体中的通讯体,充分利用了句式变化更大限度地获取新闻语言表达的修辞效果。句中把长句和短句、整句和散句、单句和复句、陈述句和感叹句等不同结构形式、不同语义关系、不同修辞色彩、不同表意效果的句式交织在一起使用,使新闻语言更加生动活泼。例②后半句采用否定形式来表意。该句把否定性状语"不"放在了谓语"认为"的前边，从而使否定焦点指向了宾语部分"中国的发展是一种威胁"。从整个否定句看，对中国的发展是否构成威胁，小泉持消极的肯定态度，表达留有余地。由于句子的否定焦点放在了整个宾语部分，因此句子输出的实际意思则是说小泉对中国的发展是否构成威胁持怀疑态度。这就是一种新闻语言，是新闻记者的一种修辞运作，试图通过对否定焦点的精心设计来暗示小泉对中国发展的态度。如果调整否定焦点，把否定性状语"不"放在宾语内部，说成"他认为中国的发展不构成威胁"，那语意就发生了重大变化，甚至是完全相反了。可见，句子中否定部分的差异也与修辞效果有密切关系。否定部分不同，所表达的意义和修辞功能也就不完全一样。

（二）超语言要素手段

语文实践是复杂的语言应用活动，除了使用语言要素表情达意外，还会借助于超语言要素来进行修辞运作，由此而创造出形态各异、色彩丰富的修辞应用现象。所谓超语言要素，是指超出语音、词汇和语法等语言要素范畴的要素，也就是非语言要素、类语言（副语言、体态语）要素。所指范围涵盖图标、图片、字体、字号、版式、辞格、辞趣（如音趣、形趣、意趣等）、语体、风格、形符等要素。利用这些超语言要素来表情达意，就是超语言要素手段。可以说，在各种语体中都有超语言要素手段的使用。

新闻语体中，超语言要素手段的应用更为普遍。为了突出新闻事件的急迫性、严肃性、重要性、立体性和现场感，新闻报道全方位利用网络条件，把图片、空行、字号、字体、标点符号等超语言要素融为一体，从而给受众描绘了一幅真实的新闻事件场景。比如，大标题字体字号采用宋体 19.5 加粗，以使标题更加醒目；图片解释"现场图"字号为宋体小五号；新闻主体部分为宋体五号加粗，并植入方头括号等标点与符号，以起到标识作用；引证部分与主体部分之间空两行，以突出主体内容的重要位置，从不同渠道来佐证新闻事件的真实性。

在启事体中，同样也有超语言要素的应用。例如：

街头的这一交警"温馨提示"（含图片，选自网络）其实就属于启事类事务体。该文本虽然篇幅不长，但是充分利用电脑排版、打印便利等条件，把语言要素手段以及字号、字体、排版、图像、加粗等超语言要素手段很好地加以混合利用。与此同时，语文实践主体还抓住受众"因担心骑电动车被同学看见而瞧不起自己"这一文化心理，在语意表达上采用了曲语辞格手段，字面上强化的是怕被同学认出来，但实际上是在提醒骑电动车的人要注意交通安全。该启事语言简洁接地气，语意表达直观，意义焦点显豁，受众一看便知其言外之意。

在谈话语体中，可以采用不同的超语言要素手段，比如辞格手段、风格手段等的不同选用。例如：

老师问：你考试成绩不好的话，父母怎么惩罚你？

学生答：80分以下女子单打，70分以下男子单打，60分以下男女混合双打。

该例属于谈话语体中的随意性谈话体。学生采用幽默诙谐的风格手段来回答老师的提问。这种风格手段的构成，主要借用了乒乓球、羽毛球等运动项目的专业术语来构拟话语，由于师生对话时交往情境的作用力，使学生的话语风趣幽默而又不失颜面，因此在表意上又带有一定程度上的含蓄性。

第三节　语言环境及其修辞作用

一、语境属性

语言环境就是运用语言表情达意的环境，简称为语境。它是指制约和影响语文实践及其修辞应用的一切因素和条件的综合体。可以从三个方面理解语境属性：

第一，构成语境的因素是多种多样的。陈望道将语境因素（1979）中概括为"六何"，即何故、何事、何人、何地、何时、何如。[①] 王希杰《修辞学新论》中把语境分为小、中、大三种。其中，小语境包括话题、前提、上下文等因素；中语境包括说写者和听读者的关系、时间、空间、事件等因素；大语境包括社会文化背景、民族传统等因素。[②] 可以看出，语境构成既有语言内因素，也有语言外因素；既有主观因素，也有客观因素；既有显性因素，还有潜性因素。从理论上说，主客观世界以及潜显世界的万事万物都有可能成为语言环境的构成因素。只要条件具备，一旦拥有相应的刺激源，都会实现由可能世界向现实世界的修辞转化，从而转化为构成语境的条件。

第二，制约和影响作用是判断能否构成语境的依据。诸如上述时间、地点、事件、目的、情绪、话题、对象、上下文、前言后语、语体、风格、场合、风土人情、思维方式、认知背景、民族习俗、思想内容等因素，只是具备了构成具体语境的可能性，但是否能够实现由可能世界到现实世界的转化，则要看这些因素是否对此时此地修辞主体的语文实践及其修辞应用产生了影响。简单地说，是要把这些因素的功能与具体语文实践

[①] 陈望道：《修辞学发凡》，上海教育出版社1979年版，第8页。

[②] 王希杰：《修辞学新论》，北京语言学院出版社1993年版，第65页。

及其修辞应用现实联系在一起。如果某个或某些因素与语文实践及其修辞应用发生了联系，对语言表达产生了影响，那么这些因素的身份就发生了重大变化，便从可能世界走向了现实世界，而成为被激活的动态的相互关联着的语境构成条件；如果某个或某些因素与具体语文实践及其修辞应用失去了联系，对语言表达未产生影响，那么这些因素的身份就没有发生变化，依然只是没有被激活的静态的孤立无关的因素，就没有作为语境的资格。

第三，语文实践及其修辞应用与语境相伴而生。语境是稳态构成因素和动态构成因素互动而形成的统一体，稳定中有变化，变化中又有稳定。语文实践过程中，语境无处不在，无时不在。语文实践活动一旦出现，必然会产生与之匹配的语言环境；反之，语文实践活动一旦结束，也就意味着与之相应的语境便随之消失。所有语文实践活动及其修辞应用都是在具体语境中进行的，语文实践及其修辞应用与语言环境共生共灭。语文实践及其修辞应用促成语言环境的生成与发展，语言环境制约和影响着语文实践及其修辞应用的状况。

二、语境构成

王希杰《修辞学通论》认为，语言环境是交际活动中四个世界的统一。[①] 根据这一语境观可以把语境二分为语言语境和非语言语境，并可以把陈望道、何兆熊所说的语境因素囊括其中。语言语境即语言世界语境，非语言语境又分为物理世界语境、文化世界语境和心理世界语境。

（一）语言语境

语言语境就是语言世界语境，属于语言内语境。它是由语音、词汇、语法等语言要素，以及辞格、文字、句调、停顿、标点符号等超语言要素按照一定的规则共同构成的综合体。大致来看有如下几种小类：

1. 语篇语境

语篇语境就是上下文（前言后语）语境，指在书面语言或口头语言表达的话语链中，语言符号出现的先后顺序及意义上的相互衔接关系。它涵盖了语音语境、语义语境和语法语境。在书面语中称为上下文，在口语中称为前言后语。这些上下文或前言后语可以是语篇内的词、句、短语、句子、句群、段落，也可以是该话语所在的整个语篇。例如：

①小虎：请问现在几点钟？
　　小李：三点。

②鲁四凤：哼，妈是个本分人，念过书的，讲脸，舍不得把自己的女儿叫人家使唤。

　　鲁贵：什么脸不脸？又是你妈的那一套！你是谁家的小姐？——妈的，底下人的女儿，帮了人就失了身份啦？（曹禺《雷雨》）

[①] 王希杰：《修辞学通论》，南京大学出版社1996年版，第316—317页。

第一例属于随意性谈话语体，第二例属于文学语体中的剧文体式。例①中，小李之所以说出"三点"这样的话语，显然是受到了上文小虎发出的疑问"请问现在几点钟"的制约和影响。小虎的话语相对于小李说出的话来说就是语言内的上文语境，小李的话相对于小虎的话来说就是下文语境，他们说出的话彼此互为上下文语境。例②中，鲁贵说出的"什么脸不脸"作为下文因应的是鲁四凤说出的上文妈"讲脸"，"底下人的女儿，帮了人就失了身份啦"作为下文对接的是上文妈"舍不得把自己的女儿叫人家使唤"，这两句话之间互为上下文语境。

2. 语体风格语境

语体风格语境是指在特定言说制式中，通过对语言要素和超语言要素的修辞运作而形成的笼罩在整个话语之上的一种话语规制和话语格调。话语规制也就是语体及语文体式，如谈话语体、书卷语体和交融语体及其下位语文体式；风格即表现风格，具体表现为刚健与柔婉、藻丽与平实、明快与含蓄、简洁与繁丰、严谨与疏放、庄严与诡奇、典雅与通俗等各种不同类型。例如：

柱子：你啥病啊？

二丫：没啥病啊。

柱子：没病喝这中药汤子干啥？

二丫：啥中药汤子？你土老冒儿去吧，这叫雀巢咖啡。雀就是麻雀的雀，巢就是巢穴的巢，也就是鸟窝的意思。

柱子：怪不得一股鸟粪味呢。（黄宏《小保姆与小木匠》）

该例属于文学语体中的小品语文体式。由于文学语体在语言使用上的兼容性特征，使整个话语有更多谈话语体的语用特征，从而表现出该段对白朴实自然、幽默风趣的话语格调。文学语体、小品语文体式和朴实自然、幽默风趣就是统领整段话语的语体风格语境。再如：

按照一般哲学教科书的表述，量变与质变是重要的哲学范畴，二者之间是相互统一的，具有对立统一辩证关系。量变是质变的必要准备，质变是量变的必然结果；量变只有同质变联系起来才有意义，质变是旧质向新质转化的决定性环节，或者质变决定了事物的发展。这就是唯物辩证法关于量变质变规律的主要内涵。由此来观察修辞转化现象，转化就是变易、转变和改变。那就是相互对峙或对立着的修辞同义手段经过一系列的冲突和努力，在一定条件下各自向着和自己相对或相反的修辞同义手段转变。我们把这种情况称为修辞转化的"变化律"。（孟建安《汉语修辞转化论》）

该例属于科学语体中的学术专著类语文体式。由于科学语体在语言使用上的科学性、规范性、逻辑性、准确性要求，使该语篇在词语、句式的选择上都呈现出平实、谨严、庄重的话语气氛和格调。科学语体、学术著作语文体式以及平实谨严、庄重准确就是该话语片断的语体风格语境。

（二）物理语境

物理语境就是物理世界语境，属于语言外语境。它主要是由时间、地点、场合、对象等语言外物理世界因素共同构成的综合体。

1. 时间语境

时间语境涵盖了开展语文实践的具体时间点，如上午、三点钟、抗日战争时期、20世纪60年代等；时间量度的多少，如三个小时、一个月、半年等；语文实践活动频率的大小，如一天三次、一周两次等；修辞表达时所关涉到的历史时间和虚拟时间，如写作表达的时间点、假定的叙述时间、被叙述对象所处的时间等。像电视剧《昭君出塞》中王昭君所生活的历史时期、编剧撰写该剧的时间等都属于时间语境。再如：

甲：今晚我们去看电影好吗？

乙：我明天要参加考试。

该例中甲乙口语交际的时间点、表达过程中时间词语"今晚""明天"所指称的时间都属于时间语境。

2. 地点场合语境

地点是指开展语文实践活动的具体物理空间，比如家庭、教室、办公室、商场等。场合是指基于特定交际对象、时间地点、气氛等因素共同作用而形成的修辞应用情境。从营造的语文实践氛围来看，场合有庄重与随便、喜庆与悲伤、幽默与严肃、公开与非公开、正式与非正式之分。地点与场合有机结合就是地场合语境。例如：

现在本庭宣判吴××十五年徒刑。

传证人×××到庭！

这两例都属于专题谈话语体。法庭就是创造这些话语的地点场合语境。这是有一定法律规则约束的、庄重的、正式的、公开与非公开并存的一种地点场合语境。

3. 对象语境

对象语境是指参与语文实践并具有一定关联性的施受主体及其相互角色关系，也就是表达主体和接受主体及其相互角色关系。比如基于血缘、地缘、事缘、业缘、学缘等因素而形成的学生、教师、爸爸、弟弟、妈妈、女儿、观众、演员、领导、群众等角色及其相互之间的角色关系。例如：

贾母笑道："我才好了，你倒来招我。你妹妹远路才来，身子又弱，也才劝住了，快休再提前话。"这熙凤听了，忙转悲为喜道："正是呢。我一见了妹妹，一心都在他身上了，又是喜欢，又是伤心，竟忘记了老祖宗。该打，该打！"又忙携黛玉之手，问："妹妹几岁了？可也上过学？现吃什么药？在这里不要想家，要什么吃的，什么顽的，只管告诉我；丫头老婆们不好了，也只管告诉我。"一面又问婆子们："林姑娘的行李东西可搬进来了？带了几个人来？你们赶早打扫两间下房，让他们去歇歇。"（曹雪芹《红楼梦》）

该例属于文学语体中的小说语文体式。例中，贾母、王熙凤、黛玉、丫头、老婆们各自角色身份及其相互之间的角色关系就是对象语境。比如对王熙凤来说，贾母是婆家奶奶，又是自己姑姑的婆婆；对贾母来说，王熙凤是自己的孙媳妇儿，又是自己儿媳妇儿的侄女儿。她们之间各自的血缘姻缘角色及其相互关系就是她们话语表达的对象语境。

（三）文化语境

文化语境就是文化世界语境，属于语言外语境。文化世界内有相当丰富的内涵，从不同角度分析便有不同的表述。比如有所谓知识文化、交际文化、习俗文化、物态文化、行为文化、制度文化、心态文化，等等。择第一个观察点，便可以把文化语境分为物态文化语境、行为文化语境、制度文化语境、心态文化语境四种类型。

（四）心理语境

心理语境就是心理世界语境，属于语言外语境。按照内容结构来分析，主要是由个体心理、社会心理和认知心理等因素共同构成的综合体。

1. 个体心理语境

个体心理语境是指语文实践主体个人所具有的动机、兴趣、需要、情感、性格、理想、信念、价值观、世界观、审美观、人生观等心理现象。例如：

①嗨，帮我把书拿过来！

②请你把书拿过来，好吗？

这两例都属于随意性谈话语体，表达者所拥有的个体心理语境是不同的。例①采用较为直接的随意性口气请求对方帮忙，一般来说是建立在双方拥有良好人际关系这一健康的心理语境之中才可以这样去表达。例②在请对方帮忙时采用了较为正式的礼貌性较强的话语表达形式，而且还选用了具有商量意味的疑问句来征求对方的意见，通常来说这是建立在具有一般人际关系这一心理语境之中的交际双方做出的修辞选择。

2. 群体心理语境

群体心理是群体内部成员相互影响下所形成的相同的心理活动，是群体成员共同拥有的价值判断、态度情感和行为方式的综合体。群体心理作为心理语境就是大众心理空间、社会心理表征，是由群体情感、社会舆论、社会评价、大众信仰、伙伴期待、群体需要、集体意识、群体态度、心理关系、群体印象等心理因素构成的。这些群体所具有的大众心理现象，是在不同语文实践领域修辞应用过程中所建构的公众化心理空间。

3. 认知心理语境

认知心理是语文实践主体综合调控个体心理和群体心理而形成的管控修辞应用的整体心理特征。语文实践活动需要调控各种个体心理和社会心理，以发掘各自的潜在功能，共同制约和影响具体语文实践领域中各不相同的修辞应用行为。因此，所谓认知心理语境，是指对周围事物通过感知、记忆、想象、联想、思维等心理活动而产生的印象、态度等个体或群体心理表征。例如：

周敏说："辞是迟早要辞的，今日我却是先来自辞的。"说罢，从挎包里取出一条香烟，一人一包散了，说："蒙各位关照，在这里待了一段时间，遗憾的是没有给杂志社出什么力，倒添了许多麻烦。现在我走了，请各位烟抽完就忘了我，我就是燃过的烟灰，吹一口气就什么都没有了！"大家面面相觑。李洪文说："可是，周敏，这每一支烟都是抽不完的，总得有个烟把儿。这么说，我们还是忘不了你。"周敏说："烟把儿那就从嘴角唾弃在墙角垃圾筐里吧！"笑着，走出办公室门，又扬了扬手，很潇洒地去了。（贾平凹《废都》）

该例属于文学语体中的小说语文体式。例中，周敏的认知心理语境是：辞职是早晚而且是无可奈何的事情；与同事的关系若即若离，谈不上特别好但也说不上特别差，不过彼此又可以随意说笑,不会有过多的顾忌;对自我性格的判断则是大大咧咧、潇洒无畏并略嫌玩世不恭。周敏的话显然受到这一认知心理语境的制约和影响。

三、语境对修辞应用的作用

语文实践都是在具体语境中进行的,修辞应用又是语文实践语言运用上的策划与运筹。语境作为由各种要素所构成的综合体,具备生成、解释、暗示、引导、创造、过滤、省略、补充、协调、转化等功能。在语文实践过程中,这些功能借助于具体语境条件被激活制约并影响着修辞应用。换句话说,就是语境程度不同地综合性地制导着修辞主体说什么、写什么、如何说、如何写以及说和写的效果。

(一)语境决定修辞策划

语文实践中的说和写都有相对无限种修辞策划。从宏观意义上看,有修辞应用的策略设计;从中观意义上说,有修辞应用手段的创造与选择;从微观意义上说,有修辞应用方法的合理运用。

1. 决定修辞策略设计

修辞策略是指在不同领域内不同范畴的语文实践过程中,修辞主体在特定语用目的支配之下,受制于具体语境条件,利用语言要素和超语言要素建构修辞表达手段时所采取的修辞计划和措施。孟建安在讨论汉语修辞转化策略时认为,修辞策略分布在不同层面,并有诸如知解策略、委婉策略、礼貌策略、幽默策略、谦虚策略、忌讳策略、模糊策略、诱导策略等各不相同的具体策略。① 语言表达从修辞角度看就是修辞转化,也就是修辞应用,二者本质上没什么区别。因此,这些策略实际上也是语文实践中的修辞应用策略。只不过,在什么情况下选择什么样的修辞策略在很大程度上是由语境决定的,语境是必要的重要的参考框架。这里举例略加分析:

小芹去洗衣服,马上青年们也都去洗;小芹上山采野菜,马上青年们也都去采。(赵树理《小二黑结婚》)

该例属于文学语体中的小说语文体式,采用了委婉策略。从字面上看,这一群青年们看到小芹洗衣服马上也去洗,看到小芹采野菜马上也去采野菜,这只是表象。从字里看,则从侧面描写了小芹的善良与貌美以及对小伙子们所产生的吸引力,但仅从字面表达上则看不到这些。这就是作者采用委婉含蓄修辞应用策略获取的效应。再如:

朋友问一位丈夫:"请问,每次您和妻子吵架都如何结束的?"丈夫回答说:"每次都是她跪在地上向我爬过来。"朋友大吃一惊:"真的吗?真难以想象!"丈夫说:"确实是这样。她一面爬一面说:'你这个胆小鬼,赶快从床底下给我出来。'"(赫伯·特鲁《妙语惊人》)

该例中,当朋友问到夫妻吵架如何结束时,丈夫与朋友的人际关系、角色身份、此时此刻自我的心理状态、交际气氛等语境因素决定了丈夫采用幽默诙谐的修辞策略,以此来化解自己的窘态和难堪,从而摆脱了交际困境。

---

① 孟建安:《汉语修辞转化论》,暨南大学出版社2013年版,第131—132页。

2. 决定风格语体选择

风格和语体紧密相连，风格注重的是修辞应用的整体语言面貌，语体突出的是修辞应用的言语体式和系列性语言特征。不同语文实践领域往往决定着说写者究竟是以什么样风格和言语体式来进行语言表达和整体修辞运作。比如在撰制规章制度、法律条文、村规民约、通知书、书信、请假条等话语环境下，以选择正式严肃话语风格和事务语体及其相应语文体式为第一义；在创作小说、散文、诗歌、戏剧、小品等话语环境下，由于文学语体对语言应用的包容性特征，自然可以选择文学语体及其相应语文体式、多样化语言风格；在见面打招呼、私人聊天、朋友聚会等话语环境下，当然是以选择平实质朴、简洁明快话语风格为主，并选择随意性谈话语体及其相应语文体式；在新闻传播话语实践语境下，必然要以选择准确精练、通俗生动、犀利尖锐话语风格为主，并选择新闻语体及其相应语文体式；在课堂教学话语环境下，则要坚持把科学性与艺术性、教育性与审美性、制导性与发散性有机结合起来，多以幽默风趣、生动形象、准确严谨话语风格为统领，并选择演讲语体及其传授性演讲语文体式；在网络虚拟话语环境下，自然是以多变的话语风格为主导，并要选择网络语体及微信、短信、微博等语文体式；等等。例如，不同语文实践者面对高考这一社会现象自然有不同感受，于是便以各不相同的话语基调和语文体式来呈现：

"琼瑶体"：老师，我一直在晕耶！进了考场，我晕，见了监考老师，我还晕，拿到试卷，我更晕了。我真的觉得我好无用，好无能，好脆弱，好对不起大家……

"甄嬛体"：小主今日考试倍感乏力，恐是昨夜梦魇扰了心神，都是最近琐事众多烦闷了些，加上早起后，背了点单词，不想那单词难背极了，愈加心烦。若能取消高考，那必是极好的！（选自网络）

该例自然是在网络语境下的网民自嘲式语文实践活动。针对同一种现象，由于表达主体的感受不同，所以各自采用了不同的说话风格和言说体式。"琼瑶体"其实就是琼瑶式的说话风格和言说方式，"甄嬛体"就是甄嬛式的说话风格和言说方式，"鲁迅体"就是鲁迅式的说话风格和言说方式……以此类推，每一种风格和语体的选用都决定于创作心理、网络语境等语境条件。

3. 决定修辞手段构拟

修辞手段主要体现为语言要素手段和超语言要素手段两种。前者又包括语音手段、词语手段和句子手段及其具体表现形式；后者主要就是辞格手段、辞趣手段等，比如辞格手段包括通感、比喻、对偶、排比、顶针等具体表现形式。例如：

①也许鬼子把雨来扔在河里冲走了！（管桦《小英雄雨来》）

②今年过节不收礼，收礼只收脑白金——今年过节不收礼，收礼还收脑白金——今年爸妈不收礼，收礼还收脑白金。（脑白金电视广告语）

③宋玉，你这没有骨气的文人！（郭沫若《屈原》）

④月亮是看不完的西洋景/月亮是望不断的天涯路……月亮是解不开的心病/月亮是一个公开的秘密……（秦松《九十六种月亮》）

例①属于文学语体中的散言体，本来是被动句，但在收进小学《语文》课文时改为"把"字句。为什么会如此？就是因为原文强调的是被动者"雨来"怎么样，但在改文中把强调的重点放在了施动者"鬼子"是如何处置雨来的。正是心理语境条件的变化,便改变了修辞表达手段。例②是脑白金在不同时间段先后使用的电视广告用语,属于广告语体。这三句广告词各不相同。第一个档期的广告用语中,一个副词"只"的使用限定了礼品范围。今年过节不收礼,要收的话只收脑白金,其他礼品一概拒收。这就使收礼者不但觉得礼收得理所应当,而且收得十分霸气。第二个档期的广告用语中,广告商把"只"换成了"还",使意思更进一层。副词"还"有个预设,那就是暗含收礼者去年已经收过了脑白金,由于脑白金质量高效果好,所以依然还要(连续不断地)收脑白金。这又凸显了收礼者对脑白金礼品的情有独钟。第三个档期的广告用语中,把"过节"替换为"爸妈",收礼对象明确。第一档期和第二档期广告语中的收礼对象不明确,因为是电视广告,所以可以把收礼主体认知为所有受众,收礼对象范围特别广,而且收礼收得过于霸道并专注于脑白金。这显然有违于当下整个社会的价值观和倡廉的话语环境,有助长不正之风的嫌疑。第三档期广告语中收礼对象由所有受众改为"爸妈",送礼者指向子女,子女给爸妈送脑白金符合中国传统文化的孝道,这是值得提倡的。从这则广告用语的变化可以看出,由于受群体心理、时代环境价值取向等语境因素的制导,广告商便与时俱进,采用了替换修辞方法不断调整、改易着广告用语,使该广告的效应由模糊变得明确,负能量逐步减少甚至全无,而正能量则越来越明显、越来越大。例③属于文学语体中的剧文体,原为"你是没有骨气的文人",是一个肯定式判断句;改文由于受到前言后语语音节律和表达者心理情感需求的影响,便改为表达强烈情感色彩的感叹句。例④属于文学语体中的诗歌体,作者篇中连续采用96个比喻辞格手段来表现对生活状况的无限遐想。这显然与诗歌语文体式对修辞应用的要求以及作者诗文创作目的等语境因素有极大关系。

(二)语境帮助语意表达

1. 赋予话语以特定语境义

在语文实践中通过修辞运作,借助于语境的帮助而使语意表达更加具体化,并被赋予特定的语境义。这特定语意或为字面的意思,或为言外之意。例如:

孔乙己一到店,所有喝酒的人便都看着他笑,有的叫道,"孔乙己,你脸上又添上了新伤疤了!"(鲁迅《孔乙己》)

该例从字面上看,是在问或告诉孔乙己脸上又添了新伤疤。但根据课文上下文语境和说话时的情境语境来分析,不难读出酒店所有喝酒人看着他笑并说出的这句话,显然并非这个意思,而是有言外之意的。说话人是借用"新伤疤"在委婉地暗示"孔乙己因偷窃又挨了打"这一言外之意。这种言外之意就是把特定语境作为参照条件而获取的,离开了特定语境,很难理解这句话的真实意图。再如:

早上去买菠萝。头一回看到卖菠萝的地摊上这么写着,都笑抽了!

果然是高手在民间啊!买单时,老板问我:"要'他杀'吗?"我说:"省一点,我还是'自杀'好了……"(含图片,选自网络)

该例属于日常会话中的语料，由于语境的补充作用使现场销售菠萝的广告语（"'他杀'10元""'自杀'9元"）、老板和"我"说的话都被赋予了相当准确而又清晰的语意，都不会产生任何歧义。语境为老板与消费者的语意表达提供了优越的条件，使他们能够依据现场条件说出语言简洁、语意准确的话语。

2. 帮助消除歧义现象

语文实践中的修辞表达往往是有漏洞的，尤其是歧义现象在所难免。语境可以帮助消除、分化修辞应用中的歧义现象。例如：

在农贸市场上，甲乙见面互致问候。甲："老姐姐好久没见了！都忙啥呢？"乙："是呀，还能忙什么？看孙子呢。"甲："多好哟！你娶了几个了？"乙："别提了，老大、老二、老三都结婚生子了，还有老四都三十了就是不谈朋友，急死我了。对了，你嫁了几个了？"甲："仨姑娘早都结婚了。"

该例属于日常交际领域中的随意性谈话语体。按照字面理解，"你娶了几个了""你嫁了几个了"这两句话都是多义的，是歧解的。"你娶了几个了"有两个意思，即"你娶了几个老婆了""你娶了几个儿媳妇儿了"；"你嫁了几个了"也有两个意思，即"你嫁了几个丈夫了""你家姑娘嫁出去了几个"。但是，一夫一妻制度以及甲乙双方对各自子女情况的了解，这些语境因素使这两句话的多义性被消解掉了。语境帮助甲乙双方从话语表达中获取彼此所表达的确切意思。

（三）语境管控修辞效果

修辞效果的评价或取得的关键不在于话语本身是什么，而在于创造或选择的话语所赖以存在的语境。语境管控着修辞效果的极差等次，语境是接受主体研判修辞效果好坏以及好坏程度的重要参考条件。例如：

小钢春节回到了农村，有一天在厕所里遇到了一起长大的小伟。小伟说："小钢，啥时候回来了？吃饭了没？"小钢说："小伟，咱这几天找时间喝杯小酒吧！"

该例属于随意性谈话语体，小伟打招呼说出的"吃饭了没"本身并没有什么问题，也完全符合中国人日常见面打招呼时的语言习惯。但是，小钢不知道该怎么接话，说"吃了""没吃"似乎都不行，只好转移话题另说它话。为什么？就是因为厕所这种场合削弱了甚至是彻底颠覆了这一招呼语本应该有的效果。显然，厕所这一语境是评价"吃饭了没"这一招呼语效果差的最重要条件。再如：

①起初我还以为是谁家新婚的洞房，其实家家如此，毫不足奇。（杨朔《海市》，见《杨朔散文选》）

②起初我还以为是新婚洞房，其实许多人家都如此，毫不足奇。（杨朔《海市》，见高三语文教材）

这两例属于文学语体中的散言体式。例①和②例最大的区别就在于"家家""许多人家"的不同。"家家"的意思是所有人家，一个也不例外；"许多人家"的意思是不是全部的人家，而只是全部人家中的大部分。显然，在作者杨朔内心，"家家"虽然语义精确，但是并不完全符合实际；"许多人家"虽然语意模糊、不准确，但是尊重了现实。从修辞表达效果来看，例②做到了语意表达的真实性、客观性，效果更突出，例①

语意表达有违于现实,效果不如例②。

第四节　修辞应用原则

一、得体原则

关于修辞原则,孔子有"质胜文则野,文胜质则史。文质彬彬,然后君子"的论述,强调了语言表达在微观层面上要做到内容与形式配合得体。孔子还提出"辞达而已矣",这一主张则强调在宏观层面上做到内容题旨要与语境协调才能取到好的效果。现当代修辞学史上,陈望道提出了"适应题旨情境"原则。他说:"修辞以适应题旨情境为第一义,不应是仅仅语词的修饰,更不应是离开情意的修饰。""凡成功的修辞,必定能够适合内容复杂的题旨、内容复杂的情境,极尽语言文字的可能性,使人觉得无可移易,至少写说者自己以为无可移易。"① 张志公在《修辞是一个选择过程》中提出:"所谓得体,就是在这样的场合,同这样有关系的一些人说一件事,怎样说最恰当,合乎这种场合的要求,合乎听话人和说话人相互关系的要求。"又说:"所谓得体,就是在真实的、实事求是的前提之下,根据具体的场合、具体的对象,采取恰当的说法,表现出自己一种应有的修养,一种比较高尚的思想精神面貌,这就是得体。"② 郑颐寿认为,修辞"要处理好内容和形式的辩证关系,要结合具体的表达环境,要切合语体类型"。③ 宗廷虎认为:"修辞的标准和原则,大致包括以下几方面的内容:修辞必须处处围绕题旨;修辞必须适应不同的对象;修辞必须适应不同的语境;修辞必须适应上下文;修辞必须适应不同的语体。"④ 王希杰提出了得体性原则,并把这一原则确定为修辞最高原则。"得体性是一种社会群体文化心理的价值评价,是语言材料对语言环境的适应程度。""修辞的最高原则只有一条,那就是:得体性原则。一切其他的原则都从属于这个原则,都是这个原则派生物。这个原则制约着和控制着一切其他原则。"⑤

如上论述虽然各有所表,但是最核心的思想基本上是一致的,那就是把修辞和语境、语体紧密地联系在一起。适应语境和适应语体成为确定修辞应用原则的最基本、最核心的标准和要求。在语文实践活动中,修辞原则就是修辞应用原则,得体性原则就是修辞应用的根本原则、最高原则。这是说,所有修辞应用都必须把得体原则作为根本纲领和唯一航标,要把语音规则、语义规则、语法规则、情景规则、文化规则、心理规则等都纳入得体性原则的统一管控之下;在具体执行过程中,自始至终都要贯彻语境策略意识并把语体规制作为优先考虑选项。

---

① 陈望道:《修辞学发凡》,上海教育出版社1979年版,第11页。
② 张志公:《修辞是一个选择过程》,载《当代修辞学》1982年第1期。
③ 郑颐寿:《比较修辞》,福建人民出版社1982年版。
④ 宗廷虎:《修辞的原则和标准》,载《修辞学习》1986年第5期。
⑤ 王希杰:《修辞学通论》,南京大学出版社1996年版,第342—343页。

二、得体要求

语文实践中坚持得体性原则，就是要做到修辞应用对特定语体规制和具体语境的适应，做到对特定语体和具体语境的得体。

（一）依规合体

这一要求是说修辞应用要做到对语言世界的得体，也就是要做到依规合体。无论是常规表达还是超常规表达，都要和特定语体风格、具体语篇、相应语义搭配关系和语法模式相协调。语言规范是到达合格要求的基础和支撑。为什么这样表达，为什么不这样表达，在语言世界一定得由语言规则和特定语体风格作为支撑，也就是要在语言世界内找到之所以这样修辞运作的理由和根据。例如：

她比所有的女宾都漂亮、高雅、迷人，她满脸笑容，兴高采烈。（莫泊桑《项链》）

该例属于文学语体中的小说语文体式，连续运用了三个同义词，但这三个同义词在语意上有渐进性。"漂亮"注重的是路瓦戴夫人外在形象的整体美感；"高雅"则以外在漂亮为基础，并散发出内在格调高尚的气质，属于内外兼修；"迷人"更是把"漂亮""高雅"融为一体所达到的使人陶醉的整体效果。在该译文中，这三个同义词连用符合汉语语法规则，是合规的表达，做到了对语言世界语言规则的适应与得体。再如：

请假条

尊敬的张老师：

　　您好！

　　因为明天要参加研究生复试，今天下午必须赶到××大学，所以今晚不能上您的中国文化概论课。特请假两节。

　　请老师批准！

学生：×××
×年×月×日

该例为上行文，属于事务语体中的请假条。第一，有事需要请假，请假需要写请假条，做到了内容对语文体式的适应。第二，该文本符合请假条的基本制式，标题、开头（称呼、问候）、正文（请假缘由、请假事项、请假要求）、落款（署名、时间），这些构成要素及其编排符合请假条的基本规范要求。第三，语言表达与请假条体式完全吻合。所以，该例做到了对语体的适应与得体。

（二）合情合理

一般情况下，什么样的词语经常和什么样的词语搭配是约定俗成的，由此而表达的语义内容才是符合常理的，才是有事实根据的，才是有理有据的。比如人们常常用"威猛""高大""英俊""帅气"等词语来形容男人，经常用"温柔""贤惠""苗条""小巧"等词语来描绘女人，一般不可以错位使用，否则就是用词不当。[①] 所以，合情

[①] 孟建安：《汉语修辞转化论》，暨南大学出版社2013年版，第229页。

合理是说修辞应用要做到对物理世界语境的得体。合乎情理以客观真实为逻辑基础，坚持做到与物理世界保持高度的一致性。要做到有理而巧，更要做到无理而妙。为什么这样表达，为什么不这样表达，在物理世界一定要找到合乎情理的根据。例如：

凤姐笑道："因丢了一件东西，……大家搜一搜，使人去疑。倒是洗净他们的好法子。"探春冷笑道："我们的丫头自然都是些贼，我就是头一个窝主。既如此，先来搜我的箱柜，他们所偷了来的，都交给我藏着呢。"（曹雪芹《红楼梦》）

从表面上看，该例中探春是在说自己的丫头都是贼，自己则是窝主；从实际上看，探春的话在意义上是以反言正、正话反说，是对凤姐的做法和话语表示极为强烈的不满，也是在用嘲讽口吻向凤姐声明自己和自己的丫头并不是窝主也不是贼。探春的话语是在特定情境下受到凤姐话语的刺激说出来的，具有较为强烈的个人情绪，因此是合情合理的修辞表达，效果非常明显，做到了有理而巧妙。

（三）解释得通

这一要求是说修辞应用要做到对文化世界语境的得体，也就是要在文化世界中具有可解释性。修辞话语要与民族文化、地域文化、文化素质相吻合。为什么这样表达，为什么不这样表达，在文化世界中一定能够得到合理解释，能够得到文化世界强有力支持，能够找到文化意义上的理由和根据。一句话，那就是可以阐释得清，能够解释得通。例如：

凤姐低了半日头，说道："这个就没法儿了。你也该将一应的后事给他料理料理，冲一冲也好。"尤氏道："我也暗暗的叫人预备了，就是那件东西不得好木头，暂且慢慢的办吧。"（曹雪芹《红楼梦》）

该例中尤氏当说到"棺材"的时候，不直接采用"棺材"词语修辞手段，而是用"那件东西"来代替。这显然是受到了传统文化中忌讳心理的支配而采用的委婉避讳说法。作为汉文化背景下的听读者自然能够解读出"那件东西"所指的对象就是"棺材"。这一说法是传统文化心理在修辞应用上的折射，在文化世界中是可以得到完满解释的，做到了对传统文化心理和文化习俗的得体。

（四）认可接受

这一要求是说修辞应用要做到对心理世界语境的得体，也就是要在心理世界具有可接受性。要做到与个体心理、群体心理、认知心理相适应，要让听读者认可并接受自己的话语。为什么这样表达，为什么不这样表达，在心理世界一定由听读者依据个体心理、群体心理和认知心理加以研判，并找出能够认同接受的基本理由。例如：

不和我说别的还可，再说别的，咱们红刀子进去，白刀子出来！（曹雪芹《红楼梦》）

这是焦大醉酒之后骂人的话语。按照行为与结果的正常逻辑顺序，应该是先有白刀子进去这一条件，然后才会有红刀子出来这一结果。从这个意义上说，该例是不合理、不合法的，既违背了物理世界正常的逻辑事理，也与语言世界的语法规则相背离，应该算病辞。但是，如果把焦大平时以及此情此景下所经历的一切，包括心理状态在内的背景因素作为参照来分析这句话,就不难理解这句话产生的原因了。焦大对贾家有恩,但是并不受贾家后代的尊崇,相反还经常受到侮辱和谩骂。这一天酒醉之后,自己神志不清、思维错乱,于是便在激情之下说出了这种不合逻辑、不合事理且违背语法规则的话语,但却是符合心理语境的话语,也是可以接受的话语。由于心理语境条件的作用力,就使该修辞应用现象由常规意义上的病句而转化为特定情境下的艺术佳句,做到了无理而妙。该例实现了由常规表达层面向审美表达层面的转化,也便由微观语言世界和物理世界上的不得体转化为宏观心理世界上的得体。① 这句话虽然没有得到语言世界和物理语境的支持,但最终得到了心理世界的强有力支持。应该说,该修辞话语做到了对心理语境的最大适应,因此又是得体的。

以上这四个方面的要求处在不同层次。依规合体、合情合理是低层次得体,解释得通是中层次得体,认可接受是高层次得体。在低一级层次上得体的,在高一级层次上未必是得体的;在高一级层次上得体的,在低一级层次上也未必是得体的。低一级层次的得体服从于高一级层次的得体,如果做到了高一级层次上的得体,那么低一级层次上的得体与否可以忽略不计;如果高层次上不得体,那么低层次、中层次上虽然做到了依规合体、合情合理、解释得通,整个修辞应用也依然是不得体的。因此,只有做到高层次上的得体,或者是低一级层次和高层次上的共同得体,才能保证修辞应用的得体性。②

三、得体实现

任何语文实践活动中,语境都是无所不在、无时不在的。这更进一步表明语文实践及其修辞应用对语境的依赖性。语境在场是修辞应用的必然选择,修辞应用必须要做到对语境的适应。

(一)对语言语境的适应

语言语境其实也可称为语篇语境,通常包涵了书面上的上下文、口语中的前言后语、语体和语文体式、话语风格等要素。语言表达时,修辞主体的修辞应用要考虑语言语境的限制性,由此而结合语言语境做出适宜的修辞选择。对语言世界的适应就是要做到对语音语境、语义语境、语法语境、辞格语境、语体语境、风格语境等的得体,使修辞应用符合语言规范、逻辑上的真值关系和变异使用规则等要求。例如:

① (他)用小烟锅在羊皮烟包里挖着、挖着,仿佛要挖出悲惨生活的原因,挖出抗拒命运的法子。(杜鹏程《飞跃》)

② "爸爸,我哪也不去,就愿意进公安局。""好小子,胆不小。人家都怕进公安局,你却自愿进公安局。"老子跟儿子逗趣哩。(李传信、达理《泰山疑案》)

例①属于文学语体,连续出现了四个"挖"。第一、二个"挖"是一般意义上的"挖",意思是用工具或手向里面用力取出其中的一部分或包藏的东西,而且也是常规

---

① 孟建安:《病句、常规句、佳句及其相互转化》,载《郑州大学学报(哲学社会科学版)》2001年第5期。
② 孟建安:《汉语修辞转化论》,暨南大学出版社2013年版,第203—204页。

用法。第三、第四个"挖"为了适应上文"挖"的用法，顺势把"挖"用在了"原因"和"法子"上面。在意思上和用法上都发生了变异，使"挖"具备"寻找""探索"等语意，并且在语法上形成"挖出……原因""挖出……法子"这样的超常搭配。"挖"语义和句法上的超常变化就是对上下文语境的适应。例②虽然选自文学语体，但就其实质来看显然又属于随意性谈话语体。"好小子，胆不小。人家都怕进公安局，你却自愿进公安局"这句话是为了适应上文儿子说的话"爸爸，我哪也不去，就愿意进公安局"才创造出的修辞话语，是对上文语言语境的适应。

（二）对物理语境的适应

较多时候，修辞主体不可避免地要利用包括时空、情境、氛围、对象、突变情况、自然物等在内的物理语境条件为修辞表达服务。利用物理语境条件实施话语表达就是一种主动适应，也是为了实现交际目的故意采取的一种修辞应用策略。对物理语境的适应就是要做到对物理世界各种相关因素的得体，使修辞应用能够在物理世界找到客观真实的基础。例如有位老师在讲授语文课文《卖炭翁》时正值雪止天晴，就根据这个天气状况说了下面的话：

同学们，断断续续飞舞了近一周的雪花停下了。今天，阳光照耀，天气和暖，是人们盼望多日的好天气。但是，在很久很久以前，有一个穿得十分单薄的老人，却不喜欢这样的天气。总是期待着朔风凛冽、大雪纷飞。他就是白居易笔下的卖炭翁。卖炭老人为什么有会这样反常的心理呢？请读课文。

该例中，这位老师是在进行课堂教学，语言应用的制式属于专题谈话语文体式。这位老师根据《卖炭翁》中所刻画人物形象的性格特征，主动借助于大雪纷飞后天气转暖的现场物理语境条件，作为导入课文进行话语表达的策略选择，把现实物理语境与作品中的物理语境对接起来。目的是通过现实物理世界的"我们"与作品中再现人物"卖炭翁"心理状态的比较，造成极大的反差，以此来衬托作品的主旨。这一策略的选择十分自然，非常贴切，特别能够说明问题，无疑对有效开展课堂教学起到了积极的作用。这是对现实物理语条件的主动利用，也是对课文所表述物理语境的适应。

（三）对文化语境的适应

对文化语境的适应意味着修辞应用必须要考虑文化背景、文化心理、文化传统、民风民俗、文化规约、社会时代环境等一系列文化因素。修辞应用要做到与民族文化、地域文化和个人文化素质相适应，能够得到文化世界的合理解释，以做到对不同层面不同文化要素的得体。随着互联网的发展，在语文实践中出现了相当多如下所列适应于当下社会时代语境的修辞应用现象：

妾侍——小三；半老徐娘——资深美女；嫁不出去——剩女；奸情——劈腿；

八卦新闻——秘闻；桃色新闻——绯闻；痛快——爽歪歪；

妓女——性工作者；贪官污吏——老虎苍蝇；

减肥——塑身；

这些说法都打上了时代文化的烙印，是富有时代文化气息并适宜于当下群体心理需求的表达式。再如：

某位中学校长开学致辞，令家长孩儿们肃然起敬、醍醐灌顶——"天将降大任于斯人也，必先卸其QQ，封其微博，删其微信，去其贴吧，收其电脑，夺其手机，摔其ipad，断其wifi，剪其网线，使其百无聊赖，然后静坐、喝茶、思过、锻炼、读书、弹琴、练字、明智、开悟、精进，而后必成大器也。"（引自网络）

该例中，校长开学致辞仿拟了散文体式，但语言表达与时代文化融为了一体。语言表达中所使用的词语都是当下中学生非常喜欢而且常用的网络词语。显然，校长为使自己的语言表达不落伍，能够与中学生的文化认知心理保持高度一致，便煞费苦心地创新表达方式，尽量去融入时代文化氛围。

（四）对心理语境的适应

在各种交际领域的语文实践中，要做到对心理语境的适应就是要使修辞应用符合个体心理、群体心理和认知心理，能够为心理世界所接受。就适应个体心理语境而言，每个人语文实践的动机和出发点是不一样的。有人想通过语文实践夯实语文知识素养，并试图验证理论知识的正确性；有人想通过语文实践实现自我价值，以获得自我满足感和成就感；有人想通过语文实践来开展审美教育、文学教育、语言教育，并努力提升修辞应用能力和语文实践能力。在不同语境下，有时悲伤，有时欢愉；有时情绪高涨，有时情绪低落；有时紧张害怕，有时镇定自若。总之，人在语文实践中心理状况是多种多样的，既有稳定一面，也有临时一面，但都是个体所具有的心理现象，是在不同语文实践领域修辞应用过程中所营造的私人化心理空间。例如：

我绝不会错，这真是一匹小野猪！它还在咦咦嗡嗡的叫！不止一个，大约是三位，或者是四位，就在我的棚子外边嚼那红薯皮。（沈从文《猎野猪的故事》）

该例属于文学语体。例中写一个女佣人宋妈在给上等人讲故事的时候，把名词"野猪"与量词"位"组合在一起。从文学创作角度看，这当然是作者出于塑造人物的心理需求而采用的一种修辞策略，是通过修辞运作而创造出的超常规配置；从宋妈角度看，在她的潜意识里一直有一种想摆脱下等人身份的心理冲动，所以在语言表达上就试图改变下等人的说话习惯，改用她所认知的上等人的表达方式，以此在语言上来证明自己也是一个上等人、一个有文化教养的人。但是，她在表达时又矫枉过正了，把带有一定褒义色彩且用于人的量词"位"错位用在"野猪"的身上。虽然词语用错了，但是这个"错误"却实现了修辞转化，由负偏离而转化为正偏离，是对表达者心理世界语境的最大适应。再如：

我的家乡吉林，是一座美丽的城市。每当到了冬季，我的家乡就变成了童话般的冰雪世界。

一个冬天的早晨，我漫步在松花江畔，只见岸边的柳树上挂满了毛茸茸、亮晶晶的冰条儿，犹如一朵朵白菊傲雪怒放；挺拔的松树上结满了树挂，洁白晶莹，就像披上了华丽的银装。

太阳出来了。阳光照在树挂上，反射出夺目的光芒。我踏着积雪向前走去，一片片树挂不时落在我的头上、身上，凉飕飕的，开心极了。（《雾凇》，见小学语文教材）

该例属于文学语体中的散言体。接受主体是小学阶段的少年儿童,而这个年龄段的少年儿童在生理、心理上都尚未成熟,也缺乏知识经验,其认识能力、理解能力都还处在较低的阶段。为了适应这个年龄段接受主体的心理特征,作者采用了轻松柔缓、朴实自然、生动形象的语言笔法来行文。在这一语体风格的制导下,作者采用了叠音和重叠语音(词语)的修辞手段,如利用"毛茸茸""亮晶晶""朵朵""片片""凉飕飕"等叠音、重叠词语来造成语言表达的趣味性、舒缓性;采用了超语言要素手段,如建构了"我的家乡就变成了童话般的冰雪世界""冰条儿,犹如一朵朵白菊傲雪怒放""挺拔的松树上结满了""树挂,洁白晶莹,就像披上了华丽的银装"等比喻辞格手段来凸显语言的生动性和形象性。显然,这样的修辞运作都考虑到了接受主体的认知能力和接受能力,与接受对象的心理需求和心理表征是吻合的,做到了对心理语境的得体。

第五节 知识应用技能训练

学习理论知识的目的就是在不同交际领域更好地开展语文实践活动,以此培养和提高学生在特定语体规制下根据具体语境条件来表情达意的综合应用能力,由此而使学生的修辞表达和语文行为更能够适切得体,从而取得更为理想的语言表达效果。

本节基于实用修辞的基本理论和基础知识,从语音修辞、词语修辞、意义修辞、句式修辞、语体修辞和风格修辞等多个侧面设计编制类型多样的实践训练题,以培养学生的简单应用能力;设计编制了题量适中的"知识应用技能训练"题,以培养和训练学生的综合语言应用能力。

一、语音修辞训练

(1)分析下列语例的叠音和节奏特征。

小草偷偷地从土里钻出来,嫩嫩的,绿绿的。园子里,田野里,瞧去,一大片一大片满是的。坐着,躺着,打两个滚,踢几脚球,赛几趟跑,捉几回迷藏。风轻悄悄的,草软绵绵的。(朱自清《春》)

(2)比较分析原文与改文的节奏效果。

原 文:清明/时节//雨/纷纷,路上/行人//欲/断魂。
 借问/酒家//何处/有?牧童/遥指//杏花/村。
 (杜牧《七绝·清明》)

改文①:清明/时节//雨,纷纷//路上/行人,欲//断魂。
 借问//酒家/何处?有//牧童,遥指//杏花/村。
 (苏轼小令《清明》)

改文②:清明时节。雨纷纷。
 路上。
 行人:(欲断魂)借问酒家何处有?
 牧童:(遥指)杏花村。

(3) 分析下列语例的韵律特征。

我买什么也不在你这儿买！你给我现了眼！赵姐下了乡，买东到西得我自己忙，已经苦难当！你还瞒着我，到这儿来卖糖！卖糖，这么大的大姑娘！你还受戏耍，妈妈陪着出洋相，越想越窝囊！凌云，凌云，你怎么这么不要强！（老舍《女店员》）

(4) 比较原文与改文音节结构特征并分析其修辞效果上的差异。

原文：他的命就是数学。

改文：他的生命就是数学。（徐迟《哥德巴赫猜想》）

二、词语修辞训练

(1) 分析下列语例中文言词的修辞效果。

这个故事也还未尽"一人得道，鸡犬升天"的妙趣。另一个神仙故事，说汉代的淮南王刘安，得到仙药，服食之后，全家人都向日飞升而去了。存下的药置在中庭，鸡犬舔食，因此，鸡犬也都"升天"了。这时候，"鸡鸣天上，犬吠云中"。想象那番情景，真可以说是"蔚为奇观"，极一时之盛。（秦牧《犬的飞升和马的枪决》）

(2) 分析下列语例中动词的修辞效果。

黑的人便<u>抢</u>过灯笼，一把<u>扯</u>下纸罩，<u>裹</u>了馒头，<u>塞</u>与老栓；一手<u>抓</u>过洋钱，<u>捏</u>一<u>捏</u>，转身去了。（鲁迅《药》）

(3) 请分析语例中反义词的修辞效果。

长大后，我终于领悟到，高密东北乡无疑是地球上最<u>美丽</u>最<u>丑恶</u>、最<u>超脱</u>最<u>世俗</u>、最<u>圣洁</u>最<u>龌龊</u>、最<u>英雄好汉</u>最<u>王八蛋</u>、最能喝酒最能爱的地方。（莫言《红高粱》）

(4) 请分析语例中同义词"窃"与"偷"连续使用的修辞效果。

"什么清白？我前天亲眼见了你偷了何家的书，吊着打。"孔乙己涨红了脸，额上的青筋条条绽出，争辩道："<u>窃</u>书不能算<u>偷</u>，……<u>窃</u>书！……读书人的事，能算<u>偷</u>吗？"（鲁迅《孔乙己》）

(5) 比较分析语例中"烫""温"词语调整后修辞效果的异同。

①鲁镇的酒店的格局，是和别处不同的：都是当街一个曲尺形的大柜台，柜里面预备着热水，可以随时烫酒。（鲁迅《孔乙己》初稿）

②鲁镇的酒店的格局，是和别处不同的：都是当街一个曲尺形的大柜台，柜里面预备着热水，可以随时温酒。（鲁迅《孔乙己》改稿）

三、意义修辞训练

(1) 分析下列语例中模糊词语运用的效果。

有人理发总不给钱。一次，阿凡提给他刮脸时问："你<u>要</u>眉毛吗？""<u>要</u>，当然<u>要</u>！这还用问！"飕飕几刀，阿凡提把眉毛刮下来递到这个人手中，这个人哭笑不得。再一次理发时，"你<u>要</u>胡子吗？"阿凡提又发问了。有了上一次的教训，这个人赶紧说："不<u>要</u>，不<u>要</u>！"又是飕飕几刀，阿凡提将胡子刮下来扔到地上。这个人火了，阿凡提却说："我不都是照您的吩咐做的吗？"（《阿凡提的故事》，有改动）

(2) 下列语例基本意思相同，但喻体选择不同。请略加分析。

①柳妈的打皱的脸也笑起来，使她蹙缩得像一个核桃。（鲁迅《祝福》）
②（郭老娃）脸上已经皱得如风干的香橙。（鲁迅《长明灯》）
③干妈确是干的，因为脸上笑得都皱起来，像个烤糊了的苹果，红而多皱。（老舍《离婚》）
④三仙姑却和大家不同，虽然已经四十五岁，却偏爱当个老来俏……只可惜官粉涂不平脸上的皱纹，看起来好像驴粪蛋上下了霜。（赵树理《小二黑结婚》）

（3）从修辞学角度，该如何看待如下疑似不合逻辑的现象？
①最可恨和最可爱的他／漂亮的丑八怪／聪明的大傻瓜。
②没有喝酒早就醉了。
③中国有世界上没有的万里长城／立足广东，冲出亚洲，走向世界。
④黑色的小白兔。

（4）结合上下文分析语例中加横线词语的语境义及修辞效果。
①今天不少老子给子女买房买车，都是不折不扣的<u>孝子</u>。
②我和<u>我们</u>那口子一块来给你们道喜。（从维熙）

（5）结合语境分析语例中语意表达的得体性。

说个谎，道个谎，干灰里头筷子长，蛇蛋拉的铁绳响，三十黑夜出月亮，贼娃子翻院墙，聋子先听着，瞎子先看着，跛子跳上房，抓住个辫根子，才是个秃子光。（贾平凹《故里》）

四、句式修辞训练

（一）按照要求变换句式

①小伙子推翻了桌子。（变换为："把"字句、"被"字句、双重否定句、反问句）
②那幅画被挂在墙上了。（变换为："把"字句、存现句）
③我把书放在教室了。（变换为："被"字句、主谓谓语句、反问句）
④请您打开窗户！（变换为：反问句、"把"字句）
⑤小张看完了这本书。（变换为："把"字句、主谓谓语句、双重否定句）
⑥谁都不会否认小张这几年取得的成绩。（变换为：肯定句、反问句）
⑦谁会否认地球是绕着太阳转的呢？（变换为：肯定句、双重否定句）
⑧老师和同学们都来了。（变换为：松句）
⑨我十分热爱家乡的小河，十分热爱家乡的田野，十分热爱家乡的父老乡亲。（变换为：紧句）
⑩我是通过来过广州的一位老朋友让他夫人写给我的一个多年以前曾来这里住过的地址找到这儿来的。（变换为：短句）

（二）分析下列语例的句子应用特征

①左边的园修复了，右边的园开放了。有客自海上来，有客自异乡来。塔更挺拔，桥更洗练，寺更幽凝，河更闹热，石径好吟诗，帆船应入画。而重重叠叠的假山，传至

今天还要继续传下去的是你的匠心真情。是你的参差坎坷的魅力。(王蒙《苏州赋》)

②风！你咆哮吧！咆哮吧！尽力地咆哮吧！……

……鼓动吧，风！咆哮吧，雷！闪耀吧，电！把一切沉睡在黑暗怀里的东西，毁灭，毁灭，毁灭呀！(郭沫若《屈原》)

③昙花真美呀！雪白雪白的。白得像玉，像通草，像天上的云。……她像一个睡醒的美人，正舒展着她的肢体，一面吹出醉人的香气。(汪曾祺《昙花、鹤和鬼火》)

④五月中下旬，果树开花了。果园，美极了。梨树开花了，苹果树开花了，葡萄也开花了。(汪曾祺《葡萄月令》)

⑤我还期待着新的东西到来，无名的，意外的。(鲁迅《伤逝》)

五、语体风格修辞训练

(1) 请简要分析下列《通知》语体选择的得与失。

通　知

降价啦！！！

中石化蓝塘加油站从4月23日零时起，优惠大放送

钜惠一：92#、95#汽油全天直降0.8元/升！！

钜惠二：周三、周四92#、95#汽油更降1.4元/升！！

这可能是全区最优惠的价格了！心动不如行动，赶紧驾着你的爱车来加油吧

欢迎新老顾客前来加油！

端州一路中石化蓝塘加油站恭候你的光临

(2) 请参照钱钟书《围城》上下文语境，分析方鸿渐优选信函体和苏文纨沟通的得体性。

昨天承示扇头一诗，适意有所激，见名章隽句，竟出诸伧夫俗吏之手，惊极而恨，遂厚诬以必有蓝本，一时取快，心实未安。叨大知爱，或勿深责。"信后面写了昨天的日期，又补两行道："此书成后，经一日始肯奉阅，当曹君之面而失据败绩，实所不甘。恨恨！又及。"(钱钟书《围城》)

(3) 分析下列语例的口语化表现风格。

三百来户都欢天喜地。只有老五太跟她俩小子没有挑着好牲口，牵了一匹热毛子马。这号马，十冬腊月天，一身毛褪得一干二净，冷得直哆嗦，出不去门，夏天倒长毛，躺地热乎乎地直流汗。她牵着热毛子马，脑瓜子耷拉着，见人就叹命不好。(周立波《暴风骤雨》)

(4) 针对高考有以下多种修辞表达，试分析其表现风格上的异同。

"赵忠祥体"：答题卡上白茫茫一片，像冰雪笼罩着的阿拉斯加。绝望之中，我只好紧紧闭上眼睛，像一头濒死的海豹，坠入无边的冰冷与黑暗。

"最炫民族风体"：静静的考场是我的爱，张张的试卷慢慢打开。什么样的题型是最呀最无奈，什么样的题型它是最开怀。

"朱自清体"：这几天心里颇不宁静，看着试卷上日日见过的题目，像牛毛，像花针，像细丝，密密的斜织着，却无从做起。于是忆起《长歌行》里的句子：少壮不努力，老大徒伤悲……这样想着，猛一抬头，却见监考老师在讲台上迷迷糊糊，快要睡着了。

"鲁迅体"：桌上有两张纸，一张是试卷，另一张也是试卷。初夏已经颇热，脊背上却一层又一层冷汗。题目照例是不会做了，先生的讲义上全然没有见过。责任似乎并不在我，譬如使惯了刀的，这回要我耍棍，能行吗？

六、知识应用综合训练

从综合运用角度分析下列语言表达的得体状况。

①微风过处，送来缕缕清香，仿佛远处高楼上渺茫的歌声似的。这时候叶子与花也有一丝的颤动，像闪电般，霎时传过荷塘的那边去了。……月光如流水一般，静静地泻在这一片叶子和花上。薄薄的青雾浮起在荷塘里。叶子和花仿佛在牛乳中洗过一样；又像笼罩着轻纱的梦。（朱自清《荷塘月色》）

②柔嘉惊异道："那么，快叫李妈去买东西。你到什么地方去了？叫我们好等！姑妈特来看你的。等等你不来，我就留她吃晚饭了！"

鸿渐像落水的人，捉到绳子的一头，全力挂住，道："哦！原来她来了！怪不得！人家把我的饭吃掉了，我自己倒没得吃。承她情来看我，我没有请她来呀！我不上她的门，她为什么上我的门？姑母要留住吃饭，丈夫是应该挨饿的。好，称了你的心罢，我就饿一天，不要李妈去买东西。"（钱钟书《围城》）

③卫人迎新妇。妇上车，问："骖马，谁马也？"御曰："借之。"新妇谓仆曰："拊骖，无笞服！"车至门，扶，教送母："灭灶，将失火！"入室见臼，曰："徙之牖下，妨往来者。"主人笑之。此三言者，皆要言也。然而不免为笑者，蚤晚之时失也。（《战国策·宋卫》）

④生命之灯，要用希望之火去点燃；学习之灯，要用勤奋之火去点燃；作文之灯，要用哲理之火去点燃。作文是一个非常丰富宽广的世界，那为什么要去探讨这个问题呢？因为有两句触动了我。一句话是"国产名言"，清代小说家曹雪芹说的："世事洞明皆学问，人情练达即文章。"另一句是"进口洋话"，法国思想家帕斯卡尔说的："认识一根脆弱的芦苇，他的全部尊严就在于思考。"一个强调洞明，一个推崇学问，虽词语不同，但内涵一致。这告诉我们，面对自然、社会乃至人生，只要我们去寻找，一定会发现其中有许多很美的道理，古人常说一句话"文以明道"，作文往往就是为了阐明某些道理。（一位教师讲授《用哲理之火点燃作文之灯》的导入语）

⑤一家人家生了一个男孩子，合家高兴透顶了。满月的时候，抱出来给人家看，——大概自然是想得到一点好兆头。

一个说："这孩子将来要发财的。"他于是得到一番感谢。

一个说："这孩子将来要做官的。"他于是收回几句恭维。

一个说："这孩子将来是要死的。"他于是得到一顿大家合力的痛打。（鲁迅《立论》）

⑥病人已经住院差不多一年时间，终于可以出院了。这天出院时，护士对病人说：

"欢迎你再来!"

⑦桃树、杏树、梨树,你不让我,我不让你,都开满了花赶趟儿。红的像火,粉的像霞,白的像雪,花里带着甜味儿;闭了眼,树上仿佛已经满是桃儿、杏儿、梨儿。花下成千成百的蜜蜂嗡嗡地闹着,大小的蝴蝶飞来,飞去。野花遍地是:杂样的,有名字的,没名字的,散在草丛里像眼睛,像星星,还眨呀眨的。(朱自清《春》)

第二章 谈话语体及其修辞应用

【本章导读】本章讲述谈话语体及其修辞应用的相关问题。在对谈话语体内涵、类型和修辞特点等基本理论知识进行讨论的基础上,根据谈话语体分体状况设计编制了形式多样的知识应用和写作技能训练题目,以备师生开展针对性实践训练之需。

【教学目标】熟悉并掌握谈话语体的基本概念和修辞特点,能够把所学知识应用到随意性谈话、专门性谈话中,掌握随意性谈话、专门性谈话的基本方法和技巧。

第一节 谈话语体理论知识

一、什么是谈话语体

人类言语交际活动可以分为口头交际和书面交际,二者各有不同的适用范围和功能,语体也就相应地分为口头语体和书面语体。在实际语言生活中,两种语体并非泾渭分明,而是多有交集。比如演讲、授课、广播电视新闻节目等,表面上看直接使用口头语言传达信息,但也有明显的书面语体特征。同样的,书信体以及文学作品、新闻报道中的对话部分等,表面看起来是书面交流,实际上却具有口头语体特征。因此,区分口头语体和书面语体,不能单从口头表达和书面表达形式上来进行,还要结合它们的表达功能及其所具有的语言特征来考察。

谈话语体作为人们交往中常用的语体表现形式,历来受到学界重视。黎运汉、盛永生认为,谈话语体是适应日常会话交际领域的需要,运用语言所形成的言语特点综合体。[①] 它是最基本的也是最早形成的语体,其他所有语体都是从谈话语体中分化出来的。谈话语体会随着时间的变化和交际主体文化程度的不同而有所变化。谈话语体的表现形式主要是口头的,但也有部分是书面的,如谈话实录和审问笔录等。由上可见,谈话语体是人们在日常交际活动中,直接依靠口头语言传递信息、交流情感的施言方式。

二、谈话语体的类型

只要有言语交际活动,便会有谈话语体的存在,所以谈话语体的使用范围非常广泛。根据不同标准可以分出不同的类型。黎运汉、盛永生从不同角度对谈话语体进行了不同分类。[②] 根据交际方式的不同,分为电话谈话体和会面谈话体;根据交际内容的不同,分为随意谈话体和专题谈话体;根据交际领域和交际风格的不同,分为庄重谈话

---

① 黎运汉、盛永生:《汉语修辞学》,广东教育出版社2006年版,第431页。
② 黎运汉、盛永生:《汉语语体修辞》,暨南大学出版社2009年版,第45页。

体、商洽谈话体、随意谈话体、亲密谈话体四种。

  本书根据交际内容的不同来划分，把谈话语体分为随意谈话体和正式谈话体。交谈主要有两种不同语境，一种是家庭成员、亲朋好友、邻里同学、偶遇者等交际者之间的日常交流，说话比较随意，话题比较分散；一种是在较为正式庄重的场合，如工作状态、社交场合等，话题相对集中。不同交际语境决定了不同的交际内容，不同的交际内容要与不同的交际语境相适应，所以谈话语体便可以分为随意谈话体和正式谈话体。

三、谈话语体修辞应用原则

  不管是随意谈话体还是正式谈话体，为了适应谈话交际领域的需要，需要遵循一定的原则。会话通常是脱口而出，要在话语转瞬即逝的瞬间让听者听懂要表达的意思，首先是要做到真诚，使用通俗的话语，让人一听即明；其次是要做到发音准确清晰，把握好话语节奏；最后是要创新利用现场情境条件，以帮助补充话语内容。

（一）要情真向善并亲切自然

  谈话总是在一定时空中进行的，需要由交际双方共同参与。良好的沟通需要有足够的诚意。虽然交际对象不尽相同，但是人与人之间的沟通，只有相互理解，充满善意，才能使话语顺畅地继续下去。例如：

  甲：温老师，你今天晚上有课啊？
  乙：是啊！7点半的课。你不是明天才有课吗？
  甲：是，不过来办公室备课效率高点。
  乙：听说你寒假去泰国了？
  甲：嗯，年前去玩了几天。

  这是两个同事在办公室的对话，两个人的对话从工作开始，聊到寒假生活，态度真诚，透露出对彼此工作和生活的关心。同时，从两人的对话也看得出两人的生活是有不少交集的，有共同的交际圈，有相似的工作模式，两人也有一定的交情。他们的聊天有共同的话题，话语亲切自然，没有做作，没有太大的距离感。再如：

  我是斗大的字认不得一箩筐，但我认准一个理儿，生意就是人气。刚开业的时候，我就寻思，你们这些年轻人都出去工作了，老人都没人管，饥一顿饱一顿的。要是能让这些老人吃饱吃好，我既做了善事，又打出了招牌。老人们又能吃多少东西呢？但他们都会说我厚道，心眼好，还会跟他们的儿女们、七大姑八大姨说，一传十、十传百，我的招牌也就出去了……

  该例是一个阿姨在谈自己为社区老人做饭的感受。她虽然文化程度不高，但说话很能打动人心，原因就在于她的真诚与善良。她说的话十分朴素，言语亲切，没有华丽的辞藻，更没有唱高调，只简单地说出自己的想法，却给人带来强大的正能量，质朴而打动人心。

（二）要准确清晰并把握好节奏

  为了能够畅顺交流与沟通，交际双方就必须要确保处在同一"频道"上。如果两个人使用相距甚远的方言进行交际，就会产生"鸡同鸭讲"的效果，这就需要其中一方尽快转换语码、把握好话语节奏，才能继续交流。而且，交流时还必须做到语音准确清晰，让对方听得清、听得懂。交谈双方要尽量做到字正腔圆，发音不含混，容易听辨。在以规范标准语音为媒介的同时，还要依赖诸如语速、语气、停顿、轻重音等各种语势要素来塑造良好的语音形象。例如：

反动派暗杀李先生的消息传出后，大家听了都悲愤痛恨，我心里想，这些无耻的东西，不知他们是怎么想法？他们的心理是什么状态？他们的心怎样长的！（锤击桌子）其实很简单，（低沉渐高）他们这样疯狂地来制造恐怖，正是他们自己在慌啊！在害怕啊！所以他们制造恐怖，其实是他们自己在恐怖啊！（闻一多《最后一次讲演》）

这是一段慷慨激昂的演讲。语速时快时慢，音量时而低沉，时而高昂；有伤心的停顿，也有越来越高昂的语调。演讲者把握好了演讲时说话的节奏，从而为整个演讲增加了许多感染力，也使该演讲成为演讲中的经典之作。再如：

刘蓓：戏里边嘛，因为我是，我另外一部分就是在职场，职场上特别忙，回来以后呢就被她（吕中）各种各种的作，比如说她要自杀，服安眠药……

杨澜：啊？她上来就这样啊？

刘蓓：嗯。然后自己要跳楼，反正就是以死相逼，就是这种。

杨澜：那为了达到什么目的呢？（《天下女人》2013年12月第3期）

在这段对话里，刘蓓说完服安眠药后就停顿了下来，而没有继续往下说。其目的就是向观众强调吕中是有多么"作"和无理取闹。就在刘蓓故意停顿的时刻，主持人杨澜则以一个叹词"啊"构成的疑问句来回应并紧接着追问"她上来就这样啊"，以此表现出了内心的诧异，从而使整个谈话节奏鲜明，跌宕起伏，极具动态感。

（三）要创新利用现场情境条件

谈话都是在具体语境中进行的，交谈双方有时会根据交际目的的不同特意营造适宜的谈话氛围。比如，好朋友聊天，一般会选择家居客厅等相对私人化的场所；如果是工作谈话，较多时候会选择办公室、会议室等正式场合；如果是一般聚会，则较大可能选择茶馆、饭店等非正式场合……总之，不同场合对谈话效果会产生一定的影响。谈话双方应该根据具体语境条件，创新并利用好各种人、物、情境、气氛、手势、表情、眼神等因素，以帮助谈话顺利进行。例如：

顾客：这菜多少钱？

档主：五块。

顾客：这么贵啊？那个呢？

档主：三块五。

顾客：麻烦给我一斤，可以微信支付吗？

（档主点点头，称东西）

该例是一位顾客在菜市场买菜的情景。顾客手指青菜询问价格，即使没有提及菜名，档主也能及时做出反馈。档主根据现场情境，就可以通过点头来回应是否能微信支付的提问，并通过称东西这一动作让买卖交易活动继续下去，从而达到沟通的目的。显然，该例中谈话双方话语不多，言简意赅，单独来看有时话语甚至都是不完整的，似乎不足以传达完整的信息，但是由于交谈双方都充分利用了体态语、蔬菜等现场语境条件，使双方的表达和理解完全没有问题，整个谈话非常顺畅。再如：

队长：我们继续，大家以前都在学校里军训过，那么我们就从最简单的开始回顾，练习一下。首先，大家一起报个数。听我口令，报数！

（大家都冲向扮演"树"的同学，抱住大腿、胳膊）

队长：怎么回事，都给我回来！

（众人回来站好）

队长：你们刚才在干吗？

众人：抱"树"啊！

队长：你们报的是数么？

众人：（指着"树"）我们抱的就是"树"啊！

该例是小品《抱树》实录片段。对话的场景是军训，军训原本是比较庄重的，但因为是适用于舞台表演的小品，所以人物之间的对话比较风趣幽默，动作也比较诙谐搞笑。当队长说"报数"时，队员们纷纷"抱树"，这是利用了这两个词语之间的谐音关系产生的言后之果。队员们的动作强化了对话中的幽默效果，也使观众发出会心的微笑。可见，"众人"都在利用"大腿""胳膊"等现场情境条件，并通过手势、表情来表达丰富的内容，以此来加强谈话体的效果。

四、谈话语体分体修辞特征

随意谈话体和正式谈话体虽同属于谈话语体，在语言表达上具有共同的修辞要求，但由于有"随意"和"正式"之别，因此它们之间又各有不同的修辞特征。

（一）随意谈话体的修辞特征

随意谈话体既不像科技语体或政论语体那样要求严谨缜密，也不像文学语体那样注重修饰，讲究辞藻。随意谈话体允许语段的跳脱，对话中常出现重复或停顿等，有时也会借助于辞格来强调语意。

1. 词语应用特征

由于谈话内容广泛，场合多样，所以词汇使用量比较大，词语运用面广泛，几乎没有什么限制。表现日常生活、具有实体意义的词语较多，而表现抽象概念的词语用得较少。与其他语体相比较，语气词、叹词出现频率高。从词汇色彩来看，地域色彩浓厚，感情色彩强烈；大量使用生动活泼、通俗易懂的口语词，即使有时使用书面语，也常常改变了原来的语言功能，而带上较多的口语特征；随意谈话语体还常常使用时代色彩比较突出的词语。

第一，多用内容具体的词语，较少使用意义抽象的词语。由于随意性谈话是在具体情境中的偶发行为，并没有事先准备阶段，常常是根据具体情境中的具体事情、具体交际对象等而进行的，所以话语中多选用与日常生活状况相吻合的具有实际意义的一般词汇。例如：

①这孩子真可爱！（指不通人情又自作多情）
②真帅！（指有风度有气派）
③这条裙子真漂亮啊！

第二，常用语气词和叹词。随意谈话中，语气词和感叹词能够帮助谈话者双方更自然地衔接对话，更好地传递出此时此刻的真情实感。例如：

①冬梅：同学们都在啊，这都多少年都没见了。

　冬梅：呀！王老师您也在呀，您还活着哪。（电影《夏洛特烦恼》台词）

②男方：刚才被小小打断了一下，其实我现在目前呢，是在宁波一家服饰公司担任视觉总监，这样的一个职位。

　女方：哇！嗯！哇！（笑声）好尴尬啊！

　男方：其实我们两个自我介绍，其实是不用的。真的是不用的！

　主持人：（指女方）说说你是哪里的？

　女方：我是哪里的？

　男方：你就支庄主朋友嘛！（2017年8月4日某综艺真人秀相亲对话）

上面两例用了语气词"啊""了""哪""呢""的""嘛"和叹词"呀""哇""嗯"等。这一类词语的应用，直接又直观，在交谈中起到润滑剂的作用，也使话语整体构造变得连贯而不生硬死板。

李贵如认为，谈话语体修辞还有一种方式，就是通过语音语调和语气词，来传达谈话者不同的感情色彩，因此在实际谈话中语气词的使用比书卷语体要多。① 例如：

这么着吧，伙计，我给三十五块钱吧；我要说这不是个便宜，我是小狗子；我要是能再多拿一块，也是个小狗子！我六十多了；哼，还教我说什么好呢！（老舍《骆驼祥子》）

这一段对白中，语气词"吧"表商量，"呢"凸显了说话人的诚实；叹词"哼"则表现出说话者的无奈和心烦。如果让演员表演或朗诵，演员必须充分把握其中的语感，注意轻重音、注意语速的变化。

第三，大量使用口语词和方言词。随意谈话是生活化的，具有浓郁的生活气息，所以谈话者自然而然地就会顺应平时说话的惯性而选用大量的口语词和方言词。即使运用了一些书面词语，这些书面词语也往往会有较为独特的作用。例如：

①"停手！"我一声喝，吓了她一跳，缩回手，"少他妈动我。实话先告你，老子不喜欢，都不喜欢，看见这花花绿绿的东西就烦。"四周人都看我们，石静忍气没说话，我们一起往外走。到了外边，站在太阳地里就吵。（王朔《永失我爱》）

②石静掏出装饭票的夹子冲我摔来，边骂边说："我不找你，你也别来找我。"

"好啦好啦，我说一句，你说十句，成心使矛盾升级。怎么着？非弄成动乱你才舒坦？"

"不听不听，少跟我说话。"石静背对着我使劲摇头。

"好啦好啦，汽车跑一程子还停一停呢，你不是不也该到站了？"

"你要这么说，我就永远不到站。"

---

① 李贵如：《现代修辞学》，经济科学出版社1995年版，第286页。

"一条道跑到黑？"

我虚心诚恳地说，"确实不地道，亲者痛仇者快，朝秦暮楚朝三暮四朝花夕拾，连我也觉得特没劲。这也就是我自个，换别人这样儿我也早急了，要在怎么说正人先正己上梁不正下梁歪，我本人这样儿怎么还能再严格要求你像个正人君子。"

"你就贫吧，"石静笑，"就会跟我逗凶，踩完了人又给人扑粉，里挑外撅，好人歹人全让你一人做了。"（王朔《永失我爱》）

以上两例都出自王朔小说《永失我爱》。王朔是地道的北京人，文章里所塑造的许多人物都是一口"京片子"，所使用词语多是北京话中的口语词，其中不乏北京胡同里的俚语俗语。如例中"告"是北京口语词，是"告诉"的简缩形式，简缩后更有一种特别的俚俗意味。北京话中后缀"子""儿"特别丰富，如上文"夹子""一程子""这样儿"等都是如此。另外，"贫""特""老子""他妈""自个儿"词语也都是北方方言词语。这些口语词的运用使《永失我爱》带有浓浓的京味京腔。"动乱""矛盾升级"这些在社会工作中常用的词被调侃性地运用，带有较多讽刺意味，使原有的严肃性荡然无存。"朝秦暮楚朝三暮四朝花夕拾"是三个带有文言色彩的成语连用现象，但这几个成语之间并没有必然联系，而且也失去原本的意义，作者利用这些词语纯粹是为了塑造文中"我"嘴贫的特点。

第四，使用富有时代气息的词语。谈话语体中的词语比起书面语体来，往往和社会联系更密切，很多代表新事物新现象的富有时代气息的新词语，比如网络词语等都可以在谈话语体中得到很好的运用。例如：

夏洛：粉丝送的，小车开腻了，开大车耍耍。

大春：有点钱都不知道怎么得瑟了你。（电影《夏洛特烦恼》台词）

"粉丝"是通过音译的手段从"fans"演变而来。它在汉语中原本的意思是指一种小吃，音译后指喜爱明星的人、追星族。这个词语在2005年《超级女声》热播时期流传并在社会生活中被广泛地使用，至今使用热度仍未退却。该例使用"粉丝"这一流行语，使台词更加贴近时代潮流，更能让观众接受。再如：

夏洛：我这是想让你在内地多接接地气。我知道你国语说得不好。粤语版的也有。我的老家，就住在这个屯儿，我是这个屯里土生土长的人。好！那就定了，就这首了。好，再见！（电影《夏洛特烦恼》台词）

"接地气"这个词语在2012年流行开来，此后被广泛使用。它一开始是动宾词组，意为与大地之气相接，而流行语"接地气"则指贴近百姓的现实生活。这里用"接地气"其实是让台词更加通俗简明，更能体现夏洛对当下流行词语的使用习惯及其语言运用的特色。

2. 句子应用特征

第一，跳脱性。黎运汉、盛永生认为，谈话语体的句子成分经常会出现残缺不全现象，或者当前话题未完，突然就转入下一个话题的讨论中了。如果把谈话内容真实地记录下来，会令人有读不下去的感觉。[①] 这是因为谈话语体脱口而出，发话人来不及对自己的言辞仔细斟酌，尤其是发话人感情激动时，更会出现前言不搭后语的现象。同时，

[①] 黎运汉、盛永生：《汉语语体修辞》，暨南大学出版社2009年版，第44页。

由于谈话语境易变，也会使话题容易转变，因此，跳脱性是谈话语体的显著特点。

日常交际总是在一定的动态语境下进行的，是面对面进行的。语境包括了前言后语、上下文、时间、场所、态势等。语境条件提供的帮助，使谈话语体中的句子较少受语法规则的限制，往往简短明白，语序多变，非完全句较多；常用限定成分少、结构简单的句子，不少时候还使用独词句。例如：

①喂，靓女，买水果么？
②蛇，快跑！
③下雨了，快收衣服！

口头交际一般比较随意，通常都是即兴发挥的，而且通常是你一句我一句地进行的，不会说出超出生理限制的长句子，所以句式一般比较简短。

第二，语序多变，比较灵活，常有倒置和省略现象。例如：

①吃饭了吗，你？（成分倒置）
②这小孩一见到我就笑。（紧缩语言成分，把复句变成单句）
③顾客：（指着生菜）多少钱一斤？
　菜农：（生菜）八毛（一斤）。（省略成分）
④主持人：我们先彼此做个个人介绍好了，要不男生先来？
　（男女方沉默，有人打手势）
　主持人：自我介绍怎么成这样，感觉都是用手势交流。
　女方：哑语！
　男方：对！哑语，我们在打哑语。
　主持人：这么正式的是不是还是第一次？
　男方：那我还是自我介绍一下吧！我呢叫毛海龙，浙江宁波人，今年32岁。
　女方：原来你32了！
　男方：对！（笑声）（2017年8月4日某综艺真人秀相亲对话）

例④中，由于依赖手势、表情等语境条件的补充，因此在语言形式有种种省略。女方直接说一个词"哑语"，实际要表达的内容是"我们在打哑语呢"。这句话的主语和谓语被省略了，只留下必要的主干词语"哑语"，但仍然能完整准确地传达意义。男方马上接话补充，足见交际各方并没有因此而出现理解方面的障碍。该例几乎没有语法衔接手段，会话句式使用比较自由，句子结构灵活自如。

3. 辞格应用特征

谈话语体实用性和针对性很强，只要清楚明白地把问题说出来、把自己的观点看法表达出来即可，不需要特别生动形象、具体可感的语言，所以随意谈话体中很少使用修辞格。很少使用，不等于不使用。如果要运用修辞格式，比喻、比拟、夸张、对比、排比等辞式则是首选。例如：

①"你瞧你那儿。"我站住，回头看着她，"头发跟面条似的还披着，嘴唇涂得跟牙出血似的，还美呢。"（王朔《永失我爱》）

②崇拜是把自己掏空了，交给别人。如果人家拿过去随手一扔，或在人家手里丢失了，你呢？你就光剩下一个空壳，整个完了！人生是一次性的。你便永远像个空纸盒那

样被遗落在世上，无法挽回。(冯骥才《一百个人的十年》)

③……看见他进来，虎妞把筷子放下了。"祥子，你让狼叼了去，还是上非洲挖金矿去了？"(老舍《骆驼祥子》)

④"还生气呢？"我走近石静说，"走走，吃饭去，没听说二百五有记仇的，一般都是事过就忘。""少嬉皮笑脸。"石静说，"你饿你吃去，拉我干吗？"(王朔《永失我爱》)

⑤冬梅：我白天出去给人家拔罐，晚上出去蹬三轮，我就寻思我攒点钱，我换辆摩的我能省点劲，你可倒好，你随个份子，你把我发动机都随进去了！(电影《夏洛特烦恼》台词)

例①中，将头发比喻成面条，将涂红的嘴唇比喻成牙出血，是一个非常通俗的比喻。例②中，谈话人把"崇拜"这样一个抽象词语用比拟的方式表达，使之具体可感，贴切地表达出谈话人对"崇拜"的切身感受。例③是使用夸张方式说出虎妞对祥子没有回家的责备。例④是使用借代方式，用"二百五"来指代石静，也体现了恋人之间互损的亲密。例⑤运用了拈连修辞格，前面说"随份子"，而后面顺势将同一个动词"随"用到了"发动机"身上。意思上是指把足够买发动机的钱都当份子钱了。这样的搭配形式使语言更加生动活泼，虽然是在吵架的场景中，但是由于台词搭配得无理而妙，从而增强了表达效果。

再看中央电视台《实话实说》节目中的几个片断：

崔永元：那么，陈老先生，您抽烟不抽烟？

陈汉元：我18岁开始抽烟。

崔永元：18岁开始抽烟，当时为什么抽烟呢？

陈汉元：冲厕所。(大笑)

崔永元：真是百花齐放。(大笑声，掌声)

……

崔永元：这位朋友，你谈谈，喝酒有什么好处？

男士一：以酒会友。几个人原来不认识的，到一块喝了酒以后，就能交上朋友。以后还可能继续一块儿喝酒。

崔永元：你有许多喝酒吃肉交上的朋友吗？(笑声)

男士一：(窘)不，不是很多。(笑声)

……

崔永元：那您说说，养鸟有什么乐趣？

皮来顺：作为老人来说，可以锻炼身体，它催人早起，鸟儿天明则叫……

崔永元：您说的情况，我听着有点像养鸡……(笑声)

崔永元是我国电视谈话节目的开拓者，择语俏皮是他的语言特色。比如谈到抽烟、喝酒、养鸟，他话到嘴边绕弯子，快速用借代、反语、夸张、移用等修辞手段加以趣味化改造，然后"轻描淡写"地说出来就显得很俏皮。对"厕所抽烟"，按照常理应该说"臭上加臭"，但他偏要说反话并极度夸张"真是百花齐放"；他可能要说喝酒在交"酒肉朋友"，但他根据语境故意半掩半遮弱化语势，说成"喝酒吃肉交上的朋友"，这样话语的情趣就得以凸显；对养鸟能"催人早起"，一句"我听着有点像养鸡"脱口而出，显出一种大雅若拙的直率和质朴，也让人们感受到其中的智趣。

4. 话题转换特征

随意性谈话语体的话题转换比较快。谈话不像平时写文章那样有明确的一以贯之的主题，没有人规定此时该讲什么。谈话时的具体内容由参与者具体情况、特定时间、心理状况以及话语背景等多种因素共同导引。由于交际双方通常是不假思索，信口而出，因此语句之间经常有脱落和跳跃现象，上下文的衔接不紧密，话题显得比较松散。在随意谈话体中，有诸多的主观因素和外界因素影响着交谈，致使双方的话题转换较快，跳跃性比较强。例如：

妈：今天晚上你想吃什么？
儿：我作业还没有做完呢！
妈：这个周末的作业很多吗？那明天还能去爬白云山吗？
儿：明天林琳约我去他家玩呢！
妈：什么时候啊？他不是要上跆拳道吗？
儿：他已经不上啦，改打羽毛球了！
妈：那你要不要也去学打羽毛球？

这是一对母子的日常对话，话题转换非常快，基本上是妈妈在主导。先是问孩子晚饭想吃什么，孩子忙于做作业，没有正面回答；接着，妈妈从孩子做作业转到周末安排；最后，又聊到了小孩上兴趣班问题上来。整个谈话过程，虽然不长，但是话题较多而且比较随意而松散。可见，随意谈话体经常会改变原来的话题，参与者的回应或一点变化都会影响到谈话内容的转换与变化。再如：

甲：你明天能跟我去逛街吗？
乙：我明天有个测验。
甲：那你好好复习，晚上早点睡。

该例中，表面上乙的回答与甲的话语没有联系，似乎衔接不上，但是根据乙的回答，听话者完全可以推测"因为有测验，所以没有时间逛街"这一言外之意。因此，从语义内在逻辑关联性上来说，甲乙的话并不是没有关系，而是前后连贯的。由于乙的回答，而促使甲也随之改变了话题，由邀约逛街而改为劝乙好好复习、早点休息。

（二）正式谈话体的修辞特征

正式谈话体也叫专题谈话体，是在比较正式的场合所运用的谈话语文体式。黎运汉和盛永生认为，专题谈话体是人们进行专题对话时所用的谈话语体。其修辞表征主要体现为话题集中、语言相对规范、有主持人或者有主导方、交际场合比较正式等。[1] 专题讨论、记者采访、法庭辩论、课堂会话、街头访谈调查、医患对话、广播电视访谈节目等都属于使用专题谈话体的情景。由于这类谈话通常是在正式场合中进行的，因此在遣词造句、修辞格运用等方面又有着和随意谈话体不同的特点。

1. 词语应用特征

相对于随意谈话体而言，专题谈话的交际场合比较正式，因此其用语就规范了许

---

[1] 黎运汉、盛永生：《汉语修辞学》，广东教育出版社 2006 年版，第 437 页。

多。在词语使用上,多选用成语、专业用语、全民通用的普通话词语,少用或不用方言词,而詈语、粗俗的词语更是禁止使用的。例如:

新华网:怎么看待文化市场的IP热?怎么看文学和市场的关系?

莫言:一个作品被IP是个好现象。现在在这样一个时代里,一个作品被IP,能够产生伟大的经济效益,也能够被广大观众读者所接受,我觉得这是一个好现象。文学无论多么高尚,它最终还是要变成一种商品存在来营销。如果你的小说写出来束之高阁,没有出版,那这个小说作为一个作品没有完成,我想真正的完成是到了读者手里边阅读的时候才算完成。没有一个作家说他的小说写完了不想被人阅读的,也没有一个诗人写完了诗歌只给自己读,大多数人还是希望作品能够传播得更加广泛,能够被改编成更多的文学样式、艺术样式,然后供给广大的受众。(《获诺贝尔奖5年后莫言新作面世:希望打磨得让大家满意》,新华网2017年8月25日)

该例中,新华网对莫言的采访引用了一个字母词"IP"。这是英文"Intellectual Property"的缩写形式,原意为"知识(财产)所有权"。从商业和资本的角度,其内涵已经有了无限的外延,现在"IP"被已引申为"可供多维度开发的文化产业产品"。在访谈中,莫言对词语的选用非常正式。短短的一段话,充斥了"IP""经济效益""营销""改编""诗歌""文学样式""艺术样式"等行业用语,同时还使用了庄重典雅的成语"束之高阁"等词语。这类词语的使用反映了正式谈话修辞应用的常态。

正式谈话体词语使用以如上特征为主导,但也会根据具体语境审慎选用口语词语,以此来拉近谈话者双方之间的心理距离。以邓小平的谈话为例,他讲话的内容十分广泛,涉及政治、经济、文化、教育、科技、军事和日常生活等各个领域,为了把深奥的道理讲得通俗明白一点,把治国的方略说得简单易懂一点,他尤其善用日常口语中人们常用常听的词语。例如:

①所以,不要宣扬我起的作用有什么特别了不起,因为宣扬过分会带来一个问题,就是说,邓某人不在了政策要变。现在国际上就担心这个问题嘛。(《在中央顾问委员会第三次全体会议上的讲话》1984年10月22日)

②所以,解决香港问题,我们的调子就是那时定下来的,以后实际上就是按照这个调子走的。(《在中央顾问委员会第三次全体会议上的讲话》1984年10月22日)

这两例中,"了不起"是一个口语词,"就是说"是插入语,"邓某人"是自称,"不在了"是通俗口语,"调子"借用音乐中的俗称来代指解决香港问题的方针。这些词语都是口语中常用的词语,在正式谈话体中使用并不觉得不协调,相反,不仅使谈话对象更能够听得懂,而且还使谈话对象觉得邓小平为人随和,平易近人,有极强的亲切感。

2. 句子应用特征

相较于随意谈话语体,正式谈话体的句子比较完善。尤其是电视访谈类正式谈话体,出于职业的责任感和对观众负责的态度,常常是事先做足准备的。主持人往往是带着脚本上场,依照脚本给出的话语模式和谈话对象就某个专门性话题进行正式交流。因此,注重句子的完整性、话语表达的规范性、表意的周延性,就在常理之中。相较而言,半截子语、病句、不完全句都相对会少一些。例如《奇葩说》中的以下句子:

①我愿意有这样的一个人，让我爱上她；让我不再计较得失；让我不再心猿意马；让我不再随波逐流。因为我知道当我爱上她的那一刻我就已经遇见了最好的自己。（肖骁）

②你要我为了你这棵树，砍尽所有森林，可是你不愿意相信，你是我茫茫林海中精心挑选的那一棵。你要我为了你这滴水，淘干所有的海洋，可是你拒绝相信，你是我弱水三千里面，情有独钟的那一瓢。（胡天语）

③你是那颗星星，我是你旁边的这颗星，我的整个轨迹是被你影响。即使有一天这颗星星熄灭了，它变成暗物质，它变成了看不见的东西，它依然在影响着我的轨迹。你的出现永远改变着，我的星轨。无论你在，哪里。（高晓松）

《奇葩说》是一档由爱奇艺打造的说话达人秀。节目由马东主持，并邀请了蔡康永、高晓松等人担任导师，旨在寻找华人华语世界中，观点独特、口才出众的"最会说话的人"。《奇葩说》佳句频出，引发很多观众的追捧。例①中，从不同角度看肖骁的话，运用了祈使句、兼语句、排比句、主谓做宾语的句子，娓娓道来，情真意切，说出遇到自己爱的人将会发生怎样的变化，直指人心。例②中，从不同角度看胡天语的话，则运用了多重复句、转折复句、目的复句、比喻句、主谓做宾语的句子。尤其是其中的比喻句，将爱人比喻为"茫茫林海中精心挑选的那一棵""弱水三千里面情有独钟的那一瓢"，万千爱意，尽在这两句深情款款的话语之中。例③是导师高晓松谈及亲人离开的场景，用诗人的口吻道出对亲人的不舍，说出至亲对我们人生的影响。从不同角度看，高晓松使用了主谓句、陈述句、"被"字句、假设复句、变式句、语音短句，等等。通过对这三个用例的分析不难发现，《奇葩说》选手和导师所构拟的这些句子，可以说都是精心雕琢而成，基本上没有什么病句，相反句式较为灵活多变，并具有正式谈话语体的严谨和文采。

但是，正式谈话毕竟是谈话口说，是面对面的一种言语交际活动，所以在话语中又不可避免地会使用一些随意谈话体使用的句子，并表现出随意谈话体的一些常见的句子使用特征。例如：

主持人：您平时带女儿去参加公益活动吗？

许戈辉：有带她去过，比如说带她去参加过专门针对孤独症儿童进行康复的烘焙蛋糕，也是我在做《公益中国》这个节目的时候结识的。我会有意地找一点女儿这个年龄段能够相应理解的，就是她自己能够在这里边扮演角色的，比如说她去参加孤独症儿童的蛋糕烘焙。

许戈辉的话语中，"有带她去过"属于方言句式；"专门针对孤独症儿童进行康复的烘焙蛋糕"这个短语不宜直接与"进行"搭配，显然是个病句；"结识的"后面缺乏宾语；"能够相应理解的"和"扮演角色的"后面也缺乏定语中心语；等等。从该例可以看出，正式谈话体的句子在具体语境中仍然有相当程度的跳脱性。虽然正式谈话体比随意谈话体要正式一些，但和书面语相比依然有一定的差距，句子的构拟与使用还必须要贴近生活，适宜于口说，这样才不会让听众觉得是在"背稿"，给听众以装腔作势之嫌。再如：

①邻居是什么？是互相帮助的朋友，是在你困难的时候可以向他求援的伙伴，是你

生活中不可缺少的友情，是你生活中相互给予的人们。

②邻居是什么？是你正在炒菜，发现酱油瓶子是空的，于是你就敲门要点酱油的那家儿；是你出差了可以让他帮你看看门锁是否被人撬开的那家人；是你家房子冒烟了能第一个去打 119 的那些人……

例①原本是导演写的台本串联词，作为设问句、排比句规范度比较高，内容丰富，思考缜密，从帮助、求援、友情、给予等方面来表情达意，颇具正式谈话体的修辞特征。但是，该句语意表达相对抽象，观众听起来没有抓手。例②则是著名主持人倪萍修改后的主持词，句子依然是设问句、排比句，但是内容换成了生活中经常发生的炒菜、要酱油、帮看门、打 119 等具体事项。这种修改，使句意更加生活化，内容更加具体化。

3. 辞格应用特征

正式谈话体中修辞格的使用不如书面语体多，但也有不少，尤其是在谈判、辩论、访谈等场景中，常常创新使用比喻、双关、夸张等修辞格，以追求更好的谈话效果。如电视谈话节目《实话实说》"甲 A 联赛"一集的文字实录：

刘震云：我觉得足球的确非常有魅力。在"隆隆"的战鼓声中大家一起把球往前传，那气势特别壮观。我觉得它可能像一场战争，也可能像一部史诗，也可能像一部刚刚打开的大书，或者像我们这种特别耐久的人生。可惜我从小是一个农村孩子，当我应该踢足球的时候，我在踢地瓜，其实我要是踢足球的话，我觉得踢前锋肯定踢得不错。（笑声）

崔永元：但是我估计现场的观众肯定跟我感觉一样，他要做前锋啊，不如做作家好。他觉得足球是一部史诗。足球比赛中场休息的时候，教练拿只小黑板，教导他的队员，说下半场你们要注意和谐，因为和谐是美，你们踢得悲壮一点，就好像史诗一样，肯定能赢……（笑声、掌声）

该例中，刘震云毕竟是作家，在他的话语中将踢足球（足球赛）比喻成"一场战争""一部史诗""一部刚刚打开的大书""特别耐久的人生"等。不仅脱口而出的排喻充分说明了他高超的遣词造句能力，而且信手拈来的多姿多彩的喻体又彰显了刘震云丰富非凡的想象力。崔永元的应答同样充满智慧，几句话充分展现了自身的文学素养。在谈话中，他把"和谐""史诗""悲壮"等词语顺着刘震云的话移用在足球赛上，并利用对比手法，使话语既专业又幽默，并富有文学情趣。无论是作家刘震云还是主持人崔永元，他们对比喻、移用、对比等辞格的应用无疑为谈话增添了较多的乐趣，清新自然，无拘无束，由此而感染着现场在座的听众和电视观众。再如：

凌峰：大家好！我叫凌峰，凌峰的凌，凌峰的峰。（众大笑）……你们听过凌峰的歌没有？（有的回答"听过"，有的回答"没有"）

凌峰：没有听过凌峰唱歌的朋友，终身遗憾。（众笑）听了一次凌峰的歌，遗憾终身。（众大笑）

这是台湾艺人凌峰在一次综艺晚会上的自我介绍。出口成趣的凌峰懂得一上台要让"场子热起来"，自我介绍时运用了反复的修辞手法。"凌峰的凌，凌峰的峰"其实说的是同语反复的"废话"，但这"废话"却渲染了一种欢乐的情绪，给人以耳目一新的感觉。"终身遗憾"和"遗憾终身"构成回环，利用反常规的词语组合与人们的心理期待形成反差，由此造成期待落空，从而营造了和谐宽松而又充满欢乐笑语的氛围。这就是辞格修辞的魅力。再如：

解说：大伙总结出的达康书记有五宝，三米大长腿、欧式双眼皮，再来看看达康书记的美手，还有永远装不满的水杯和不离手的风油精。没有啤酒肚，走路还生风，人送外号"京州第一男模"。网友统计，达康书记有七瓶风油精哦。

吴刚：其实塑造人物这回是从头开始，从"头"开始，我一想我这脑袋应该。

岳秀清：从脑袋开始。

吴刚：发型怎么设计。她一直跟我说，她说你千万弄这寸头真不好，后来我觉得我还是坚守我的这种想法。（《专访吴刚：塑造"达康书记"从一个关键部位开始》，凤凰卫视 2017 年 4 月 17 日）

吴刚接受专访，在谈到塑造达康书记这个人物形象时说了句"从头开始"。这是一语双关，一方面关联着从头部造型入手塑造人物，一方面关联着重新树立一个与以往官员不同的"京州第一男模"官员形象。此情此景中，吴刚借用自身形象临时创拟双关辞格，不仅凸显老戏骨所具有的大智慧，更从演员口中得到了塑造达康书记高大形象的无比自信和坚定的力量。

4. 话题转换特征

正式谈话语体的话题相对比较集中。正式谈话语体与随意谈话语体的最大区别是话题比较集中。谈话时如果话题开始跑偏，通常会有一个主导者将其拉回。比如，课堂教学中教师是主导者，引导学生围绕教学内容展开讨论；医生和病人谈话的主导方是医生；专题访谈节目的主导者是主持人；等等。在正式谈话语体中，主导者负责谈话的专题性，掌控着谈话过程中的话题，以确保话题不被分散、不被偏离。例如：

许戈辉：我采访过很多作家，童年的记忆会对他们日后的创作产生影响。读您的诗句时，我也经常会想象，您的童年到底留下了一种怎样的记忆。那段逃难的日子里，有没有什么样的声音，或者画面，后来还会在梦里出现？

余光中：比如说，那时我们流落在沦陷区，直接见过日本兵，那是非常恐怖的，甚至日本兵的骑兵队已经超过我们了。我们躲在庙里面，在大雄宝殿菩萨前面的香案底下，晚上就看见日军在中庭出没，外面火光烛天，不但是声音，那个光影都留在记忆之中。所以我有首诗里面讲，童年的天空啊，看不到风筝，看到的是轰炸机。

许戈辉：我记得您有一篇散文里边，说的是十九岁的少年厌倦故国的破落与苍老，想去遥远的异国，永远离开平凡的中国。这个是您十九岁时真实的想法吗？

余光中：有。我读中学的时候是在四川，因为战争的关系不可能旅游，同时交通也不方便。我读外国地理，铁路、轮船可以到天涯海角去，多好啊。所以我就常想象这个四川之外的天地如何如何。那么我如何能接近外来的文化呢？第一就是英文，第二就是外国地理，所以我中学毕业考大学，根本不假思索，就考了外文系，希望在中国文化之外能够多吸收一点外来的文化。

许戈辉：有很多的辗转别离应该是充满了无奈，有时是痛苦的逃难，有时是或主动或被动的选择。您当时去台湾，这是一种什么样的选择呢？

余光中：当时内战一直蔓延到了长江流域，我跟父母就去了厦门。当时我在厦门大学学习，战事又往南边发展，我们就去了香港。在香港的那一年，我们一家人等于就成了难民，生活得很不好，到了1950年，全家就搬到台湾去定居了。

许戈辉：那个时候有可能回大陆吗？

……

许戈辉：我听说您的《乡愁》是二十分钟一挥而就的，是这样吗？

余光中：差不多。人家说你好像才思敏捷，我说倒也不是的。我虽然花了二十分钟就写好，可是这个感情在我心中已经酝酿了二十年。这个树的根很深，长出叶子来好像很快，但其实这个根已经有二十年了。（《名人面对面》之《余光中——品读乡愁的滋味》访谈片段，2014年2月）

提到余光中，很多人脑海中首先想到的可能就是他的著名篇章《乡愁》。乡愁也是余光中曾经刻骨铭心的生命记忆，他18岁离开故乡南京，再回去已是半个世纪之后，余老感叹"掉头一去是风吹黑发，回首再来已雪满白头"。许戈辉是一个很优秀的主持人，她紧紧围绕着"乡愁"来提问。先从童年的记忆入手，然后引用余光中散文中的内容以求证余老真实的想法；聊了一些人生经历之后，又将主题导回到余先生的代表作《乡愁》上来。他们的这次访谈对话，整个过程放得很开。从人生经历到创作经验，从小时记忆到香港往事，从大学时光到战时漂泊，不同时空不同情感交错出现。双方的谈话虽然可以说是海阔天空，但是话题依然集中在"乡愁"，主线清晰，万变不离其宗。

第二节　知识应用与会话技能训练

谈话语体运用于日常交际，是人们生活中必不可少的一种基础语体。对于人们交流传播信息、沟通情感具有重要的作用。为了巩固所学知识并更有效提高说话能力，使话语在交际中显得更加得体，以下从知识应用与谈话技能两个方面设计了不同的话题，以强化对学生的实践训练。

一、谈话语体知识应用训练

利用所学谈话语体基本理论和基础知识，根据训练要求就如下语例进行讨论与分析，以培养和训练对谈话语体理论知识的简单应用能力和综合应用能力。

（1）下面两段话分别是导演写的台本初稿和主持人倪萍修改后的台本，试比较二者在词语、句子修辞方面有什么不同。你认为哪个版本更适合现场正式谈话体使用，为什么？

①在这春光明媚的四月，在这万物复苏的季节，春向我们走来了。让我们踏着春天的昂然的脚步，走向新生活！（导演写的台本）

②冬天一过，你就觉得身上的棉袄穿不住了，一翻日历，啊，立春了！你这才发现，马路两边的树都发芽了，于是你就想抖抖精神，走向新生活。（倪萍的修改版本）

（2）下列语例是《名人面对面》访谈中的会话文本，请找出谈话双方所使用的修辞格，并分析在该正式谈话体中使用辞格手段表情达意的修辞效果。

①吕中：我一直在锻炼，一直在锻炼！

杨澜：你怎么锻炼？

吕中：我每天……你看啊，我排戏，排戏应该说是很难坚持的，但是我在排戏的空隙当中，或者哪天没有我的戏，或者今天排戏中间有多长时间，我都会找周围有什么好地方，我就出去走路去。

杨澜：哦。就出去吸那个PM2.5，哈哈哈哈。

吕中：这现在是一个矛盾，太大的矛盾了。

杨澜：我爸有一阵就天天锻炼，说在长安街沿线快走，你想啊，长安街沿线快走，尾气都被他吸进去了。

②吕中：我要是折腾的话，不是要引人注意嘛！我其实是希望我的女儿能够关注我，能够注意到家里头还有这么一个人。你看我好好地跟她说话吧，她不理我。

刘蓓：先开始也有糖衣炮弹。每天晚上煲的那个糖水，我下班回来给我喝这糖水，哎哟我妈在家真好！接下来就要聊天了，这糖水很难下咽，你看聊聊聊，就烦了。后来等我再烦的时候，后来就用更激烈的招了，糖衣炮弹不好使就……

③吕中：这个生老病死大家都得，这是一个大自然的一个规律，但是呢，人恐怕都会是这样，当你有一天意识到自己"我已经开始往老里走了"恐怕都有点，就是有点恐惧："我是不是……"于是呢，就听到别人呢，就是听到别人介绍就是说什么什么药，有补养药啊有什么药，这个药可以那个使你延迟这个衰老啊，可以延年益寿，可以让你更年轻啊，就相信了，就跟着出去买。

（3）请从语体色彩、感情色彩、词语来源等角度分析下列谈话语体中词语应用的修辞特点。

A：请做5分钟自我介绍。

C（起身）：嗯，好的。（面对观众张了张口，转身）请问用中文还是英文？日文？阿拉伯文？埃塞俄比亚？

B：看你废话一大堆，口水满天飞，难不成做过学生干部？

C：对啊，我以前是系主席，多次获得优秀干部提名。不过我很低调的，一般人我不告诉他。

B：难得你这么低调啊。这年头的大学生拼命往简历上造假，一个班全当过班长。

C：呵呵，做事低调、做人厚道是我的宗旨。我的简历绝不作假，比珍珠还要真。

A：好，请问你对今后五年的职业规划？

C：我打算在一年内成为业务精英，两年内当上部门经理，三年内担任公司CEO，四年内带领公司杀入500强，五年后光荣退休，和韦尔奇钓鱼、盖茨看球、布什斗地主。

A（吓得跌坐在地上）：额滴神啊！你以前是银河系的系主席吧？（在B的帮助下坐好）请问你是如何认识你申请的职位的？

C（往前一站，挺胸）：作为一名跨世纪的优秀学生干部，我坚持严以律人、宽以待己，学习上向低GPA看齐，生活上向高GDP靠拢。同时积极参加集体活动，与民同乐。当然，我很愿意从基层做起，无论是CEO、CFO还是UFO都不介意。（转身）随便问一句,我到底申请的是什么职位啊?再问一下,你们是什么公司啊?

(4) 请简要分析下面谈话实录中词语和句子应用的修辞特点。

许戈辉:您说过中国文化就是您的家,您觉得现在这个家是日益昌盛了呢,还是日渐衰败呢?

余光中:中国文化受到外来的挑战很多,可是中国文化很深厚,所以就算是经过了"文革",还是在那里,不过是暂时停顿下来。当然其中也有不好的成分,比如说裹小脚,比如说婆媳之间特殊的关系,等等,这些还是应该并且能够改革的。不过儒家的仁心,道家的超越,佛家的慈悲等都是值得我们保留的。我常常有一个比喻,中国文化就像一个大圆,圆心无所不在,圆周无处可寻。这个中国文化的大圆,它有一个半径,半径有多长,这个圆就有多大。那我觉得作为一个文学家我应该做的,就是把这个半径再拉长一点,能够因为我,让中文的半径再长一点,中国文化再大一点。(《名人面对面》之《余光中——品读乡愁的滋味》访谈片段,2014年2月)

(5) 请指出下列谈话语体文中修辞应用失范现象,并根据整篇语意进行修改,使该文本文通字顺,符合谈话语体规制的基本语言要求。

在所有的故事当中最吸引我的是爱情故事,可能此刻我正陶醉在热恋当中,所以我一听到要讲故事,我觉得应该讲个爱情故事。讲个什么爱情故事呢?我想,可能在大时代下发生的,一个小人物的爱情故事才是最感染人的。这个故事,该是如何发展呢……其实这个故事,我讲的是一个我们大时代可能我们……现在经济的快速发展出现了一个下岗的现象,我今天要讲的是有个下岗职工,他们两个人之间的爱情故事。现在,从最早开始吧,他们都是从这个,从知青回到城市的,知青谈对象的时候呢,是他们非常怀念的日子呢……就是那个男生采一朵鲜花给女生送去……因为在那一刻鲜花是最值钱的,也是他们的爱情……

(现场提示"时间到",选手尴尬地说了最后一句话)

可能我讲故事不是我的特长……(据某节目现场录音整理)

二、谈话语体会话技能训练

利用所学谈话语体基本理论与基础知识,在具体语境中根据要求进行谈话技能训练,以培养和训练学生的随意谈话能力和正式谈话能力。

(一) 随意谈话技能训练

随意谈话语体是适应日常会话交际领域的需要,运用语言所形成的言语特点的综合体。下面选取日常交际中常见的会话场景进行会话技能训练,由此来促使学生掌握随意谈话的技巧,并培养和训练学生日常生活中随意谈话能力。

训练话题1 请以购买汽车票面对面交际为话题演绎会话过程。对话双方分别是乘客和售票员;事件是买汽车票;地点是汽车站(始发站:××汽车总站);目的地是广州市汽车站。

训练目标:培养现场语境条件利用能力、临场应变能力、关键信息捕捉能力。

训练要求:

（1）以购买车票为事件，设定两人对话。
（2）话语表达要符合随意谈话体的基本修辞特点。
（3）乘客与售票员的话语要符合各自角色身份。
（4）注意一些关键信息的准确性。比如终点站名称、车票数量等信息必须做到万无一失，准确无误。
（5）会话做到真诚礼貌。
（6）会话时间控制在3分钟左右。

训练话题2 以在电话中向家中长辈介绍大学生活为话题演绎电话交谈过程。

训练目标：培养关键信息捕捉能力、非面对面交际能力、与长辈顺畅沟通的能力。

训练要求：

（1）设定为两人电话交谈，注意角色定位与角色扮演。
（2）要抓住几个关键信息：交际对象是自己的长辈，态度应该谦恭有礼。交际内容是介绍自己的大学生活，内容可以很广泛，如大学校园环境、大学所学专业、任课教师情况、新认识的朋友等。
（3）做到发音准确，清晰度高，响亮度适中。
（4）由于是电话连线交谈，交际双方无法看到彼此的现场情境，对交际对象的表情、眼神、站姿、坐姿等一无所知，因此只能借助于语音条件进行电话交谈。演绎过程中，要充分利用双方语调（句调、轻重音、停顿）等语音条件来调整自己的会话节奏，以使电话交谈顺利进行下去。
（5）介绍时要抓住语意重点，不要面面俱到。注意对方的反馈，并及时把对方偏离的话题拉回到既定专门话题上，使交际按照既定话题顺利进行下去。
（6）语言设计要符合随意谈话体通俗、简约、疏放的特点。要使用适量的省略句、感叹句、祈使句、疑问句和陈述句。
（7）交谈不要长篇大论，时间控制在5分钟左右。

训练话题3 以微信视频为载体，与在其他城市读书的高中同学互相介绍自己所在城市的情况。

训练目标：培养微信视频交际的能力、幽默交际的能力、善用各种句式和构拟修辞格式的能力。

训练要求：

（1）要抓住几个关键信息：交际对象是高中同学，谈话可以更随意一些，幽默一些。交际内容是介绍自己所在的城市，可以谈谈这个城市的气候、环境、交通、风景、饮食等方面的基本情况。要假定微信视频的具体情境，据此设想出对方在微信视频中的表情、眼神、语调等，并据情调整自己的说话方式。
（2）介绍时彼此都注意对方的反应，并及时回答彼此提出的问题。
（3）选择普通话作为交谈语言，并做到话语幽默诙谐，氛围轻松随意。
（4）发音要准确，清晰度高，响亮度适中。
（5）尽可能多运用省略句、变式句，双方分别至少使用3个以上辞格，可夹杂使用一些方言词语、俚语俗语和熟语。

（6）时间控制在 6 分钟以内。

训练话题 4 假设你现在是一家课后辅导机构的招生专员，有家长要来为自己的孩子寻找合适的课后辅导班，请你根据机构现有的师资和办学情况推荐合适的班。

训练目标：培养礼貌交际和营销能力、随机应变能力、关键信息捕捉能力。

训练要求：

（1）通过询问充分了解家长的需求，如孩子的年级、在校学习情况、平时成绩、课后辅导的诉求和期待等。

（2）根据学生的特点介绍本机构所开设的符合学生条件的班级，介绍上课的老师和授课特色，介绍这个班级平时的上课情况和所取得的良好效果，并根据家长的反应及时调整推荐的内容。

（3）事先准备充分，熟悉各年龄段学生的情况和应对政策，了解各类家长的心理。态度彬彬有礼，不卑不亢，有理有据，让人快速产生信任感。

（4）发音响亮，语音规范，思路清晰，有条不紊。

（5）可以展示本机构内在读学生的成果或成绩，引导家长参观本机构教室和办公室，介绍教师风采。介绍时运用一些数据增加说服力，或适当运用一些排比句，增强效果。

（6）时间控制在 8 分钟以内。

（二）正式谈话技能训练

正式谈话体是适用于庄重、严肃、受众面比较广、影响比较大的场合的一种谈话语体。这种语体的修辞特征比较接近书面语体，交际内容一般事先有所准备，交际对象具有某种特定身份，交际话题相对单一集中。

训练话题 1 假设你是学校某社团（摄影社、武术协会、戏剧社等）的负责人，在新学期为了宣传社团，并招纳新的社团成员，你该如何面向新生宣传你们的社团？

训练目标：培养当众演讲能力、随机应变能力、话语推广能力、概括归纳能力。

训练要求：

（1）3～5 人一组，采用角色扮演法，一人扮演社团负责人，其他同学扮演新生。

（2）社团负责人需要在 5 分钟内介绍本社团的主要信息，如社团成立的目的和宗旨、基本结构和主要成员、主要活动和特色等。

（3）扮演新生的同学根据社团负责人的宣讲发问，提出自己对于社团的一些困惑。社团负责人及时反馈，回答疑问。时间控制在 5 分钟以内。

（4）社团负责人宣传话语至少要分别使用 3 个以上设问句、反问句、祈使句、感叹句、"把"字句、"有"字句，5 个以上变式句（含省略句、倒装句），3 个以上的同义词（或反义词）。

（5）注意话语对宣传场景的适应，并尽可能充分利用现场听众心理扩大谈话的效果。

训练话题 2 假设你是《名人面对面》的导演，需要去采访一个你感兴趣的作家，请查阅相关资料，先拟定访谈大纲并进行现场演绎。

训练目标：培养现场采访能力、与公众人物交际能力、引导正式谈话的组织能力。

训练要求：

（1）两人为一组，商定采访对象。采用角色扮演法，一人扮演导演，一人扮演记者。

（2）搜集这个导演的相关资料，根据这个导演的个性和风格，选择适合采访的主题。

（3）围绕主题拟定若干个小问题，注意问题之间的衔接、语意上的逻辑关联性和整个采访结构的完整性。

（4）双方采用繁丰藻丽的话语格调。

（5）要选用文言词语（至少3个）、成语（至少3个）、叠音词（至少3个）、排比句式（至少1个）、引用（至少2次）、辞格（至少3个）。

（6）时间控制在8分钟以内。

训练话题3 假设你是文学院新生代表，要在新学期新生座谈会上发言。出席座谈会的有学院领导、辅导员、若干新生；时间是9月初新生开学后的某一天；地点是文学院办公室；主持人是主抓学生工作的院党委副书记。请以此为背景条件模拟座谈会现场，并作正式发言。

训练目标：培养概括归纳能力、情感沟通能力、态势语适度运用能力。

训练要求：

（1）若干学生为一组，由不同学生分别扮演学院领导、辅导员，一人扮演主持人，其他同学扮演新生，你作为新生代表发言。

（2）发言要态度诚恳，话题要单一；内容要具体，并充满正能量；思路要清晰，并讲究逻辑关联性。

（3）语言表达要规范标准，普通话流畅；感情要充沛，注意礼貌用语的得体使用。发言要有激情，做到声音洪亮、振奋人心。

（4）多使用紧句、整句、排比句、对偶句，注意句子使用的连贯性和完整性，语句尽量不要出现脱落或者跳跃现象。

（5）适当运用眼神、表情、手势等体态语，但不宜过多。

（6）注意对现场语境的把控，适时和在场听众有情感交流。

（7）时间控制在5分钟以内。

训练话题4 向同学介绍一本自己最喜欢的好书（或电影、电视剧等），请事先拟写书面介绍稿。

训练目标：培养书面语言向口头语言转化的能力、归纳提炼能力、语意重点捕捉能力、深入浅出的表达能力。

训练要求：

（1）要抓住几个关键信息，即交际对象是自己的同学；介绍的是一本好书；这本书是自己最喜欢的。注意：要介绍的是一本什么书，谁的书，书好在哪里，我为什么最喜欢，我为什么要向同学们介绍这本书。

（2）介绍时要抓住语意重点，条理清楚；注意话语结构的有序性，讲究上下语意的关联性。

（3）话语格调以庄重严谨为第一义。

（4）语言设计要符合正式谈话体的基本修辞要求（比如，词语要庄重文雅，多用书面词语；较多使用专用词语、成语、敬语；句式要严谨缜密，尽量多用完全句、复句、长句，少用甚至不用辞格）。

（5）注意手势、表情、眼神、语气、重音、停顿等语势条件的协调应用。

（6）时间控制 5 分钟左右。

第三章 事务语体及其修辞应用

【本章导读】 本章讲述事务语体及其修辞应用的相关问题。在对事务语体内涵、类型和修辞特点等基本理论知识进行讨论的基础上，根据事务语体分体状况，设计编制了形式多样的知识应用和写作技能训练题目，以备师生开展针对性实践训练之需。

【教学目标】 通过教学，使学生了解事务语体的概念、类型与修辞特点，进一步从修辞学视角加深对事务语体的理解。熟悉并掌握事务语体的基本语用要求，通过实践训练培养并提高学生事务语体知识应用能力和事务语体文写作能力。

第一节 事务语体理论知识

一、什么是事务语体

作为具有社会属性的人，虽然角色身份各异，但是都必然会处在不同的社会组织中，或国家，或机构，或团体，或家庭，等等。当以公务角色身份出场时，要处理的是公共事务，比如下发通知、撰写通告、编制规章、拟写法规等；当以个人角色身份出场时，则要处理私事，比如因私写欠条立字据、撰写个人总结、和亲朋友好友互写信函，等等。这些都是事务性活动，只不过有公私之分而已。

事务语体就是源于处理事务而发生交际，以满足交际需要而形成的系列性语言应用特征的综合体。它常常以程式化的书面语体为基本形态，又称作应用语体。事务语体的任务在于处理事务，是国家机关、社会团体、社会成员之间处理公务、私事而必然使用的一种语文体式。

二、事务语体的类型

公私事务涉及的面很宽范围很广，主要包括行政事务类、日常事务类、法规事务类、外交礼仪事务类、经济事务类。

作为事务领域内处理公私事务的事务语体，由于交际对象、语用目的的不同，在语言应用上就表现出不同的特点，由此而具有不同的功能特征。据此，又可以把事务语体细分为：

行政事务语体，包括命令、公告、通告、通报、通知、报告、请示、批复、函、纪要、议案等语文体式。

日常事务语体，包括各种条据、启事、书信、函电、计划、总结、述职报告等语文体式。

法规事务语体，包括章程、条例、规定、办法、公约、起诉状、上诉状、答辩状等语文体式。

外交礼仪事务语体,包括贺词、欢迎词、欢送词、祝酒词、答谢词、开幕词、闭幕词、感谢信、慰问信、请柬聘书、声明、照会等语文体式。

经济事务语体,包括商函、商品说明书、商业合同、经济合同、协议书、经济活动分析报告、市场预测报告、可行性研究报告等语文体式。

三、事务语体修辞应用原则

事务语体是为了处理公私事务而在语言应用上所形成的稳定的系列性特征,交际目的明确、交际任务具体、交际对象清楚,并要求有较高的时效性,所以语言呈现出广泛的应用性。正因为如此,在事务语体中语言应用就必须要坚持如下几个修辞原则。

(一)措辞要准确规范,格调要平稳庄重

现代应用文尤其是公文,是国家机关的喉舌,具有鲜明的政治性和政策性,因此在语言上必须是庄重的,只有这样才能体现发文机关处理公务的严正立场和严肃态度。事务语体中的专用词语已基本定型化、规范化,其含义也是确定的。在准确严谨地表达语意内容的同时,在措辞方面还要做到精确简明。因此,句法完整严谨,少用甚至不用情感浓烈的词语、语气词、叹词就成为体现庄重平稳风格的主要手段。

准确规范是事务语体的生命。语言使用不准确,会给工作带来很大麻烦。要做到准确规范,首先用词要准确,选用恰当、准确的词语表达内容;其次句子表述要准确,一般选用陈述句、判断句,要合乎语法、逻辑及情理。比如行政公文的政策性、日常事务文书的实践性很强,一句话不准确,甚至一个标点符号、一个字、一个词不稳妥,都有可能造成重大损失。因此,规范使用词语、准确表达意图是事务语体的最基本的要求。例如:

借 条

今借黄明先生人民币伍万元整(50000)。

借款人:张小辉

2014 年 10 月 22 日

借 条

今借到黄明先生人民币伍万元整(50000),2015 年 6 月 20 日前归还。

借款人:张小辉

2014 年 10 月 22 日

以上两张借条,有两个地方不一样:第一,"借"和"借到"是两回事,少了个"到"字,就留给借款人狡辩的机会。因为"今借到"不仅表明出借钱财的事实,还证明你借出的钱对方已经收到。如果写"今借",对方可以狡辩没收到钱,而且"借"还存在歧义,也可以理解为黄明向张小辉借钱。第二,第一张借条没有写明具体的还款时间,第二张借条写得十分具体,非常清楚。在没有明确还款时间的情况下,法律认为借

条可以在 20 年内进行诉讼。一旦过了诉讼期，出借人的本金就难以保证。

为使语言庄重平稳，可以较多使用规范化的书面词语、文言词语、祈使句、陈述句，使用全称和规范化简称、统称、专用词语。例如"兹有""兹定于""收悉""知悉""业经""特此"等文言词语经常运用于公文之中，就使公文语言显得更加庄重正式。例如：

文化部关于同意举办 2010 年北京国际艺术博览会的复函
文市函〔2010〕59 号

中共中央统一战线工作部：

统函〔2009〕（办）917 号收悉。

经研究，同意由中共中央统战部华兴经济咨询服务中心、北京艺博嫦娥国际会展中心，于 2010 年 8 月 19 日至 23 日在中国国际贸易中心联合举办"2010 年北京国际艺术博览会"。同意邀请德国、法国、俄罗斯、美国、意大利、韩国、日本等国的艺术机构、艺术家参展，费用由参展商自理。

请主办单位对展品内容严格把关，做好博览会的各项组织协调工作，确保展览安全顺利举办。国外参展单位确定后，将参展单位及作品名录报送我部审核。如有台湾地区的参展单位，请将参展单位、人员名单及作品名录报我部审批。活动期间不得出现"两个中国"、"一中一台"等问题。活动结束后 2 周内，将总结报送我部备案。

专此函复。

文化部（印章）
二〇一〇年一月十二日

这是复函体式。标题文种注明是"复函"，正文第一句和结束语都是典型的复函写法，用了习惯用语"收悉"及"专此函复"。同时，还运用单音节词"经"、介词结构"由……于……"等，使该复函语言凝练平稳。正文部分先是针对来函要求，明确表示同意，接着有的放矢地提出相应要求。此函措辞明确而庄重，与发函机关的级别、身份完全是相符的。

（二）内容要客观真实，表意要实事求是

事务语体的最终目的是解决问题，因此必须具备平实的态度和文风。它的内容一定是客观真实、准确无误的，不能有任何客观上或者主观上的错误和虚假，而且任何片面的、残缺的材料都不可能反映出全面真实的情况，甚至有断章取义、粉饰太平的嫌疑。

事务语体以简述为主要表达方式。它不必为了生动而把事情的经过写得具体波澜，更不必把细节写得形象细腻。它只需要实实在在的事例和数据统计证明观点，而这些数据和事实必须真实可靠，来不得半点虚假、失误和差错；否则，不仅会影响自身的形象，更重要的是会影响事务的有效进行。

经济运行缓中趋稳、稳中向好。国内生产总值达到 74.4 万亿元，增长 6.7%，名列世界前茅，对全球经济增长的贡献率超过 30%。居民消费价格上涨 2%。工业企业利润由上年下降 2.3% 转为增长 8.5%，单位国内生产总值能耗下降 5%，经济发展的质量和

效益明显提高。

……

回顾过去一年，走过的路很不寻常。我们面对的是世界经济和贸易增速7年来最低、国际金融市场波动加剧、地区和全球性挑战突发多发的外部环境，面对的是国内结构性问题突出、风险隐患显现、经济下行压力加大的多重困难，面对的是改革进入攻坚期、利益关系深刻调整、影响社会稳定因素增多的复杂局面。在这种情况下，经济能够稳住很不容易，出现诸多向好变化更为难得。这再次表明，中国人民有勇气、有智慧、有能力战胜任何艰难险阻，中国经济有潜力、有韧性、有优势，中国的发展前景一定会更好。（《2017年政府工作报告》）

报告中没有用"史无前例""辉煌""巨大"等词语来夸耀2016年取得的成就，而是用具体数字和事实，实实在在地说出中国做了什么，做得怎样，读来不空泛，很平实，却让人真切地感受到中国高速的发展。报告也没有特意渲染过去一年的艰难，只是很平实地写道"走过的路很不寻常"，并简单列举了这一年来所遇到的困难，无论文风还是态度都很平实。

（三）语篇要依规合体，结构程式要规范

事务语体的一个重要特征就是话语程式化。事物语体应用广泛，在长期使用中，已经按照不同的场合形成固定的文本格式、若干固定的话语格式和言语程式。与程式化相对应，事务语体常用一些公文用语、习惯用语和句式。例如：

××学院关于承办省第十届大学生运动会定向越野比赛器材经费的请示

省教育厅：

将于2011年8月举办的省第十大学生运动会定向越野比赛由我校承办。鉴于我校目前比赛场地简陋，比赛用器材也较缺乏，为保证比赛顺利进行，需要改善设备和补充器材，望省厅能拨给专用经费。经核算，共需经费305000元，请审批。

附：省大学生定向越野比赛器材设备预算表

××学院
2010年10月11日

该例属于请示体。请示遵循严格的公文格式，格式、用语规范严整。标题是完整的公文式标题：发文机关+事由+文种，其中用介词"关于"衔接。开头"鉴于"、结尾"请审批"都采用了公务事务语体常用的表述方式，而"望""请审批"等说法则更凸显了请示的严肃性。

再比如经济事务语体文。经济事务语体文是指在经济活动中形成的具有惯用格式的专门处理各类经济事务的语文体式，记载和反映了国家、企业和个人的经济信息，也是各类经济活动的重要凭证。因此，除了具有一般应用文体式的特点以外，还具有自己特定的体式。这种特定体式包括要素内容、结构模式、前后顺序、书写位置、前言、主体、结尾、落款等，都有具体的特定的规范要求。例如：

购销合同（节选）

甲方（买方）：　　地址：　　电话：　　传真：　　邮编：
乙方（卖方）：　　地址：　　电话：　　传真：　　邮编：

甲、乙双方本着诚信合作、友好协商的原则，根据《中华人民共和国合同法》及其他法律、法规的规定，就货物买卖事宜，自愿签订如下合同：

一、产品名称规格及款式：面料、数量、单价、金额合同总价1000000元（大写：人民币一百万元整）。

二、付款条件，现金支付。

2.1 合同一经签订，甲方即向乙方支付货款总额的30%作为预付款，即300000元（大写：人民币叁拾万元整）。

2.2 货物运输到甲方物流所在地后，甲方验货成功后，支付剩余的货款700000元（大写：人民币七拾万元整）给乙方。

三、付款方式：甲方必须用电汇或支票把货款在本合同规定的期限内支付到乙方的下列账户：

公司名称：　　账号：　　开户银行：

四、交货方式。

4.1 交货期限：自收到订金确认之日后为____日。

4.2 交货地点：

五、货物运输、包装等费用。

5.1 货物的运输费、包装费及相应费用由乙方负责。

5.2 因甲方原因不能提货而造成货物需要存仓的，仓储费用由甲方承担。

六、质量标准及验收。

6.1 ……

6.2 如甲方未按规定期限提出书面异议，视所交产品匀合格且符合合同规定。

七、合同生效。

7.1 本合同自乙方收到甲方支付订金后开始生效，甲乙双方始履行合同条例。

八、违约责任。

8.1 ……

……

8.5 ……

九、其他条款。

9.1 甲方未付清合同总价款前，本合同项下的全部货物所有权仍属乙方。

9.2 ……

9.3 所有附件为本合同不可分割的一部分，均具有同等法律效力。

9.4 本合同及附件一式两份，甲乙双方各执一份，均具有同等法律效力。

9.5 ……

9.6 本合同如发生争议，双方当事人应及时协商解决；协商不成，可向签约地人民法院提出诉讼。

甲方（买方）：　　　　　　　　乙方（卖方）：
签约人（盖章）：　　　　　　　签约人（盖章）：
签约日期：　　年　月　日　　　签约日期：　　年　月　日

这是一份分条列写的经济合同，属于经济事务类语文体式。该合同内容全面，格式规范。第一，标题是"购销合同"。第二，标题下面，顶格写当事人名称。第三，正文由开头和主体两部分组成：开头写签订合同的依据和立约过程；主体则另起一行，使用序码，逐条撰写双方约定的具体内容，包括产品数量、质量、价款、履行期限及方式等最重要的条款。第四，落款部分写明双方单位名称，并加盖公章，最后是签订合同日期。整份合同依规合体，程式规范。

四、事务语体分体修辞特征

事务语体分体有多种，在语言应用上都必须要坚持共同的修辞应用原则。这些分体在词语修辞、句子修辞、辞格修辞、篇章程式等方面都有大致相同的修辞应用特征，但是也各有自己特殊的修辞应用习惯和表现。

（一）行政事务语体的修辞特征

行政事务语体是为了处理行政事务的需要而运用全民语言所形成的系列性语言特征的综合体，因此是基于行政事务领域而发生的语言功能变体。在语言使用上主要表现出如下修辞特征。

1. 词语应用特征

第一，专用词语的选用。在行政事务语体中，词语应用的突出表现就是依据特定的行政事务语文体式，会选用独具个性特征的专用词语。比如请示、批复、通知、邀请函、决定等各有自己专用的核心词语，不同行政事务语体之间通常来说互不通用。

第二，相对固定的专用词语的选用。比如，文种用语"决定、决议、命令（令）、公告、公报、通告、通报、通知、报告、请示、批复、议案、函、纪要"等；开头用语"自、为、关于、鉴于、根据、按照、兹、查、据、兹定于"等；结尾用语"此复、特此回复、此令、特予公布、特此通告、请遵照执行、当否、妥否、请批示、请批复、请批转"等；请求用语"盼、希望、请、恳请、报请、切盼"等；经办用语"经、已经、未经、试行、暂行、实行、执行、照办、查办、公布、发布、抄送、抄报、转发、批转"等；表态用语"应须、应当、必须、严禁、不得、责令、准予、参照执行、暂缓执行、遵照执行、贯彻执行、酌办、颁布实施"等；称谓用语"我校、本公司、该校、你局、贵校、尊"等。

第三，大量使用惯用语、缩略语。为了称说简便，语言精练，行政事务语体经常把较长的名称或自由词组简缩，如"中国人民政治协商会议广东省委员会"简称为"广东省政协"，"农副产品贸易市场"简称为"农贸市场"等。其他的，如"十五""十三五""三个代表""十六届三中、四中全会"等形同此理，都是可以使用的规范简称。但是，使用时一定要注意约定俗成，不能随心所欲，不能滥用省略。如"肇庆学院"不能简称"肇院"，因为根据"肇院"难以明确推知是"肇庆学院"还是"肇庆市人民医院"。例如：

北京市教育委员会办公室转发教育部办公厅等部门
关于开展第四届全国亿万学生阳光体育冬季长跑活动等文件的通知

各区县教委：

为了继续推动全国亿万学生阳光体育运动深入开展，通过冬季长跑活动增强学生体质，教育部、国家体育总局、共青团中央通报表扬了第三届全国亿万学生阳光体育冬季长跑活动优秀组织单位，并决定继续组织开展以"阳光体育与健康同行"为主题的第四届全国亿万学生阳光体育冬季长跑活动，时间为2010年11月至2011年4月。为此，本市已于11月19日举办了北京市学生阳光体育冬季长跑活动启动仪式。

现将教育部办公厅等部门《关于开展第四届全国亿万学生阳光体育冬季长跑活动通知》和《关于通报表扬第三届全国亿万学生阳光体育冬季长跑活动优秀组织单位的通知》转发给你们，请按照文件要求，积极开展好本区县的学生阳光体育冬季长跑活动。

2010年11月25日

这是一则转发性通知。文内用了大量的专用词语和缩略语。比如缩略语"各区县教委""教育部""国家体育总局"和"共青团中央"，开头用语"为了"，过渡用语"为此""现将"，称谓用语"本市""本区县"，经办用语"已于""转发"，表态用语"请""执行"，等等。这些词语不仅庄重简约，而且也易于读者理解记忆，合乎规范要求而又显得雅致。

2. 句子应用特征

行政事务语体的句子不仅要做到规范化，而且还要求句式完整、周密、严谨。尽可能使用完全句，少用省略句，不用变式句；主要使用陈述句和带有命令口吻的祈使句，不用甚至排斥感叹句和疑问句。一般来说，行政事务语体的句子结构较为复杂，经常会出现多个主谓句并列使用的情况，以及较多使用复杂的限定性结构的情况，以保证语意表达的周严性。

第一，模式化标题的构拟。标题经常由文种用语"通知""通报""请示"等作为中心词的偏正短语构成，并用介词"关于"组成介词短语作为中心语的限定成分。例如：

发展改革委关于严禁向学生收取安全管理费等有关问题的紧急通知

北京市人民政府关于进一步完善错时上下班措施的通告

国家文物局关于赴澳门举办"五四运动历史文献特展"的请示

以上三个标题的句法结构形式即为典型的公文标题结构形式。此不赘言。

第二，惯用结构的使用。由于长时期的写作实践以及处理公文事务的需要，便形成了较多的固定化的惯用句式。比如"为……拟于……""根据……""在……下""请……"等惯用结构。在行文过程中，这些特殊的稳定的固化结构常常被应用。例如：

①为庆祝五四运动90周年，弘扬五四青年爱国主义精神，增强澳门青年的向心力和凝聚力，应澳门青年联合会的邀请，国家图书馆拟于2009年5月2日至5月15日赴

澳门大学图书馆展览厅举办"五四运动历史文献特展"。(《国家文物局关于赴澳门举办"五四运动历史文献特展"的请示》)

②根据国家和北京市职业技能鉴定管理有关规定以及《关于换发北京市职业技能鉴定机构〈职业技能鉴定许可证〉的通知》。(京人社能发〔2012〕53号)文件要求……(《关于北京市职业技能鉴定机构鉴定职业(工种)及职业资格的通告》)

以上例文分别使用了惯用句式"为……拟于……""根据……""现将有关事项通告如下",行文极为严谨。

3. 辞格应用特征

行政公文事务体作为一种实用的语体,与文艺语体等其他语体有着巨大差异,尤其强调实用性。它只需要表达"实用"的内容,与主旨阐述无关紧要的内容则无须表达。正因为如此,要尽可能用最朴实无华的语言去表达最明白易懂的内容。多用直笔,不用曲笔;多平铺直叙,不用双关、通感、婉曲、拈连、移就、反语等描绘性修辞格式,有时甚至完全排斥修辞格式。例如:

中华人民共和国国务院令
第 637 号

《中华人民共和国外国人入境出境管理条例》已经于2013年7月3日国务院第15次常务会议通过,现予公布,自2013年9月1日起施行。

总理　李克强
2013 年 7 月 12 日

该例属于行政公文事务语体。例中只用了一个惯用性承启句式"已经……通过,现予公布,自……起执行",没有多余的字,也没有使用任何修辞格式。表达简单直接,表意明确清楚。

有些行政公文事务语体,诸如意见、通报、报告等在表意时会根据需要使用比拟、借代、排比、比喻等修辞格。例如:

①伟大的事业必须有坚强的党来领导。只要我们党把自身建设好、建设强,确保党始终同人民想在一起、干在一起,就一定能够引领承载着中国人民伟大梦想的航船破浪前进,胜利驶向光辉的彼岸!(十九大报告)

②以巨大的政治勇气和强烈的责任担当,提出一系列新理念新思想新战略,出台一系列重大方针政策,推出一系列重大举措,推进一系列重大工作,解决了许多长期想解决而没有解决的难题,办成了许多过去想办而没有办成的大事。(十九大报告)

以上两例分别运用了比喻和排比、对偶修辞格式。

4. 篇章结构特征

行政公文事务语体必须按照《国家行政机关公文处理办法》《国家行政机关公文格式》所规定的体式来行文,以保证公文行政工具功能的有效实现。比如公文的结构程式一般是:标题、发文字号、主送机关、正文、附件、发文机关、成文日期、印章、抄报抄送单位等。结构要素齐全,结构安排严谨规范。例如:

北京市人民政府文件

京政发〔2001〕20 号

北京市人民政府
关于批转市工商行政管理局
实行企业登记互联审批意见的通知

各区、县人民政府，市政府各委、办、局，各市属机构：

  市政府同意市工商行政管理局《关于实行企业登记互联审批意见的意见》，现转发给你们，请认真贯彻执行。

北京市人民政府（印）
2006 年 6 月 15 日

主题词：经济管理 企业 登记 审批 通知

抄送：市委各部门、市人大常委会办公厅、市政协办公厅、市高级人民法院、市人民检察院、北京卫戍区。
   各民主党派北京市委、北京市工商联。

北京市人民政府办公厅   2006 年 6 月 15 日

  这是一份格式规范的文件，属于行政公文事务语体。该公文由三部分构成：第一条分隔线上面是眉首部分，有发文机关标志"北京市人民政府文件"、发文字号"京政发〔2001〕20 号"等结构要素。主体部分有完整式标题，分三行书写，词意完整，排列对称，长短适宜，间距适当，采用梯形排列；主送机关是规范化的统称；正文部分采用惯用句式"××同意×××，现转发给你们，请认真贯彻执行"，简单明了；署名用的发文机关全称；成文日期标注全称，月、日不编虚位（即 6 不编为 06）。版记部分的抄送机关使用机关全称和规范化统称。再如：

关于主校区北门的通告

  因主校区北侧基建工程即将施工，为保证广大师生的安全，学校决定北门于 2014 年 5 月 15 日 24：00 至 2014 年 6 月 21 日 24：00 封闭。现将有关事项通告如下：

  1. 凡本校师生、商户、员工进出此门应主动出示有效证件，自觉配合执勤保安的检查。

  2. 此门谢绝闲杂人员、车辆进入校区。

  3. 前来学校办理公、私事务人员应履行登记手续后方可进入。

  希望全校师生、商户、员工遵守学校门卫管理规定。保卫处将加强对各校门的管理，以确保广大师生的安全。

  特此通告。

保卫处 后勤管理处
2014 年 5 月 10 日

此通告相当规范。因为是校内行文，标题是简单的事由＋文种。正文由导语、主体和结束语三部分组成。导语写发文目的和决定，通过惯用句式"现将有关事项通告如下"自然过渡到通告事项。事项部分使用序码，逐项写来，分别使用了能愿句和祈使句，单纯而明确。结束语则是知照性习惯用语"特此通告"。最后是发文机关落款。

（二）日常事务语体的修辞特征

日常事务语体是为了处理日常事务而运用全民语言所形成的系列性语言特征的综合体，因此是基于日常事务领域而发生的语言功能变体。在语言使用上主要表现出如下修辞特征。

1. 词语应用特征

日常事务语体常见的专用词语有"请""酬谢"等，结语有"此据""特此""此聘"等，敬辞有"此致""敬礼""敬请""光临""敬请""莅临"等。为使语言简洁，还经常会使用一些单音节文言词语，诸如"兹""据""悉"等词语，以及四字格词语、缩略语、短语词等。例如：

寻物启事

本人不慎于 9 月 12 日在学校第三饭堂二楼遗失钱包，内有学生证、考试证、公交卡。请拾到者与我联系。联系电话：137××××××××。酬谢。

联系人：张××
2013 年 12 月 15 日

该寻物启事属于日常事务语体。短短两行字，就用了三个常用词语"本人""请""酬谢"。再如：

总之，完美主义和理想主义一直是我工作中的最大障碍，应当更加清醒地面对现实。在今后工作中，我一定会进一步解放思想，紧跟监督所的工作思路，积极配合办公室主任的工作，认真实践"三个代表"重要理论，牢记"两个务必"，与时俱进，开拓创新，在现有工作基础上更上一个台阶！（摘自章毅主编《大学应用文写作教程》，有更改）

以上总结片段，共运用了八个四字格和两个缩略语，语言简洁明快又不失平实稳重。

2. 句子应用特征

日常事务语体对句子的要求不像行政事务语体那么严格。陈述句、判断句、祈使句、感叹句、单句、复句、整句、散句都可以交互使用。例如：

市十二届人大一次会议以来，面对错综复杂的宏观经济和前进道路上的风险挑战，我们在省委、省政府和市委的坚强领导下，凝心聚力、迎难而上，全力打好"拆治归"转型升级组合拳，推动经济发展迈上新台阶、各项社会事业取得新成就……

……

各位代表，过去五年的成绩来之不易。这是省委、省政府和市委正确领导的结果，是全市上下齐心协力、克难攻坚、奋力拼搏的结果。再次，我代表市政府向全市人民和广大建设者，向人大代表、武警官兵和中央、省驻温单位，向情系家乡的海内外温州人，向所有关心和支持温州发展到港澳台同胞、海外侨胞和国际友人，表示崇高的敬意和衷心的感谢！

我们也清醒地看到，温州经济社会发展中还存在诸多困难和问题，政府工作还有不少差距。对照建设"三个城市"的目标，综合交通、科技创新、产业竞争力和公共服务供给方面的短板还比较突出；人才数量和结构还不适应转型发展、动能转换的需要，吸引高端要素集聚的软硬环境建设有待加强，"两链三险"问题尚未彻底解决；影响发展的体制机制障碍仍然不少，改革创新的锐气需要进一步激扬；城乡规划建设管理水平不高，城市功能和环境品质亟待提升；安全发展的基础还不稳固，治危拆违、防灾减灾、安全生产和消防安全整治任务艰巨，特别是鹿城双屿发生农房倒塌事件，造成重大人员伤亡，令人痛心；人民群众对食品安全、交通出行、教育质量方面的意见相对集中；一些政府工作人员思想观念陈旧、认知水平落后，服务意识、责任意识不强，不作为、不担当，政府职能转变和管理方式还跟不上时代发展变化，依法行政、高效施政的能力需要提高。我们一定要正视矛盾、直面问题，采取更加有效的措施认真加以解决。
（节选自《2017年温州市政府工作报告》）

该总结体式中，"对照建设'三个城市'的目标……依法行政、高效施政的能力需要提高"是一个计300余字的复句，限定成分多，结构复杂，从方方面面来检讨建设"三个城市"目标工作中存在的问题。除此以外，还应用了比较多的陈述句、祈使句和感叹句等。多样化句式、句类和句型的运用，使该总结读起来不觉得空泛呆板。

3. 辞格应用特征

大多日常事务语体不用修辞格，有时甚至排斥修辞格式，如请假条、借条等就是如此。有些特定语文体式，比如计划、总结、述职报告、书信等较多时候会使用排比、换算、比喻、呼告等修辞格式。如上例温州市政府工作总结中，就运用了排比、警示、比喻、呼告等修辞格式。

4. 篇章结构特征

事务语体的各种分体都会有自己特有的篇章结构特征，由于分体类型多而繁杂，这里不面面俱到。就书信类礼仪体的篇章结构来说，便有固定的程式化结构，一般由标题、称谓、正文、敬辞、落款五部分组成。证明类语文体式则另有自己特有的结构模式。例如：

个人身份证明

×××，性别×，××年×月×日出生，自××年×月以来在我校文学院工作，系我校正式教职工。

特此证明。

××××（印章）
××××年×月×日

该例格式规范，由标题、正文、结语、落款四个结构要素构成。其中，标题是由文种名＋事由构成；正文语气肯定，语言表达简洁且准确；结语是习惯用语"特此证明"，简单明了。

条帖类礼仪体式，格式与书信类相差不大，也是由标题、称谓、正文、结语、落款五部分组成。

请　柬

×××女士：

　　兹定于9月12日晚7：00—9：00在星岩礼堂举行中秋茶话会，届时敬请光临。
　　此致
敬礼！

××市政治协商会（印章）
××××年×月×日

以上请柬格式完整规范。标题简单；称谓采用"姓名＋称呼"格式，以示尊重；正文部分用简洁的话语写明邀请对方参加活动的具体事项（含活动名称、具体时间、详细地点及内容）；敬辞使用的是惯用语"此致敬礼"，用语简短热情、文雅大方。

（三）法规事务语体的修辞特征

法规事务语体是为了处理法规事务需要而运用全民语言所形成的系列性语言特征的综合体，是基于法规事务领域而发生的语言功能变体。在语言使用上，主要表现出如下修辞特征。

1. 词语应用特征

法规事务语体不用口语词、方言词，忌用惯用语、歇后语、谚语；不随便使用简称（缩略语），如需使用，应在前文标识。多用单义词、专业术语、法律词语，并且要做到词义准确无误。比如一份判决书的语言应威严不可侵犯、斩钉截铁，不允许有"言外之意"。例如：

第一条　为规范本市人民政府规章（以下简称规章）的制定工作，保证规章质量，根据《中华人民共和国立法法》（以下简称《立法法》）和国务院《规章制定程序条例》（以下简称《条例》），结合本市实际情况，制定本办法。（《广州市人民政府规章制定办法》）

该例中使用了缩略语。因为在《广州市人民政府规章制定办法》中会多次出现《广州市人民政府规章》《中华人民共和国立法法》和国务院《规章制定程序条例》，如果都用全称，就会显得啰嗦，所以运用了简称并文前做了标识。

2. 句子应用特征

法规事务语体常用"的"字结构、能愿句、祈使句、陈述句、非完全句，而且表意准确甚至是精确，绝对不能出现歧义现象。

第一，法规事务语体中所运用的非主谓句多是名词性和动词性的，并主要用于标题和列举条项上。例如：

第三十七条　文物收藏单位可以通过下列方式取得文物：

（一）购买；

（二）接受捐赠；

（三）依法交换；

（四）法律、行政法规规定的其他方式。(《中华人民共和国文物保护法》)

该例中，除最后一项为名词性非主谓句外，其余都是动词性非主谓句。动词性非主谓句还常用于说明法规制定缘由的条款中，通常放在法规体的第一条。

第二，法规事务语体中，"的"字结构主要用于条款的列项中，具有列举性，充分显示其权威性和庄重感。例如：

第十八条　有下列情形之一的，不予立案：

（一）涉及党和国家秘密的；

（二）国家明令禁止的；

（三）中共党员对党内有关组织、人事安排等方面有意见的；

（四）民主党派成员反映本组织内部问题的；

（五）进入民事、刑事、行政诉讼以及仲裁程序的。(《中国人民政治协商会议全国委员会提案工作条例》)

第三，法规事务语体中，句意要明确，不能有歧义。必须是为了解决一定的法律实际问题而制作，要做到主旨鲜明。只有这样，司法人员方能有法可依。如果句子表意不严谨，必然会出现法律漏洞，那么司法人员在执法过程中就会困难重重。例如：

第五十七条　中华人民共和国全国人民代表大会是最高国家权力机关。它的常设机关是全国人民代表大会常务委员会。(《中华人民共和国宪法》)

该例中有两个肯定性陈述句，句子表意非常明确，毫无歧解。

3. 辞格应用特征

法规事务语体一般不用修辞格式。

4. 语篇结构特征

法规事务语体程式化特点十分明显。这种程式化特点主要体现在结构的固定化和内容叙述的条款化。从结构框架方面看，涵盖了首部、主体、尾部三部分，而且每部分内容属性是固定的；从内容叙述方面看，通常用章、节、条、项等来安排内容顺序。例如：

党政机关公文处理工作条例
第一章　总　则

第一条　为了适应中国共产党机关和国家行政机关（以下简称党政机关）工作需要，推进党政机关公文处理工作科学化、制度化、规范化，制定本条例。

第二条

……

第二章　公文种类

……

第八章　附　则

……

第四十一条　本条例由中共中央办公厅、国务院办公厅负责解释。

第四十二条　本条例自 2012 年 7 月 1 日起施行。1996 年 5 月 3 日中共中央办公厅发布的《中国共产党机关公文处理条例》和 2000 年 8 月 24 日国务院发布的《国家行政机关公文处理办法》停止执行。

条例与规定中，常常采用"章条式"和"条款式"两种写法。当内容复杂时，"章条式"写法会把全文分若干章，每章再分若干条。一般来说，第一章是总则，说明制定该法规的目的、适用范围、要求等；中间几章为分则，从不同方面列出相关内容；最后一章是附则，对有关事项做出解释。以上例文共八章四十二条，对公文处理的方方面面，都作了具体而明确的规定，做到了格式规范。

（四）礼仪事务语体的修辞特征

礼仪事务语体是为了处理礼仪事务需要而运用全民语言所形成的系列性语言特征的综合体，是基于礼仪事务领域而发生的语言功能变体。在语言使用上主要表现出如下修辞特征。

1. 词语应用特征

礼仪事务语体采用书面形式互通信息、交流感情，主要是为了增进友谊、加强合作、促进人际关系。所以，情感性是其语言表达的根本要求。如贺词、祝酒词、欢迎辞、感谢信等就是以传递情感信息为主要目的的。因此，为了表现丰富向善的情感，礼仪事务语体中往往会广泛使用描绘性词语、礼貌词语（敬辞、谦辞，问候语、告别语、感谢话等）、夸饰性词语、委婉词语等。例如，常用敬辞"贵""尊""令尊""光临""华诞""大作"等，谦辞"拙""愚""鄙""薄礼"等，婉辞"仙逝""大故""逝世"等，都经常被用于内容相关的礼仪性事务语体之中。例如：

欣闻先生获得 2012 年度诺贝尔文学奖的殊荣，我们万分惊喜，至为辛欣，谨向先生表示最热烈的祝贺！致以最诚挚的敬意！（选自《中国当代文学研究会致莫言的贺信》）

该例中，"欣闻""谨""致以""诚挚""敬意"等都是礼貌性特别强、情感意味特别浓烈的词语。这些词语的应用体现出同行对莫言先生获得诺贝尔奖所给予的祝贺、肯定与赞美之情。

2. 句子应用特征

礼仪事务语体多是单位和个人就某项事务或出于情感与交际对象开展交流而形成的言语体式。为了更好地表情达意、渲染气氛，常常是完全句、单句、复句，非主谓句、感叹句、祈使句、陈述句等不同句子类型交错使用。

第一，礼仪事务语体多用完全句、感叹句。例如：

首先，我高兴地代表主席和中国政府向尼克松总统和夫人，以及其他的客人们表示欢迎。同时，我也想利用这个机会代表中国人民向远在太平洋彼岸的美国人民致以亲切的问候。（《周恩来总理在欢迎尼克松总统宴会上的祝酒词》）

该例只有两句话，是两个完全句、感叹句。句中没有出现程度副词"最"，也没用使用感叹号，但却表达了周总理对中美两国这次历史性会见的喜悦之情和良好祝愿。语气坚决，语意肯定，不卑不亢，充分展现了大国总理的风范。

第二，大量使用陈述句、祈使句，一般不用疑问句。例如：

中方迄今保持着高度克制。我们可以做到仁至义尽，但希望印方能够拿出一个大国应有的负责任、守法律、讲道理的态度，做出理性和明智的判断和决策。（2017年8月22日，外交部发言人华春莹主持例行记者会上的讲话）

语言是艺术，在外交场合又是"武器"。外交类礼仪事务语体主要表达国家和政府的意志，维护国家的尊严和利益。因此，外交类事务语体中句子的使用更应该慎重。上述语例中，陈述句、祈使句的先后运用使语意具有比较强烈的命令味道，言辞肯定，态度严肃。

第三，句意表达委婉性、模糊性。

礼仪事务语体尤其是外交类礼仪事务语体有时还要有一定的委婉性，即通常所说的"外交辞令"。因为外交事务错综复杂，要讲原则，又要灵活。有时出于外交礼仪的考虑，不愿说、不必说、不能说的话语，在句意表达上常常会采用模糊表达的方法。例如：

由于大家都知道的原因，两国人民之间往来中断了二十多年。（《周恩来总理在欢迎尼克松总统宴会上的祝酒词》）

该例中"由于大家都知道的原因"这一短语，语意非常含糊，具体什么原因，没有直说。但是，这个原因大家都心照不宣，不言自明。如果直说，只能说美国政府一直以来全方面遏制中华人民共和国。如果周总理就这样非常直接地说出来，则必然会引起轩然大波，也会使现场出现尴尬的气氛。周总理具有高超的外交能力，所以他采用了如此婉转的说法，既高度概括了中美关系上这段曲折的历史，又坚持了原则，还与欢迎宴会上的友好气氛相吻合。

3. 辞格应用特征

礼仪事务语体中，修辞格的使用要多元化一些。比喻、比拟、换算、排比、对偶等常见修辞格都可以加以合理使用。例如：

在华中师范大学2018届本科生毕业典礼暨学位授予仪式上的讲话

2018年6月20日

尊敬的各位来宾、各位家长，老师们、同学们：

大家上午好！今天，是一个特别值得铭记和高兴的日子，我们在此隆重举行华中师范大学2018届本科生毕业典礼暨学位授予仪式。首先，我代表学校向4374名圆满完成学业并顺利获得学位的同学们表示热烈的祝贺！向辛勤养育你们的父母和悉心教导你们的各位老师表示衷心的感谢！

四年前，你们怀揣着无限的憧憬和期待，来到华中师范大学。这四年，我们风雨同舟、甘苦与共，你们与学校一同成长，参与并见证了学校蓬勃的发展和日新月异的变化。四年间，你们勤奋努力、踏实认真，教室、图书馆、自习室都留下了你们埋头苦读、刻苦学习的身影；你们青春激昂、活力四射，参与并营造了丰富多彩的桂子山校园文化；你们求新求变、锐意创新，少数同学还成为创业先锋、创业达人；你们热心公益、乐于奉献，在贫困助学、义务支教、志愿服务等各种公益活动中，展现了华师学子的大爱与担当。为梦想而矢志奋斗的你们，每一个都是桂子山上最闪亮的星，我为你们取得的成绩感到骄傲和自豪！

现如今，你们即将离开熟悉的桂子山，去热情地拥抱新的生活。值此依依惜别之际，作为师长，我也想与大家分享三点期待：

第一，期待你们能以博雅之德不忘初心、砥砺前行。习总书记在今年的北京大学师生座谈会上讲过：人无德不立。育人的根本在于立德。华中师范大学以"忠诚博雅"为学校之精神，以"立德树人"为学校之校训，强调的就是"身正为范"和"知行合一"。我期待大家在今后的人生道路上，能将华师精神、华师校训内化于心、外化于行，做一个有信仰、有自信、有担当的善良之人，做一个有品德、有道德、有美德的有德之人。当你们走出校园后，也许会发现社会并不是你们想象的那么完美，也许会发现工作生活并不是那么顺利，但无论怎样，请一定要坚定信念、不忘初心，不惧困难、勇敢前行。

第二，期待你们能以博学之才勇于创新、追求卓越。经过了大学四年的学习，你们的知识水平和综合素养都得到了较大的提高，但在今后的人生征途中，你们还将面临新的困惑和挑战。古人云：学不可以已。活到老、学到老，只有虚怀若谷，不断学习进取，才能成为人生赢家。当今社会正处于不断变革、高速发展、信息爆炸的时期，我们每个人无论身处何地，身居何职，都需要加强知识更新、坚持终身学习。希望你们在今后的学习工作中，能以博学之才为基石，弘扬"博学精神"，让学习和思考成为一种生活方式，在探寻真理的道路上勤于思考、勇于开拓、不断进取、追求卓越。

第三，期待你们能以博爱之心学会感恩、懂得奉献。饮其流者怀其源，学其成者念吾师。"爱在华师"，不仅是一种兼爱博爱、仁心大爱，更是一种情怀、一种责任、一种力量。"全国教书育人楷模"汪金权、"轮椅教授"刘盛佳、支教生楷模费宝莉、"洋雷锋"阿达姆等，一代又一代的华师人都在默默地奉献，以实际行动诠释着"爱在华师"的真谛。在此学有所成的重要时刻，让我们怀着感恩之心，真诚感谢所有关心、爱护和帮助过我们的人。竺可桢先生说，"大学犹为海上之灯塔""大学是社会之光，不应随波逐流"。作为培养人类灵魂工程师的师范大学的学生，我们更要学会感受爱、传递爱、奉献爱。因此，我也希望同学们今后不论身处何方，都要将华师的"博爱"精神传递下去，以博爱之心奉献社会、关爱他人。

亲爱的同学们，桂花香飘香落，青春不愿散场。你们是华师这棵百年桂花树上结出的一颗颗桂子，愿你们伴随着桂花沁人的幽香，散播到祖国的四面八方，追寻青春的脚步，实现心中的理想！我在这里真诚地邀请大家常回家看看，母校是你们人生路上的坚强后盾！是你们永远的精神家园！

最后，祝大家一帆风顺、前程似锦！

谢谢大家！

该例是华中师范大学党委书记黄晓玫在2018届本科生毕业典礼暨学位授予仪式上

的讲话。该例作为欢送词或者告别性讲话稿，在语体上归属于礼仪性事务语体（当然也可以归属于演讲语体）。从辞格修辞角度来看，采用套用、连用、兼用等手段综合运用了比喻、比拟、夸张、排比、呼告、引用、递进、列锦、对偶等多种修辞格式，从而收到了理想的修辞效果。比如排比的应用，既有句子成分的排比，也有句子的排比，还有间隔性标题句的排比，使讲话从篇章到句子都文气十足，充满了鼓动性、号召力和亲和力。

4. 篇章结构特征

礼仪事务体一般有标题、称谓、正文、祝语、落款五个结构要素。其中，标题通常用于公开性的礼仪事务语体文，如《中国当代文学研究会致莫言的贺信》；称谓主要用于称呼接受方；正文表达主体信息；祝语是正文结束后的礼节性祝愿语；落款是不可或缺的部分，主要用于表明发文者和发文时间。例如：

贺　电

中国体育代表团：

值此新春佳节之际，欣闻我国选手申雪、赵宏博在第21届温哥华冬季奥运会花样滑冰双人滑冰比赛中勇夺桂冠，获得中国体育健儿参加本届冬季奥运会的首枚金牌。我代表党中央、国务院向获奖运动员及中国体育代表团表示热烈祝贺！向节日期间依然奋战在冬奥赛场的运动员、教练员及全体工作人员致以亲切问候和新年祝福！

希望中国体育代表团继续发扬顽强拼搏、为国争光的中华体育精神，弘扬"更快、更高、更强"的奥林匹克精神，再接再厉，奋勇争光，为祖国、为人民赢得更大的荣誉！

刘延东
2010年2月16日

该文中，五个结构要素完备规范。因为内容单一，仅用文种作为标题；称谓是针对团体的，用了对方团体名称来称呼；正文表示祝贺；结语提出希望；落款直接署名，简单明了。整个贺电思路清晰，格式规范，结构合理。

（五）经济事务语体的修辞特征

经济事务语体是人们在经济活动中形成的具有惯用格式的专门处理各类经济事务的语文体式。它包括合同、契约、商函、商品说明书、广告等言语体式，由于与个人利益关系最为密切，又同时具有法律效用，因此在语言使用上与法规事务体比较相近。经济类事务语体内部类型繁杂，难以穷尽其修辞应用特征。这里仅就契约类、合同类、广告类经济事务语体修辞应用特征做简要分析。

1. 词语应用特征

第一，契约类、合同类经济事务语体，较多使用单义词、数词、经济类行业用语、经济类法律术语；排斥口语词、方言词，忌用惯用语、歇后语、谚语，也不随便使用简称（缩略语）。例如：

一、乙方租用甲方×××路×号×室，租期自2002年6月25日起至2002年12月

25日止，共6个月。

二、乙方一次性支付甲方租金9600元人民币。乙方预交甲方押金600元人民币。乙方协议到期退房时，如无遗留问题，甲方如数退还押金。

该租赁合同属于经济事务语体，双方是当事人为实现一定经济目的，明确相互权利义务关系的一种协议。合同里的主要款项，诸如标的、数量、质量、价款、期限等都用意义单一、准确甚至是精确的词语写得一清二楚。比如该例中的起止时间、地点、价钱，都非常具体明确，绝不含糊。

第二，广告类经济事务语体，可以大量使用甚至鼓励使用俗语、谚语、歇后语、口语词等，用以生动形象地宣传产品或提供服务，用颇具感染力的词语来吸引受众注意，使之接受商品信息或服务信息。例如：

冰冻三尺，简直分分钟的事。（某冰箱广告）

出门洗头是检验真爱的唯一标准。（某洗发水广告）

以上两则都通过对一些名言或者谚语加以改编仿写而成。这类谚语格言、名言警句形式早已经为受众耳熟能详，所以便于受众记忆，也容易为受众接受。

2. 句子应用特征

第一，契约类经济事务语体，需要明确当事人双方的责任、义务和权益，因此多使用表意完整的陈述句和完全句。如上文租赁合同语例，都采用了陈述句和主谓句。为了突出主体的法律地位，每个句子都有明确的主语，以突显各自的角色身份，如例中像"乙方一次性……""乙方预交……"即表意完整的完全句。

第二，广告类经济事务语体讲究艺术性，可广泛运用叙述、议论、抒情、描写、对话等多种表达方式，在句子使用上受到的限制并不多。例如：

喜迎华诞　真情回馈
八折酬宾

2008.3.28—3.30　北京各大商场戴梦得专柜

经典时尚的五瓣丁香系列钻饰套装，让丁香花的芬芳总是在你心中洋溢，让幸福总是将你围绕，让钻石无比的绚烂凝练成你公主般的典雅与尊崇！

戴梦得　我的钻石，我的梦想

免费咨询电话：800-900-5858

（选自《北京晚报》2008年3月29日）

该例中，标题采用新闻语体常用的三行标题，正文运用了散言体中常用的抒情手法，连续使用了三个带有强烈主观色彩的祈使句，把美感带给受众并以此来感染受众。

3. 辞格应用特征

第一，契约类经济事务语体注重实用性，一切以表意准确、明白无误为目的。因此一般不使用修辞格式。

第二，广告类经济事务语体大量运用比喻、借代、比拟、夸张、反语、排比、反复、设问、双关等修辞格式，通过这些修辞手法可以巧妙而又恰如其分地说明商品的特点。如上文"戴梦得"广告，仅仅几句话就综合运用了排比、比喻、映衬、比拟等辞格。利用这些辞格为抒情造势，给人以一气呵成的感觉。

4. 篇章结构特征

第一，契约类经济事务语体结构都比较固定。一般来说，其篇章结构有三种模式：一是条文式。通常用于篇幅比较长、内容比较繁多的合同、协议等体式中。如房屋买卖合同、房屋租赁合同、委托合同等都常用条文式结构。二是表格式。用于内容比较简单的合同、协议等中，把相关固定的内容事先用表格打印出来，空下部分填写当事双方名称、日期及具体约定事项等。三是条文加表格式。全文以条款为主，当局部条款不宜采用文字表述时，辅之以表格。

第二，广告类经济事务语体对结构程式的要求相对宽松，限制不多，此不赘言。

第二节 知识应用与写作技能训练

利用所学事务语体基本理论与基础知识，在具体语境中根据要求进行事务语体语言应用训练和事务语体文写作实践，以培养和训练学生的事务语体语言应用能力和事务语体文写作能力。

一、事务语体知识应用训练

利用所学事务语体基本理论和基础知识，根据训练要求就如下语例进行讨论与分析，以培养和训练对事务语体基本理论知识的简单应用能力和综合应用能力。

（1）请将以下文学语体文转换成事务语体文。要求语言简明扼要，概括清楚；句式完整严谨，只用陈述句，不用曲笔；字数不超过100字。

那人姓宋，名江，表字公明，排行第三。祖居郓城县宋家村人氏。为他面黑身矮，人都唤他做黑宋江；又且驰名大孝，为人仗义疏财，人皆称他做孝义黑三郎。上有父亲在堂，母亲丧丧；下有一个兄弟，唤做铁扇子宋清，自和他父亲宋太公在村中务农，守些田园过活。这宋江自在郓城县做押司，他刀笔精通，吏道纯熟；更兼爱习枪棒，学得武艺多般。平生只好结识江湖上好汉：但有人来投奔他的，若高若低，无有不纳，便留在庄士馆谷，终日追陪，并无厌倦；若要起身，尽力资助。端的是挥金似土！人问他求钱物，亦不推托；且好做方便，每每排难解纷，只是周全人性命。时常散施棺材药饵，济人贫苦，赒人之急，扶人之困。因此，山东、河北闻名，都称他做及时雨；却把他比做天上下的及时雨一般，能救万物。（《水浒传》）

（2）请结合日常事务语体的修辞要求，指出并修改下列演讲稿中的不当之处。（说明：五四青年节，陈经纶中学邀请校友宋明亮回校演讲，学生主持人做了以下介绍）

高明亮，男，1995年10月10日出生于南京。父亲高鸿，50岁，中共党员，大学本科毕业，中学语文教师。母亲张玉琴，48岁，群众，大专毕业，小学数学教师。高明亮2013年毕业于陈经纶中学，现为暨南大学文学院三年级学生，身高172厘米，方脸，浓眉大眼。从小喜欢读书，小学五年级获得"市优秀学生干部"称号，初三获得区中学生作文比赛二等奖，高二获得市中学生演讲比赛一等奖，大一时获得省大学生演讲比赛二等奖。为了这次演讲，他特地翻阅了大量资料，写了一大本读书笔记，精心准备了演讲《放飞青春》。下面有请高明亮。

（3）请结合信函体的修辞要求，指出并修改下列信函中的语病。说明：××学校为商洽解决进修教师的住宿问题，再次致函××大学后勤处，其全文如下：

××大学后勤处：

  首先让我们以××学校名义，向贵校表示衷心的感谢。感谢你们为我校办学给予了很大的帮助。目前我们又面临一个很难解决的问题。

  原来事情是这样的：我校开办不久，师资力量很差，决定派××位年轻教师到贵校旁听进修一年。我校与贵校有关部门多次商量，但××位年轻教师的住宿问题，至今也没有得到解决。提高教学质量的关键是师资。为了提高我校教育质量，恳请贵校设法解决我校进修教师的住宿问题。我们不知贵校还有什么实际困难，如果这些困难我校能帮忙解决的话，请尽量提出，我校会竭力去办。再说一句，贵校如能解决我校进修教师的住宿问题，我们以我校领导的名义向贵校表示深深的谢意。

××学校
××××年×月×日

（4）请结合通知体的修辞要求，指出并修改下列通知中的语病。

重要会议通知

全体职工同志们：

  啊，今天的会该是多么重要啊！

  大家一定会群情振奋，踊跃参加的。地点就在宽敞明亮、让人赏心悦目的东二楼大礼堂。时间是午睡后精力充沛、神清气爽的三点整。

  欲知会议内容多么重要，开会后自见分晓。

××学院办公室
××××年×月×日

（5）请结合总结语文体式的修辞特点，指出并修改下列总结中的错误。

2011—2012学年我的个人总结

  烈日似火，大地像蒸笼一样，热得使人喘不过气来。大清早，蝉就高声大叫，好像在说："放假啦！放假啦！"又一学年过去了，我应该利用暑假对这一学年的学习情况作一些总结，以迎接新学年。

  在这一学年里，我学习了大学英语、体育、毛论、创业课、古代汉语、古代文学、新诗欣赏、中国文化概论、诵读等课程。其中大学英语68分、体育80分、毛论78分、创业课85分、古代汉语82分、古代文学80分、新诗欣赏86分、中国文化概论82分、诵读85分。总的来说，成绩还是可以的，在班上属中等水平。其中专业课成绩好些，英语稍差。下一学年，我要加倍努力，争取更好的成绩，最好能够都在80分以上，这样就可以申请奖学金，以减轻家里的负担，也增强自己就业实力。

（6）请分析以下批复的词语运用特征。

国家税务总局关于风景名胜景点经营收入征收营业税问题的批复

湖南省地方税务局：

你局《关于张家界风景名胜区景点经营收入适用税目的请示》（湘地税发〔2007〕83号）收悉。经研究，批复如下：

对单位和个人在旅游景区经营旅游游船、观光电梯、观光电车、景区环保客运车所取得的收入应按"服务业——旅游业"征收营业税。

单位和个人在旅游景区兼收不同税目应税行为并采取"一票制"收费方式的，应当分别核算不同税目的营业额；未分别核算或核算不清的，从高适用税率。

国家税务总局
2008年3月21日

（7）请分析下列慰问信词语和句式应用特征。

致邹韬奋夫人沈粹缜的慰问信

粹缜先生：

在抗战胜利的欢呼声中，想起毕生为民族的自由解放而奋斗的韬奋先生已经不能和我们同享欢喜，我们不能不感到无限的痛苦。您所感到的痛苦自然是更加深切的了。我们知道，韬奋先生生前尽瘁国事，不治生产，由于您的协助与鼓励，才使他能够无所顾虑地为他的事业而努力。现在，他一生光辉的努力已经开始获得报偿了。在他的笔底，培育了中国人民的觉醒和团结，促成了现在中国人民的胜利。中国人民一定要继续努力，为实现韬奋先生全心向往的和平、团结、民主的新中国而奋斗不懈。韬奋先生的功业在中国人民心目中永垂不朽，他的名字将永远是引导中国人民前进的旗帜。想到这些，您，最亲切了解韬奋先生的人，一定也会在苦痛中感到安慰的吧！您的孩子——嘉骝，在延安过得很好，他的品格和勤学，都使他无负于他的父亲，这也一定是可以使您安慰的事吧！谨向您致衷心的慰问，并祝您和您的孩子们健康！

周恩来　启
卅四年九月十二日

（8）请分析下列《房屋租赁协议》语言应用的得失。

房屋租赁协议

甲方：

乙方：

一、甲方租给乙方××校区1号楼1楼第三单元五楼东户一室一厅住房一套。租期自二〇一七年一月一日至二〇二〇年十二月三十一日，共三年。

二、租金每月1000.00元，三年共计3000.00元。乙方在二〇一七年一月三十一日之前一次性预付给甲方，或者在每个租赁年度的首月将当租赁年度租金预付给甲方。租期内，租金不受市场行情变化的影响而改变。

三、乙方在租期内可以作简单适当的装修，但乙方应保证符合有关部门房屋装修的要求，保持原有建筑结构不变，并保护维修好水、电、气、门、窗、暖等基本设施（必要时可以做合理改动）。所发生费用均由乙方承担。

四、乙方自行支付租期内发生的所有消费费用，如水、电、气、暖等费用。

五、乙方租住期间，确保遵纪守法，注意防火等，自觉消除安全隐患。租期内若发生治安事件、意外事故等，均与甲方无关，甲方均不承担责任。

六、租赁到期后，甲、乙双方协商是否续租等事宜。

七、该租赁协议由甲、乙双方各执一份，其所列条款自甲、乙双方签字之日起生效。

    甲方签字：   乙方签字：
     年 月 日   年 月 日

二、事务语体写作技能训练

利用所学事务语体基本理论与基础知识，在具体语境中根据要求进行事务语体文撰制技能训练，以培养和训练学生的事务语体文写作能力。

（一）行政事务体写作技能训练

训练话题1 请根据以下办公情境，按照要求拟写兼并通告。

国际金融危急形势下，××有限责任公司经营不善，与"全线通"进行协商。为了促进经营的合理化，经双方认真论证和商定，并报请有关主管部门批准，双方同意兼并，并以"全线通"为存续公司，××有限责任公司。兹定于二○一○年×月×日为兼并日。自兼并日起，××有限责任公司一切权利、义务和债务，悉由续存公司承担。依据《公司法》规定，凡××有限责任公司的债权债务人，如有异议，请在本通告之日起三个月内提出，逾期无效。（选自高彤心主编《应用写作实训教程》）

训练目标：培养学生通告体写作开头与结尾的设计能力、庄重风格控制能力、通告语体文写作能力。

训练要求：

（1）格式符合通告体的规范，结构要完整。

（2）采用"目的式"开头，指出发布本通告的目的。

（3）采用"秃尾"。

（4）使用庄重得体的书面语，可适当使用某些约定俗成的文言词语。

（5）用直笔，不用曲笔。

（6）字数不多于200字。

训练话题2 根据以下讯息，按照要求拟写参观黄埔军校的函。

为确保外来工在异地他乡过上欢乐祥和年，丰华集团为外来工们安排了丰富的节目。其中，初三去著名的黄埔军校参观。为使外来工及其家属玩得尽兴开心，集团专门发函与展览馆商洽联系，请求派出著名导游黎××带领参观。

训练目标：培养学生信函结构布局能力、专用（习惯）词语运用能力、材料分析与利用能力。

训练要求：

(1) 格式规范，结构完整。
(2) 就事说事，直陈其事。
(3) 采用介词结构、单音节词和公函习惯用语，使函的语言简洁凝练。
(4) 字数不少于200字。

训练话题3 根据以下材料，按照要求拟写一份会议通知。

全国秘书学协会决定于2012年8月12日至14日在云南省昆明市召开一年一度的协会年会，于6月28日发出会议通知。会议主要议题是研究和探讨秘书学专业建设问题，全国秘书学协会的会员均可参加。会期为3天，11日全天报到，报到和开会地点是：云南师范大学云天酒店。会务费每人800元，食宿自理。

训练目标：培养学生材料分析与利用能力、重点信息把握能力、通知语体文写作能力。

训练要求：
(1) 根据通知体常用标题形式构拟标题，做到事由和文种选用正确。
(2) 篇章结构符合通知体式要求。
(3) 时间、地址、费用等关键信息要准确。
(4) 内容要简洁，不得使用修辞格。
(5) 字数不超过200字。

训练话题4 请以文学院学生宿舍增设消防设备为内容草拟一份请示。主送单位为学校办公室，发文机关为文学院。

训练目标：培养学生立意能力、重点信息捕捉能力、请示语体文写作能力。

训练要求：
(1) 格式正确，符合请示的写作要求。
(2) 言简意赅，相关请示事宜要写具体写清楚。
(3) 用词准确，注意请示体专用词语、文言词语的使用。
(4) 字数不少于300字。

（二）日常事务体写作技能训练

训练话题1 如今，环境问题已是全世界所面临的共同问题。我们只有一个地球！保护我们共同的家园，保护我们赖以生存的环境已刻不容缓。请以"保护环境，从我做起"为题，写一篇致全校师生的倡议书。

训练目标：培养学生材料分析与利用能力、审题与立意能力、辞格构拟能力、倡议书写作能力。

训练要求：
(1) 主旨鲜明，情感真挚，具有鲜明的时代精神和较强的鼓动性。
(2) 思路清晰，条理清楚，结构完整。开头开门见山，直接写主旨。主体部分要求用完整的句子作为段落开头。结尾发出号召，将倡议书的主旨推向高潮。
(3) 符合倡议书的基本格式规范。

(4) 比喻、比拟、对比、衬托、双关、借代、排比、对偶、夸张、设问、反问等修辞格式中，至少使用四种以上。

(5) 不多于600字。

训练话题2 根据以下材料，按照要求写一则开业启事。

艺之卉服装专卖店将于2017年11月2日开业。艺之卉是中国驰名商标、女装名牌，由深圳市服装厂定点生产。11月2日至12日开业期间，全场商品8折优惠。专卖店地址：××市××商场二楼21卡，电话：×××××××。

训练目标：培养学生材料分析与利用能力、通俗简洁风格控制能力、启事语体文写作能力。

训练要求：

(1) 行文格式符合寻物启事的基本要求。

(2) 语言通俗，文字简洁明了。

(3) 采用直陈写法，写清楚相关信息，表意准确。

(4) 字数不超过100字。

训练话题3 某涉外公司招聘一名文秘工作者，男女不限，有工作经验者、使用本地方言者优先。请你以应届毕业生身份拟写一份求职信。

训练目标：培养学生立意能力、自我介绍能力、求职信写作能力。

训练要求：

(1) 行文符合求职信的写作格式。

(2) 目标要明确，内容要真实。

(3) 语言要简练平实，不要长篇大论，用词造句切忌夸饰，可适当使用修辞格。

(4) 字数不多于500字。

训练话题4 某公司需要聘请总经理女秘书1名、公关小姐2名、生产计划员1名、会计人员1名。请代为拟定一则招聘启事。

训练目标：培养学生重点信息捕捉能力、准确表意能力、招聘启事写作能力。

训练要求：

(1) 结构合理，条理清楚，符合招聘启事的基本行文格式；也可以采用文字加表格式表达形式。

(2) 招聘条件拟定清楚明了，要求具体，表意准确无误，不能模棱两可。

(3) 要精准表达数据、地址、性别要求、面试时间、联系方式、联系人等信息。

(4) 有些内容，如工作环境描述、职业道德要求、薪金标准等可以采用模糊表达方式。

(5) 字数不多于400字。

训练话题5 请根据如下讯息拟写收条。

你所在班级排演某个舞蹈节目，向某舞蹈团借用了演出服装20套，演出后归还。该舞蹈团收到后写下一则收条。请以该舞蹈团名义拟写收条。

训练目标：培养学生重点信息捕捉能力、准确表意能力、收条写作能力。

训练要求:
(1) 内容要清楚,尤其是具名、时间、单位等一定要写明白。
(2) 收条上款项要清楚,物件数量要精确。
(3) 用词准确,表意不能有歧义。
(4) 语言表达简洁明了,直截了当。

(三) 法规事务语体写作技能训练

训练话题1 请根据如下讯息分别拟写借条。

2010年7月,李勇请了一家装修公司装修房屋,装修总款为23000元。在装修期间,李勇已支付了18000元。装修结束后,李勇又支付了3000元,因一时资金周转困难,与装修公司协商,欠款2000元在一个月内还清。装修公司表示同意,请以李勇的名义给装修公司写张欠条。

训练目标:培养学生材料分析与利用能力、准确表意能力、借条写作能力。
训练要求:
(1) 内容要清楚,尤其是具名、时间、证明人等一定要写明白。
(2) 借条上款项要清楚,数量要精确。
(3) 用词准确,表意不能有歧义。
(4) 语言表达简洁明了,直截了当。

训练话题2 请根据所在学校情况,拟写一份《教室文明公约》。

训练目标:培养学生简洁明快风格控制能力、条文式谋篇能力。
训练要求:
(1) 使用条文式篇章结构,开门见山,注意内容顺序的合理性。
(2) 使用书面语,不用惯用语、歇后语、谚语、叠音词语等口语化词语。
(3) 语言简洁明快,不用修辞格。
(4) 字数不超过200字。

训练话题3 请根据自己宿舍情况,拟写一份宿舍管理守则。

训练目标:培养学生通俗风格控制能力、条文式谋篇能力。
训练要求:
(1) 用目的式开头,用条文式依主次轻重列出应该遵守的规定。
(2) 内容要具体,有针对性,切实可行。
(3) 语言简练,通俗易懂。
(4) 字数不超过200字。

(四) 礼仪事务体写作训练

训练话题1 2006年4月,中国国民党主席连战第一次回到福建龙海祭祖。请你以福建学子的身份写一段欢迎辞。

训练目标:培养学生辞格构拟能力、得体表达情感的能力、欢迎辞写作能力。

训练要求：

（1）要有真情实感，以情动人，切忌虚情假意、泛泛而谈。

（2）话语格调热烈适度，并彬彬有礼。称谓使用敬辞，人名使用全称，使用礼貌用语。

（3）根据受欢迎对象来自台湾这一事实，语言使用尽量切合对方语言背景。

（4）交错使用不同句式（如陈述句、祈使句、感叹句），适当使用修辞格（如排比、引用、夸张等）。

（5）行文符合欢迎辞的基本格式。

（6）字数不多于300字。

训练话题2 从2011年5月1日起，我国在室内公共场所实行全面禁烟，请你为校园四个不同场景分别拟写不同的"禁烟提示语"。

训练目标：培养学生语境适应能力、简洁话语创造能力、委婉表达能力。

训练要求：

（1）符合警示语不同场景要求。

（2）要温馨礼貌，既坚持原则，又不能伤害受众。

（3）语言表达简洁而又生动，每条警示语不超过20字。

训练话题3 假设本班某位同学生病住院了，请你以全班同学的名义给该同学写一封慰问信。

训练目标：培养学生观察生活的能力、准确立意能力、描绘性词语和情感类词语的使用能力。

训练要求：

（1）篇章结构符合慰问信的基本程式。

（2）使用积极向上的语调激励和鼓舞对方克服困难，增强信心和斗志。内容具体实在，情感真切。

（3）感叹句、祈使句分别不少于3个；较多使用描绘性词语、富有情感的词语；修辞格式不少于3个。

（4）思路清晰，条理清楚，结构完整。

（5）字数不多于500字。

（五）经济事务体写作训练

训练话题1 任选你正在使用的某种商品，如手机、电脑、相机等物品，写一篇商品使用说明书。

训练目标：培养学生下定义的能力、平实风格控制能力、产品介绍能力。

训练要求：

（1）内容齐全，要全面细致地介绍商品的所有相关内容，不可遗漏或疏忽。

（2）语言简练平实，要有警示内容，技术用语尽量少用。

（3）可使用下定义、举例子、分类别、作比较等方法。

（4）字数不多于400字。

训练话题2 因销售某项产品，需要租用某商场内一块场地。请就此事给某商场写一封商洽函。

训练目标：培养学生商洽函开头设计能力、主要信息捕捉能力、商洽函结构布局能力。

训练要求：

（1）行文符合函的基本程式和写作要求。

（2）以叙述租用原因作为开头，做到结构完整，条理清楚。

（3）言简意赅，用词准确，相关事宜写清楚，不让人产生歧义。

（4）字数不多于300字。

训练话题3 观察你的生活环境，选择你所熟悉的日用品（如牙膏、洗发水、护肤品、口红、洗面奶等），拟写三则广告语。

训练目标：培养学生观察生活的能力、产品介绍能力、创新思维能力。

训练要求：

（1）行文符合广告语的基本格式和写作要求。

（2）创意新颖。

（3）一则采用富有生活气息的对话形式；一则运用议论、说明手法，评定商品质量；一则运用抒情手法，同时采用排比句。

（4）每则字数不多于100字。

第四章　政论语体及其修辞应用

【本章导读】本章讲述政论语体及其修辞应用的相关问题。在对政论语体内涵、类型和修辞特点等基本理论知识进行讨论的基础上，根据政论语体分体状况设计编制了形式多样的知识应用和写作技能训练题目，以备师生开展针对性实践训练之需。

【教学目标】通过教学，使学生了解政论语体的概念、类型与修辞特点，进一步从修辞学视角加深对政论语体的理解。熟悉并掌握政论语体的基本语用要求，通过实践训练培养并提高学生政论语体知识应用能力和政论语体文写作能力。

第一节　政论语体理论知识

一、什么是政论语体

黎运汉、盛永生认为，政论语体又称宣传鼓动语体或时评语体，它是适应政治宣传鼓动领域交际需要而运用全民语言所形成的言语特点综合体。[①] 郭志林等认为，政论语体是适应宣传鼓动的目的、对象、范围的需要而形成的全民语言特点的系统。[②] 政论语体主要是以议论为主，它具有理论性和概括性，主要靠逻辑思维来表达思想感情；它也具有鼓动性和生动性，也运用形象思维，以强烈的爱憎、形象的语言去打动读者。庄涛等认为，政论语体是书面语体的一种，是适应社会政治生活需要而形成的一种语文体式。[③] 它直接服务于社会领域，通过对社会上各种问题的阐述，对人民群众起着宣传鼓动和教育作用。

这些界定都突出了政论语体的社会政治生活、宣传鼓动作用、语言应用系列性特征。据此我们认为，所谓政论语体，也称宣传鼓动语体或时评语体，是适应社会政治生活领域的交际需要而形成的。政论语体与社会生活的各个方面有广泛而又直接的联系，通过对社会政治生活中各类问题的论述，对人民群众起着宣传鼓动的教育作用。

二、政论语体的类型

黎运汉、盛永生认为，政论语体包括直接评论社会生活及其有关的各种问题的文章，如报刊社论、社评、编辑部文章、评论员文章，以及党和国家领导人政论文章、讲话等。[④] 换一个角度来看，还可以分为一般政论体和文艺政论体，文艺政论体包括杂

---

① 黎运汉、盛永生：《汉语语体修辞》，暨南大学出版社2009年版，第147页。
② 郭志林：《应用写作手册》，吉林大学出版社1994年版，第134页。
③ 庄涛：《写作大辞典（新版）》，汉语大词典出版社2003年版，第267页。
④ 黎运汉、盛永生：《汉语语体修辞》，暨南大学出版社2009年版，第147页。

文、随笔、小品等,由于文艺政论已向文艺语体靠拢,因此它的主要特点是追求语言的艺术化。

本节主要讨论的是一般政论体。通常,一般政论语体可分为论证体和评论体。

三、政论语体修辞应用原则

(一)语言要有感染力,富有鼓动性

黎运汉、盛永生认为,政论语体具有鲜明性、生动性和丰富性修辞特点,而鲜明性特征则是由政论语体的目的和任务决定的。① 政论语体的目的在于酣畅淋漓地表达并最大限度地宣传自己鲜明的立场、观点,以扩大自己思想观点的影响力和辐射面,因此,表达主体必然要用富有感染力的语言去打动受众,并使受众对所讨论问题迅速做出相应的反应。政论语体的语言应用富有宣传鼓动性,就是要求观点要明确,旗帜要鲜明。论述语言要果断有力、尖锐泼辣、爱憎分明,带有强烈的思想感情,要努力做到以情动人。例如:

浮夸是清谈者的遮羞布,实干是行动者的座右铭。河南兰考治"三害"立下千秋基业,源于焦裕禄带领群众战天斗地;福建东山由风沙岛变为鱼米乡,凝聚着谷文昌十四载春秋的艰辛付出。古人云,"为政贵在行""以实则治,以文则不治"。拿出不私、不虚、不妄的真招行动,摒弃粉饰、表象、作态的笔墨巧术,崇实去文、务实笃行,才能做出让群众有获得感的过硬政绩。(马祖云《纸糊的鲜花怕雨水》,《人民日报》2017年5月26日)

该例作为政论性话语,是针对当前社会中出现的比较突出的问题、现象而发表的,具有比较强的导向性。话语开头就旗帜鲜明地提出自己的论点"浮夸是清谈者的遮羞布,实干是行动者的座右铭",然后,运用河南兰考和福建山东翻天覆地的变化作为实例展开论证,强调务实笃行的实干精神是对每一位领导干部的基本要求。论证过程中,情绪饱满,情感丰富,具有强有力的鼓动性和宣传性。再如:

一档《辉煌中国》电视纪录片,让"厉害了,我的国"成了不少人的口头禅。一组《还看今朝》全景式画面展示,让锦绣河山闪耀荧屏。"砥砺奋进的五年"大型成就展,让人流连忘返,引来无数点赞。由此不禁想到国运这个话题。

国之运在民之心。今年3月,世界知名咨询公司益普索集团发布了对25个国家1.8万人的调查报告,数据显示中国人对未来最乐观,91%的人认为国家正在变得越来越好。今天的中国,人们为改革发展而欢呼,为反腐成绩而叫好,为科技进步而击掌。大家拧成一股绳,心往一处想、劲往一处使,爱这个国家,愿为这个国家撸起袖子加油干。这就是人心,就是民心,就是国运兴盛的折射。

国之运在国之兴。这5年,中国路、中国桥、中国港、中国网,一个个奇迹般的宏大工程托举起民族复兴的中国梦。前不久,来自"一带一路"沿线20国的青年,评出他们心目中的高铁、支付宝、共享单车、网购这中国"新四大发明"。美国前财长保尔

---

① 黎运汉、盛永生:《汉语语体修辞》,暨南大学出版社2009年版,第147—160页。

森感慨:"中国一跃成为经济超级大国,确实是历史上最不寻常的故事之一。"有人说,中国创下了经济发展和社会稳定的两个奇迹。何尝不是呢?一句响当当的"祖国带你回家",让多少身居海外的中国人热血沸腾、热泪盈眶。在奔腾不息的历史长河中,从未有哪个国家像中国这样,在如此短的时间里,实现从站起来到富起来又到强起来的壮丽跨越,国运就在祖国的颜值里。

国之运在风之正。这5年,一场没有硝烟的反腐斗争打响,一大批腐败分子纷纷落马。这场以"零容忍、无禁区、全覆盖"为特征的反腐败斗争,既是对政治生态的修复和重建,又是对人心的涤荡和重拾。邓小平同志当年曾说:"这个党该抓了,不抓不行了。"如今,历经正风肃纪、反腐倡廉的洗礼,全党全社会风清气爽。调查显示,92.9%的群众对党风廉政建设和反腐败工作成效表示满意。"不信东风唤不回",党心民心军心的更加凝聚让国运乘风而行。

国之运在势之变。"世界潮流,浩浩荡荡,顺之者昌,逆之者亡。"国运与世界大格局、历史大变局联系在一起。基辛格说:"当今的国际体系正在经历四百年来未有之大变局。"布热津斯基感叹:"全球力量的中心从大西洋两岸转移到了远东。"环顾今日之世界,守成国家在徘徊,新兴国家在奋起,也还有一些国家在战火中煎熬。而中国正如方志敏烈士当年在《可爱的中国》一文中所憧憬的那样,"到处都是活跃跃的创造,到处都是日新月异的进步",正以更为成熟、稳健的步伐走近世界舞台中央,这是国运昌盛的节奏,是国运彰显的昭示。

党的十九大召开,这是决定中国国运的大事。中华民族积蓄的能量,要爆发出来。拿破仑曾预言:"中国是一只沉睡的狮子,一旦觉醒,将会震惊世界。"如今,这头狮子不但醒来了,而且站起来、强起来了。我们为国运昌盛击掌叫好。(徐文秀《"厉害了,我的国"》,《人民日报》2017年10月17日)

为了使语言表达更具有生动性、鼓动性、说服力,以造成一种磅礴之势,该文不仅使用了规范的书面语,同时为了使语言更加生动形象,也适当运用了口语词、文言词、惯用语、行业语、新词语,以及一些具有浓郁感情色彩的词语。如"零容忍""无禁区""全覆盖""高铁""支付宝""共享单车""网购"等与当下政治、经济、民生、国际局势等密切相关的新词语,以及"颜值"这类关系老百姓日常生活的流行新词,使论证语言更具时尚感,对受众更具有鼓动性。该例还做到了长短句结合,主体部分每段开头首先采用短句简明扼要地提出观点,接着则是用几个长句来论证评论当今国家兴旺的景象。例中还采用了比喻、夸张、引用、反问等修辞格式,以此来增加评论语言的感染力和吸引力。

(二)论证要严密,富有逻辑性

黎运汉、盛永生认为,政论语体语言表达具有逻辑性修辞特点。[①] 逻辑性突出地表现在概念明确、推理恰当、论证严密,从而科学地阐明自己的立场和观点,用雄辩的逻辑力量使人信服其观点和理论的正确性。政论语体在论证相关问题时要采用逻辑思维兼

---

① 黎运汉、盛永生:《汉语语体修辞》,暨南大学出版社2009年版,第147—160页。

顾形象思维的方法，把科学论证和形象描绘紧密结合起来，使论点更加突出，论据更加充分有力，论证更加周到严密，由此而做到以理服人。

第一，严密逻辑性的主要表现之一就是概念明确。概念明确突出表现在政治术语的使用上。例如：

西宁南北山绿化探索的一项重要创新机制是：由西宁地区的各部门、各行业划片承包绿化责任区。"建立分片承包责任制，分别与指挥部签订承包责任书，颁发林权证，明确土地使用权和林木所有权，使'谁种谁有'的政策落到实处。"青海省西宁市南北山绿化指挥部办公室常务副主任张奎表示，这样有助于把责任落到实处。（何聪、姜峰、王锦涛《从7.2%到75%（砥砺奋进的五年·绿色发展 绿色生活）——西宁坚持植绿高原改善生态的实践（上）》，《人民日报》2017年8月15日）

该例虽然篇幅不长，但运用了较多的政治术语。如"创新机制""承包责任制""绿化责任区""林权证""所有权"等，这些概念的正确使用，能有效地增强论证的效度，取得令人信服的效果。

第二，严密逻辑性还表现在判断恰当上。在论证过程中，除了正确使用判断句式外，还十分注意修饰语的恰当选择，由此而使论题在性质、数量、范围、程度、条件、时间等方面的界限更加明确。例如：

①十八大以来，习近平主席共计出访19次，累计133天，行程38万多公里，相当于绕地球飞行了近10圈。同期在国内会见外国元首、政府首脑165人次。在"一步一个脚印"的交往中，丰富和平发展战略思想，强调建立以合作共赢为核心的新型国际关系，倡导构建不冲突不对抗、相互尊重、合作共赢的新型大国关系，提出打造人类命运共同体的宏大倡议，一系列新理念新思想新战略相继成熟。（人民日报评论部《以"世界意识"成就共同梦想——开创治国理政新境界之五》，《人民日报》2016年1月15日）

②83.6米长，竖起来相当于30层楼的高度！近日，中国最长风电叶片在中部一家军工科研所旗下的科技公司下线。近年来，该所以实际行动推进军民融合，形成了科研与产业良性互动，经济规模达到90亿元，其中90%以上来自民品产业。（邓德洪《激活军民融合的春水》，《人民日报》2017年8月8日）

这两例都运用数字来说明问题。譬如例①句首的"19次""133天""38万多公里""近10圈""165人次"等数量短语的使用，有效地说明习近平主席为了维护世界和平所付出的努力，显得真实客观，言之凿凿，无懈可击。

第三，严密逻辑性还表现在论证的严密性上。论证严密是指以准确的事实为依据，做出恰当推理，不仅论证周全，而且方法多样。例如：

曾几何时，类似街头老人跌倒是否该扶、手机丢失向路人借用被拒等事件，激发社会广泛热议。虽属个案，但也突显了社会对道德失重的忧虑。硬币箱测试的结果却在一定程度上表明，善意并没有流失，社会的善心机制仍能够自循环。事实上，我们身边从来不缺弘扬真善美、传播正能量的楷模。下岗女工、全国道德模范房泽秋，三十六年如一日，悉心照顾孤寡老人；全国诚实守信道德模范刘延宝，因为一句承诺，世世代代守护烈士墓……他们的凡人善举，如一盏盏璀璨的明灯，点亮千家万户，照耀世人心灵。

(于保月《守护善意的"良币"》,《人民日报》2017年8月3日)

该例中,首先罗列了现实生活中引发争议的一些事件,比如是否要扶跌倒的老人、手机丢失向路人借用被拒等,以此为导引自然而然地提出目前社会对道德失重的严重忧虑问题。从反面实例入手引入讨论,然后列举道德模范房泽秋和刘延宝的凡人善举,以此证明善意并没有丢失。结论的得出,顺理成章,符合论证的内在逻辑机理。文章并没有空喊口号,而是有理有据,正反论证,并有效地运用了比喻、排比等修辞格,由此来强化论证的逻辑力量。

四、政论语体分体修辞特征

政论语体是为了评论社会政治生活而运用全民语言所形成的系列性语言特征的综合体,因此是基于社会政治领域而发生的语言功能变体。在语言使用上依据论证体与评论体的不同而分别表现出如下主要修辞特征。

(一) 论政体的修辞特征

黎运汉、盛永生认为,论政体是指党政团体及其领导人在论述或提出具有纲领性、指导性的意见、观点、建议等政治主张时所使用的一种言语体式,包括政治文件、重要会议纪要宣言以及党政领导的讲话和重要报刊社论等。[①] 论证体的内容往往涉及党团组织和政府的方针政策、国计民生、社会热点等重大事件,因此它在整个政论语体中占据着举足轻重的地位,不是一般人能随便使用的。

1. 词语应用特征

从词汇内容看,论政语体词语使用具有广泛性。由于政论内容所涉及领域很广泛,尤其是涉及社会政治生活的内容比较多,所以在词语运用上涉及各类社会政治生活的词语就很广泛。

第一,较多地运用政治性词语。像"文化自信""长征精神""新型政商关系""压倒性态势""和谐""民主""自由""制度""政党""社会主义""核心价值观""中国梦"等都是与时代社会政治生活紧密相连的政治性词语,经常会出现在论证体中。例如:

①新时代坚持和发展中国特色社会主义的基本方略"十四条":坚持党对一切工作的领导;坚持以人民为中心;坚持全面深化改革;坚持新发展理念;坚持人民当家作主;坚持全面依法治国;坚持社会主义核心价值体系;坚持在发展中保障和改善民生;坚持人与自然和谐共生;坚持总体国家安全观;坚持党对人民军队的绝对领导;坚持"一国两制"和推进祖国统一;坚持推动构建人类命运共同体;坚持全面从严治党。(根据十九大报告整理)

②中国与东盟国家友好合作关系是双方历代领导人精心培育的结果。2013年在庆祝中国和东盟建立战略伙伴关系10周年之际,习近平主席对印度尼西亚进行国事访问,提出共建21世纪海上丝绸之路、携手建设更为紧密的中国—东盟命运共同体的目标,

---

① 黎运汉、盛永生:《汉语语体修辞》,暨南大学出版社2009年版,第168页。

为双方关系发展指明了方向。同年,我首次出席中国—东盟领导人会议时提出"2+7合作框架"倡议,为中国—东盟合作规划了路径。5年来,双方关系经受住了国际和地区风云变幻的考验,形成了全方位、多层次、宽领域的立体合作格局。(李克强2017年在第20次中国—东盟领导人会议上的讲话)

例①中,"中国特色""十四条""深化改革""核心价值""绝对领导""一国两制""命运共同体""从严治党"等以及例②中"东盟""战略伙伴""海上丝绸之路""2+7合作框架""立体合作"等,都是政治性词语。它们经常出现在国家领导人的讲话或报告中,是政论语体在词语使用上的重要特色。

第二,专业术语的使用。为了阐述各种社会政治问题,往往会根据不同学科领域内容使用不同的专门术语。这些专业词语包括各种科学门类、各行各业中常用的术语,如经济学、文艺学、法学、哲学、工农业、交通运输等方面的科学术语和专业术语。当然,在使用术语的专门性上常常是低层次的,比如论述工业问题时会使用"产品""原材料"等普通术语,而一般不会用"点焊""无定形碳"等非专业人员不能够理解的特别专门的术语。例如:

各地、各部门和金融机构要把思想认识行动统一到党中央、国务院的决策部署上来,切实落实货币、财政政策对小微企业的支持措施,完善适应小微企业金融服务需要的金融组织体系,不断创新支持小微企业的金融产品和服务,大力拓展小微企业直接融资,健全小微企业融资担保和保险机制,持续推进小微企业信用信息体系建设,继续清理整顿小微企业金融服务不合理收费,改进和加强对小微企业金融服务的监督考核,切实提升金融服务小微企业的能力和效果。(马凯2017年在全国小微企业金融服务电视电话会议上的讲话)

该例是国务院副总理马凯在全国小微企业金融服务电视电话会议上的讲话。为了切合主题,做好指示,他运用了"小微企业""金融服务""融资""信息体系""担保""监督""考核"等经济领域的专业术语。这些专业术语的使用,符合政论语体的要求,与所表达的内容密切相关,做到了与主旨内容相适应。

第三,新词语的使用。论政体具有宣传鼓动功能,对社会的发展变化有极强的敏感性,所以当新生事物不断涌现时,也就会不断产生富有时代气息的新词语。例如"一带一路""高峰论坛""共赢"等,这些新词语都会在论政体中得到及时反映。例如:

①自动驾驶、城市大脑、医疗影像、智能语音……随着首批4个国家新一代人工智能开放创新平台建设启动,我国新一代人工智能发展规划从蓝图迈向实景,国内人工智能的技术研发和产业集聚进入发展快车道。我国人工智能越来越"能"。(吴月辉《我国人工智能越来越"能"》,《人民日报》2017年11月24日)

②加强产学研合作是打通创新链条、促进创新发展的重要支撑。望全面深入贯彻党的十九大精神,围绕实施创新驱动发展战略,依托"互联网+"和大众创业、万众创新等着力打造协同创新平台,汇聚众智众力,加快推动建立以企业为主体、市场为导向、产学研深度融合的技术创新体系,有力促进科技难题攻坚和成果转化,在培育壮大新动能方面取得更大进展,为增强我国经济的创新力和竞争力做出新贡献!(李克强2017年在第十一届中国产学研合作创新大会上的批示)

例①是《人民日报》的评论文章,讨论了"自动驾驶""城市大脑""医疗影像""智能语音"等近年来世界范围内都在探讨的新技术,对我国的人工智能进行了高度评价。这些与时俱进的新词语刷新了人们的认识,让大众见识到了新科技的力量。例②中的"产学研""创新链条""协同创新平台""互联网+"等也是目前新出现的一些事物词汇,在总理的批示中也屡屡出现。因为政论语体关注新兴事物,内容常常与时代同步,所以新词语使用的频率必然会很高。

第四,高频使用四字格词语。例如:

如果相关负责同志不敢承担责任、缺乏决断力,瞻前顾后、畏首畏尾、知难而缓、因难而退,结果就只能是以会议落实会议、以文件落实文件,不可能让好的正常发展举措真正落地见效。(马宏伟《改革攻坚需要决断力》,《人民日报》2017年5月25日)

例中,四字格词语"瞻前顾后、畏首畏尾、知难而缓、因难而退"的并列使用,使论证具有强烈的批判性,由此造成了一种强烈的文章气势。

2. 句子应用特征

论政体为了表意的需要,在句类选择上较多运用陈述句、祈使句;在句式选择上,经常同时使用长句和短句;从句型选用上看,主要运用主谓句,并较多运用复句,而且更多运用多重复句。例如:

制造业创新发展离不开企业、科研院所、高校、政府、协会等多元主体协同创新。然而,目前各类主体的创新行为尚未实现有效协同,这主要表现在四个方面:一是各类主体的目标不尽相同,价值取向有差异;二是组织管理、分工定位、利益协调等机制还不健全,各类主体的积极性和创新潜能没有充分发挥;三是交流互动不充分,创新资源配置效率不高,没有形成合力;四是协同创新的社会环境和社会氛围有待进一步培育。(曹江涛《提升制造业协同创新能力》,《人民日报》2017年5月26日)

该例中,第一句即为主谓句、陈述句,结构完整,语意清楚,语气坚决。第二个句子则为结构复杂的单句、主谓句、陈述句、长句。主语是"目前各类主体的创新行为尚未实现有效协同","这……进一步培育"为主谓短语充当的谓语,分别从四个方面展开论述,用以说明创新行为尚未实现有效协同的几种表现。

3. 辞格应用特征

在辞格运用方面,论政体较多运用比喻、排比、比拟、设问、对偶、对比引用、借代等修辞格。例如:

房子是应该经常打扫的,不打扫就会挤满了灰尘;脸是应该经常洗的,不洗也就会灰尘满面。我们同志的思想,我们党的工作,也应该打扫和洗涤。(毛泽东《批评和自我批评》)

比喻论证不是用一句"甲像乙"就可以表达完毕的,而是要"由甲推出乙"。论政体中的比喻论证,是用形象的比喻加强对论点的证明,是用比喻推理的方法,从一个事物的形象出发而推出一个抽象的道理,从而把深奥的道理说得浅显易懂,以增强论辩的说服力。在论证语言的组织上,比喻论证一般都要构拟成句群,这样才能从多个方面把道理说清楚,该例运用了比喻推理的方法,由"房子是应该经常打扫的""脸是应该经常洗的",推论出"我们同志的思想,我们党的工作,也应该打扫和洗涤"。喻体和本

体之间,由具体的事物形象推论出一般道理,是一种从这部分而推及那部分的推断关系。再如:

①语言是文化交流的重要载体,也是了解一种文化最好的钥匙。最近,中文因两个美国小女孩而在全球再掀热浪。美国总统特朗普的外孙女阿拉贝拉唱中文歌曲、背《三字经》和古诗,习近平主席认为"可以打A+";美国金融大鳄罗杰斯的女儿普通话发音标准、吐字清晰,被网友称赞"有成为中文播音员的潜质"。中文魅力如此,中华文化吸引力也可见一斑。(崔华滨《自信的文化应该流动起来》,《人民日报》2017年11月24日)

②在知识经济风口起飞的创业者,"臂非加长也""声非加疾也",是知识提供了杠杆。这是一种风向,更是一种取向:强调埋头苦干不等于一味蛮干,新三百六十行,哪一行都离不开创新。拥抱知识、技能和创新,是中国人口红利从"数量型"向"质量型"转型的必由之路,也是每一个个体放大人生价值的关键砝码。正所谓技多不压身、不看学历看能力,新时代这杆秤,比任何时候都掂得出一个人的真正分量。(何鼎鼎《让"劳动者"梦想成真——站在新时代的起跑线上》,《人民日报》2017年11月24日)

例①中,标题就用了比拟这一修辞格。文化是一个抽象的概念,本身是不会像流水一样流动起来的,但是不同的文化之间是会互相影响、互相传播的,从而流动起来。该句学习比拟辞格就使话语更简洁生动,表现力更强,同时也给人以想象的空间,平添了几分诗意。例①中,第一句话是一个暗喻句,将语言比喻成了解文化的钥匙。钥匙是人们生活中常用的一种开锁工具,而掌握一门语言其实也开启了通向另一种文化的大门,这是一个很恰当的比喻。例②中,"风口"指的是因无遮挡而风比较大的地方,比喻激烈尖锐的社会斗争前哨或艰难困苦的地方。处在风口,如果能迎风而上,则能翱翔千里,但同样也面临被风刮到深渊的处境。"知识经济风口"采用比喻手法意在指明当今世界知识经济高速发展,这是挑战,也是机遇;而"起飞"则是采用了比拟修辞格式来描写创业者,这显然是把创业者当作可以在空中展翅翱翔的飞鹏。"臂非加长也""声非加疾也"引自荀子《劝学》,引用辞格又起到了增强说服力的作用。例中还将"拥抱知识、技能和创新"比喻成砝码,将"新时代"比喻成"秤",使语言表达更加生动形象,语意更加深入浅出。

(二)评论体的修辞特征

按照黎运汉、盛永生的观点,评论体是针对当前社会中出现的比较突出的问题和现象而发表具有导向性观点时所使用的一种语言体式,包括评论员文章、社会、时评、短评、编后语、编辑部文章等。[①] 与论证体相比,评论体一般不具有政策性、权威性(个别的评论员文章除外),但具有舆论导向作用。评论体的使用范围很广,上至国际国家重大事件,下至日常生活琐事,都可作为评论内容。

1. 词语应用特征

从词汇语体色彩来看,评论体偏重于使用书面词语,但也会适当运用表现力较为丰

[①] 黎运汉、盛永生:《汉语语体修辞》,暨南大学出版社2009年版,第173页。

富的口语词,并把谚语、歇后语、俚俗语、惯用语等熟语作为重要的词语修辞手段,而对具有浓郁感情色彩词语的恰当利用则会更加凸显语言的生动性、形象性和感染力。例如:

人们常说一把手是标杆,是关键,是领头雁。"敲钟问响"这四个字,声声震耳,对把方向、带队伍、促改革的领头雁们来讲,既是新要求,更是新方法,必须勉力做到"重要改革亲自部署、重大方案亲自把关、关键环节亲自协调、落实情况亲自督察"。头雁勤,群雁能"春风一夜到衡阳";头雁惰,结果只会"万里寒云雁阵迟"。面对改革任务的千头万绪,领头雁们须臾不可懈怠。(周人杰《敲钟问响看头雁》,《人民日报》2017年8月8日)

该例中,"部署""督察""千头万绪""勉力""须臾""懈怠"等书面词语,突出了话语的严肃性和郑重性,以此来"敲钟问响"警示"领头羊们"必须要高度重视。由于是对具体正事的评论性话语,不是媒体郑重其事的社论或领导人的重要报告,因此穿插使用"一把手""领头雁""把方向""带队伍"等接地气的口头惯用语,使话语严肃中带有亲切感与轻松感。再如:

8月7日晚,内蒙古乌兰恰特大剧院长调悠扬、琴声激昂、舞姿翩跹、掌声阵阵,庆祝内蒙古自治区成立70周年文艺晚会《赞歌》在这里华彩上演。……"辽阔大地,山川绵延;各族儿女,携手同心;守望相助,幸福永远。"情景合唱《守望相助》道出的是内蒙古各族人民对党中央的感激之情,唱响的是全国人民高举民族团结旗帜、不忘初心继续前进的坚定决心。(《守望相助 赞歌悠扬——庆祝内蒙古自治区成立70周年文艺晚会侧记》,《人民日报》2017年8月8日)

该例中,"长调悠扬""琴声激昂""舞姿翩跹""掌声阵阵"等略带书面语色彩词语的连续使用,不仅简要描绘了充满欢声笑语的晚会现场,更为下文顺势做出的评论做了很好的铺垫。而"辽阔大地""山川绵延""各族儿女""携手同心""守望相助""幸福永远"六个四字格词语的连用,则更加鲜明地论证了内蒙古人民对党中央的感激之情。

2. 句子应用特征

评论体多是长短句子混合使用,并尽量做到骈句与散句的结合,从而形成了变化多端的句子使用特点。例如:

①时代在变,阅读和书店也必须应时而变。但社会节奏越来越快,人们回过头来发现,阅读其实是一种无可取代的"刚需",阅读带来的快乐并未走远。在书里,我们可以体会不同的生活,把自己置于不同的场景,可以谈一场浪漫的恋爱、可以来一次扣人心弦的探案、可以跟着科幻作家上天入地,也可以跟中外大师来一场哲学辩论。从匆忙的现实中短暂抽离,让思绪开一会儿小差,书让人的精神得以喘口气。无怪乎,阅读正重新成为一种潮流。在广州,全市图书馆一年接待超过1600万人次;城中各家书店里,随处可见人们捧一本书或坐或站,津津有味地读起来。(《实体书店能从"诚品现象"中学什么》,《广州日报》2017年7月21日)

②这里有绿浪簇拥的芬芳,这里有甜美浓郁的奶茶香,这里有哈达飘荡的深情厚谊,这里有守望相助的坚强如钢。第三篇章由一曲《美好家园》开启,让人领略的是

民族风情,感受的是中华民族一家亲,在场观众的心紧紧凝聚在一起。(张洋、金正波、谷业凯《守望相助　赞歌悠扬——庆祝内蒙古自治区成立70周年文艺晚会侧记》,《人民日报》2017年8月8日)

③阅读世界"最初的地方"因人而异。它可能是一本厚重的小说、一首轻灵的小诗,也可能是一个回味悠长的故事、一段跌宕起伏的人生,甚至是一句含义隽永的哲言。(宋咸《别冷落了马列经典的原乡》,《人民日报》2017年8月8日)

例①是长短句相结合的用例。例②利用排比手法构拟了一个长整句,结构整齐匀称,句子节奏分明,凸显出话语内里所具有的文气。例③中,第二句是一个散句,分句结构不相似,但有内在的逻辑关系,"最初的地方"像一根红线一样,将"小说""小诗""故事""人生""哲言"等有机地联系起来,构成一个整体。

3. 辞格应用特征

评论体以摆事实、讲道理为主,为了能够把问题说清楚,能够论证事理的合理性,常常会根据上下文语境条件创造各种修辞格。像排比、比喻、比拟、引用、设问、反问、对偶、反复等都是使用频率比较大的修辞格,而夸张、拈连、婉曲等则不常使用,出现频率较小。例如:

①成了合伙人,幸福来敲门。(侯云晨《砥砺奋进的五年　驻村蹲点话脱贫》,《人民日报》2017年5月24日)

②袅袅炊烟,青砖黛瓦,落落古树,乡村旅游盘活了绿水青山,美丽乡村化为"美丽"经济。(叶乐峰《把扶贫成绩写在百姓笑脸上(砥砺奋进的五年·驻村手记)》,《人民日报》2017年5月26日)

③程序"瘦身"(《人民日报》2017年8月11日文章标题)

④古人云:"身是菩提树,心如明镜台。时时勤拂拭,莫使惹尘埃。"良好家风的养成与修身养性一样,都是一个久久为功的过程。相比普通人,领导干部的家风更需时刻砥砺、不断修炼。为什么强调付出才能有收获?就是因为,权力的不当使用,会让孩子产生不劳而获的思想。为什么要孩子们比学习和艰苦朴素,而不是比家庭优越?就是因为惟俭可以养廉,惟俭可以兴家。为什么要孩子们懂得平等的真正含义?就是为了防止特权思想的滋生,消除腐败隐患。(任飓《"焦门家风"为何历久弥新(人民论坛)》,《人民日报》2016年12月27日)

以上例①②③中,运用了比拟和移就修辞手法,将"幸福""乡村旅游""程序"当成生命主体,并赋予人的动作"敲门""盘活""瘦身",显得十分生动。《程序"瘦身"》一文说的是北京住房公积金管理中心大力简化住房公积金提取流程和所需证明材料,让公积金业务流程基本实现一次性办结。作者运用现今十分流行的"瘦身"一词使评论语言颇有时代感和活泼感。"美丽经济"则是借助于上文"美丽乡村",把常用于"乡村""风景"等物象的形容词"美丽"移植过来用于描写对"经济"变化的感觉。例④中,首先采用引用修辞手法,用和尚神秀大师的一首诗,并在对比中引出话题——好家风的形成是一个长期的过程;然后接连创造了三个设问句引人层层思考,而这三个自问自答的设问句又同时形成了排比句式。通过接连提出并解答三个问题来加速读者的印象,并强调有付出才有收获的基本道理。要孩子们比艰苦比学习比付出,要孩子们懂得人人平等，以防止特权思想的滋生。正是作者一步步采用引用、对比、设问、排比等修辞手法，层层深入，步步强化论证，才逻辑性地得出"焦门家风"历久弥新的重要原因，使这一结论非常可靠，难以反驳。

第二节　知识应用与写作技能训练

利用所学政论语体基本理论与基础知识，在具体语境中根据要求进行政论语体语言应用训练和政论语体文写作实践，以培养和训练学生的政论语体语言应用能力和政论语体文写作能力。

一、政论语体知识应用训练

利用所学政论语体基本理论和基础知识，根据训练要求就如下语例做出讨论与分析，以培养和训练对政论语体理论知识的简单应用能力和综合应用能力。

（1）分析下列政论语体文的词语修辞特点。

①这五年，人们感受到法治社会的深入人心。无论是实行国家机关"谁执法谁普法"的普法责任制，推动领导干部成为尊法学法守法用法的模范，还是将法治列入社会主义核心价值观，推动全社会树立法治意识、增强法治观念；无论是健全公民和组织守法信用记录，完善守法诚信褒奖机制和违法失信行为惩戒机制，还是把信访纳入法治化轨道，保障合理合法诉求依照法律规定和程序得到合理合法的结果，这五年，法治社会建设扎实推进，自觉守法、遇事找法、解决问题靠法正成为全社会的广泛共识和自觉行动。

②得益于中国在互联网、大数据、云计算等领域的卓著进步，人工智能在国内发展迅猛。8月23日，以"创新创业创造，迎接智能社会"为主题的2017世界机器人大会，在北京亦创国际会展中心正式开幕。在可以预见的未来，中国的人工智能产业将在自动驾驶、智慧医疗、智慧金融、机器人等领域获得蓬勃发展。

③对于教材的普遍关注，折射出的正是社会对于教育手段科学性的高度期待。而对于编写教材的人来说，选用什么篇目，既要兼顾经典性、可读性，还要考虑文体、篇幅、深浅，是否适合特定年级教学的需要；既要着眼于语文素养的提升，又要贯穿"立德树人"的总体要求，还要考虑如何激发学生的兴趣，润物无声地融入语言教育、情感教育、审美教育，最后还要留给教师发挥的空间。教材绝不是简单的美文汇编，每一次改编，都无异于对全社会教育理念的一次冲刷。

（2）分析下列政论语体文的句子修辞特点。

①古人云，"不患位之不尊，而患德之不崇"。真善美，是人类文明的基本意涵，是公民追求的基本价值，也是社会进步的基本标尺。真善美的行为最能打动人，真善美的价值最能感化人。街头巷尾，青年志愿者义务整理凌乱的共享单车；公交车上，"90后"女护士跪地抢救心脏骤停的老人；危急时刻，年轻的女教师舍生忘死保护自己的学生……生活中，一些青春身影被真情点赞，正因他们闪耀着真善美的亮光，传递着真善美的能量。当代青年要在激情奋斗中绽放青春光芒，其青春的底色一定是真善美。

(《时常用真善美雕琢自己——二论"在激情奋斗中绽放青春光芒"》,《人民日报》2017年5月6日)

②"迢迢牵牛星,皎皎河汉女。"七夕是饱含浪漫色彩的中国传统节日,寄托了人们对美好爱情的期待、对心灵手巧的歌颂、对幸福生活的企盼。时代在变,但人们对于真善美的追求却是永恒的。通过特色民俗活动,帮助大家更全面、更深刻地理解节日背后的文化内涵,不仅有助于唤起民族的历史记忆,也契合现代人的情感需求。(银燕《传统节日承载美好期待》,《人民日报》2017年8月30日)

③什么是力量?你看不见,我讲给你听;你感觉不到,我帮你触摸;你走不稳,我扶着你……力量是无形的坚持,也是可感的帮助。杜诚诚帮助盲人"看"电影,其故事不仅如电影剧情般精彩,而且透着震撼人心的力量、温暖人心的感动。(王子潇《声音是看得见的光》,《人民日报》2017年8月14日)

(3) 找出下面政论语体文中所使用的修辞格式,结合上下文语境分析这些修辞格的功能和作用。

①"学而不思则罔,思而不学则殆。"拥抱真善美,贵在多思。思考的方式对了,再渺远也能从容抵达;思考的方式不对,近在眼前的东西也可能雾里看花。青年可塑性极强,处于训练思维方法、培养思维能力的关键时期,切不可自我放任、虚掷光阴。时刻保持对新事物的敏锐,让思考成为联结学习、观察、实践的主线,以思想的力量激活创新的细胞;持之以恒、久久为功,培养和运用好历史思维、辩证思维、系统思维、创新思维,就没有什么难题不能破解,没有什么功绩不能创造。(《时常用真善美雕琢自己——二论"在激情奋斗中绽放青春光芒"》,《人民日报》2017年5月6日)

②领读者,就是阅读推广人,就是愿意带领大家一起阅读的人。如果说,读书是一件幸福的事情,领读则是在创造着幸福;如果说,读者是一个美好的身份,领读者则是传播美好的人;如果说,读书是一件快乐的事情,领读则是双重的快乐;如果说,读者是一个美丽的称呼,领读者则拥有双份的美丽。朗读者,其实也是领读者,而且是借助了现代媒体的力量,用智慧的方式更为有效地传播,从而说出时代心声的人。通过《朗读者》,很多人成为我们这个时代的领读者,这也是领读者的骄傲。(朱永新《朗读者,读出时代心声》,《人民日报》2017年8月24日)

(4) 由于语境类型和交际功能的不同,排比修辞格在政论语体和文艺语体中的修辞功能各有侧重。政论语体中排比的修辞功能主要体现为说理评价和列举说明,而文学语体中排比的修辞功能主要表现为形象描绘和抒发感情。比较下面句中的排比,简要分析其修辞功能。

①经过长期努力,中国特色社会主义进入了新时代,这是我国发展新的历史方位。这个新时代,是承前启后、继往开来、在新的历史条件下继续夺取中国特色社会主义伟大胜利的时代,是决胜全面建成小康社会、进而全面建设社会主义现代化强国的时代,是全国各族人民团结奋斗、不断创造美好生活、逐步实现全体人民共同富裕的时代,是全体中华儿女勠力同心、奋力实现中华民族伟大复兴中国梦的时代,是我国日益走近世界舞台中央、不断为人类做出更大贡献的时代。(十九大报告)

②我们有不合格的股长,不合格的商务经理,不合格的银行家,和不合格的主席,

可是我们难得有不合格的母亲。(林语堂《中庸的哲学：子思》)

③每一株长髯飘拂的老榕起码总有两三百岁的年龄吧，想起它们经历的沧桑，想起它们倔强的生命，想起它们亲历了中国百余年来波澜壮阔的巨变，真不禁使人对于榕树感到深深的敬爱。(秦牧《榕树的美髯》)

(5) 政论语体中的四字格词语使用有一个突出特点就是将结构或意义相同或者相近的几个四字格一贯排开，连续使用，形成一个四字格连缀的组合。请结合下列语例分析四字格的结构和修辞功能。

①创新农村金融体制，放宽农村金融准入政策，加快建立商业性金融、合作性金融、政策性金融相结合，资本充足、功能健全、服务完善、运行安全的农村金融体系。(党的十七届三中全会《中共中央关于推进农村改革发展若干重大问题的决定》)

②要着力转变职能、理顺关系、优化结构、提高效能，形成权责一致、分工合理、决策科学、执行顺畅、监督有力的行政管理体制。(《2008年政府工作报告》)

③加强公民意识教育，树立社会主义民主法治、自由平等、公平正义理念。(十七大报告)

(6) 读习近平相关讲话片段，请从词语、句子、修辞格等方面分析其语言表现风格。

①中国将永远向世界敞开怀抱，也将尽己所能向面临困境的人们伸出援手，让我们的"朋友圈"越来越大。(从词语修辞的角度分析)

②全面贯彻实施宪法是建设社会主义法治国家的首要任务和基础性工作。(2012年习近平在首都各界纪念现行宪法公布施行30周年大会上的讲话)(从词语修辞的角度分析)

③全面深化改革进程中，遇到关系复杂、难以权衡的利益问题，要认真想想群众实际情况究竟怎样？群众到底在期待什么？群众利益如何保障？群众对我们的改革是否满意？(从句子修辞的角度分析)

④反腐倡廉必须常抓不懈，拒腐防变必须警钟长鸣。要牢记"蠹众而木折，隙大而墙坏"的道理，保持惩治腐败的高压态势，做到有案必查、有腐必惩，坚持"老虎""苍蝇"一起打，切实维护人民合法权益，努力做到干部清正、政府清廉、政治清明。(从句子修辞的角度分析)

⑤地位清高，日月每从肩上过；门庭开豁，江山常在掌中看。(从修辞格的角度分析)

⑥干部就要有担当，有多大担当才能干多大事业，尽多大责任才会有多大成就。不能只想当官不想干事，只想揽责不想担责，只想出彩不想出力。要意气风发、满腔热情干好，为官一任、造福一方。不能干一年、两年、三年还是涛声依旧，全县发展面貌没有变化，每年都是重复昨天的故事。(从句子、修辞格等角度综合分析)

二、政论语体写作技能训练

利用所学政论语体基本理论与基础知识，在具体语境中根据要求进行政论语体文撰制技能训练，以培养和训练学生的政论语体文写作能力。

（一）政论语体写作技能训练

训练话题 1 2017 年 8 月，台风"天鸽"为珠海、香港、澳门等地区带来重大破坏，其风力之大、降雨量之强使珠江口西岸地区遭受几十年一遇的罕见风灾，造成巨大损失。请以"发扬抗灾精神，修整环境，发展经济"为主题发一篇社论。

训练目标：培养政论语体文写作能力、观察社会的能力、评论性语言组织能力。

训练要求：

（1）寻找合适的切入点，自拟题目；采用希望式、号召式结尾。

（2）运用褒贬分明的表情性词语和鲜明有力的语言手段。情感真挚，语气果断有力，以增强鼓动性和号召性，从而激发人民群众的抗灾精神。

（3）对受灾地区的事实材料透彻分析，正确推理，严密论证，提出行之有效的针对性措施，避免喊口号、说套话。

（4）内容要有血有肉，思路要清晰，做到结构安排合理，内容条理清楚。

（5）篇幅不少于 500 字。

训练话题 2 假设你是《广州日报》的评论员，请为 2020 年东京奥运会开幕式写一篇评论文章。

训练目标：培养雄健格调控制能力、关注各行业焦点的能力、评论语体文写作能力。

训练要求：

（1）注意体育类行业用语的得体运用，做到褒贬色彩鲜明。

（2）话语要有鼓动性，做到风格谨严、雄健而庄重。

（3）要使用表达持重雄健话语格调的词语、句子和修辞格。

（4）思路要清晰，做到结构安排合理，内容条理清楚。

（5）篇幅控制在 1000 字左右。

训练话题 3 假设你是学校校报的评论员，阅读下面训练话题 4 中的社论，仿写一篇庆祝建校 50 周年的社论性文章。

训练目标：培养论证语体文结尾能力、结构安排能力、情感表达使用能力。

训练要求：

（1）热情洋溢地赞扬全体教职员工和全体学生的奉献精神，体现政论语体歌颂美好事物的功用。

（2）尽量使用庄重的书面词语。

（3）尽可能多地采用陈述句、感叹句。句意连接注意逻辑性，转接要严谨。

（4）可以运用结构大致整齐的对偶、排比、层递、反复等修辞格，使语言雄健有力。

（5）采用希望式、号召式结尾。

（6）内容要有血有肉，思路要清晰，做到结构安排合理，内容条理清楚。

（7）篇幅控制在 800 字左右。

训练话题4 假设你是学校校报的评论员，请阅读下面的社论并按照要求仿写一篇庆祝中国共产主义青年团建团100周年的文章。范文如下：

铸就新的钢铁长城（社论）
——庆祝中国人民解放军建军90周年

军旗猎猎，战歌嘹亮。伴随着强军兴军的铿锵步伐，中国人民解放军迎来了建军90周年。祝贺，90年来为民族独立、人民解放、国家富强建立不朽功勋的人民子弟兵！致敬，所有为国防和军队建设做出贡献的人们！

"没有一个人民的军队，便没有人民的一切。"90年前南昌起义的枪声，掀开了中华民族从苦难走向复兴的新一页。人民军队的诞生，让中国共产党从此有了自己绝对领导之下、忠实执行革命政治任务的武装力量，中国人民从此有了同自己血肉相连、全心全意为人民服务的子弟兵，中华民族从此有了实现独立解放和伟大复兴的坚强保障。

从那时起，他们从井冈山一路走来，走过人类历史上绝无仅有的万里长征，走过艰苦卓绝、浴血荣光的14年抗战，走过"将革命进行到底"的解放战争，走过戍边御敌、投身建设改革的光辉岁月，这支军队由小到大、由弱到强。它奠定了人民共和国坚不可摧的基石，肩负起捍卫和平、服务人民的千钧重担。近代史上饱受欺凌的中国，再也不会因"有军无力、有国无防"而含悲饮恨，中国人民因此而扬眉吐气、共享安宁。翻开共和国的史册，保家卫国、边疆建设、抢险救灾、撤侨护航、执行国际维和任务，哪里有危难，哪里就有子弟兵的身影，哪里有需要，哪里就是人民军队奋战的疆场。他们的奉献义无反顾，他们的牺牲感天动地，他们的功勋永远铭刻在人民心中。他们是坚如磐石的钢铁长城。我们党为拥有这样的英雄军队感到骄傲和自豪！全国各族人民为拥有这样的英雄军队感到骄傲和自豪！

历史把光荣镌刻在岁月深处，未来将严峻的挑战摆在我们面前。"世界正发生前所未有之大变局，我国正处于由大向强发展的关键阶段，我军正经历着一场革命性变革。"党的十八大以来，以习近平同志为核心的党中央始终把国防和军队建设放在实现中华民族伟大复兴这个大目标下来认识和推进，开启了奋力实现强军目标、建设世界一流军队的新征程。政治建军、改革强军、科技兴军、依法治军，为的是适应时代需要，推动人民军队转型重塑，赢得国际军事竞争优势，走好新的长征路。自我净化、自我完善、自我革新、自我提高，我们正锻造一支具有铁一般信仰、铁一般信念、铁一般纪律、铁一般担当的过硬队伍。

信仰是人民军队的旗帜。铸就新的钢铁长城，必须确保党指挥枪的原则落地生根。90年百炼成钢，是什么给了子弟兵一往无前的意志和勇气，是什么让人民军队以一当十、以弱胜强？是对党"唯一的、彻底的、无条件的、不掺任何杂质的、没有任何水分的忠诚"。听党指挥的政治忠诚，过去是、现在是、将来仍然是人民解放军战斗力和凝聚力的源泉，是我们这支威武之师立于不败之地的绝对保障。在实现强军目标的征程中，这一点任何时候都不能动摇。

改革是强军兴军的必由之路。铸就新的钢铁长城，国防和军队改革"是我们回避不了的一场大考"。根据习近平主席解决体制性障碍、结构性矛盾、政策性问题的要求，人民军队的组织架构、规模编制、制度体系正经历新中国成立以来前所未有的变革。把强军兴军作为补上综合国力短板的硬任务，将重心放到"能打仗、打胜仗"的目标上来，我们就一定能跟上世界军事变革的步伐，永葆胜利之师的活力生机。

90年风雨兼程，90年秣马厉兵。党和人民事业之所以能够不断从胜利走向胜利，一个重要原因，就是我们有人民解放军这样一支听党指挥、能打胜仗、作风优良的英雄军队。今天的中国，正站在历史性的关键节点。深入贯彻党的强军思想，坚定不移走中国特色强军之路，继续发扬人民军队光荣传统，着力培养有灵魂、有本事、有血性、有品德的新一代革命军人，让我们向着中华民族伟大复兴的目标，向前、向前、向前！
（《人民日报》2017年8月1日）

训练目标：培养仿写文章的能力、论证语体文结构安排能力、语言文字组织能力。

训练要求：

（1）根据所要表达的内容，仿照例文标题拟写社论题目。

（2）行文风格仿照例文语言风格，做到话语慷慨激昂，富有生命力、感染力、号召力，以树立全体青年学生尤其是青年学生团员的自豪感，并激发其为共产主义事业奋斗终生的热情。

（3）根据论证体修辞要求，结合例文修辞应用特征，有意识强化词语、句子和辞格应用的修辞运筹。

（4）内容要有血有肉，思路要清晰，做到结构安排合理，内容条理清楚。

（5）篇幅控制在1000字左右。

（二）评论体写作技能训练

训练话题1 文学院优秀校友张某毕业后回到祖籍所在地，自筹5万元创办小型竹产品加工公司。经过几年拼搏，张某已经成为创造150个工作岗位、年利润100万元的公司老板。在毕业20周年同学聚会期间，为鼓励师弟师妹们发奋学习，做德智体美全面发展的对社会有用的人，特决定每年为学院捐款5万元，设立奖学金，用以奖励品学兼优者。请就此事代文学院拟写一篇评论。

训练目标：培养评论体写作能力、立意能力、评论体题目构拟能力。

训练要求：

（1）查阅相关人物事迹，结合张某实际情况，寻找合适的切入点，拟定合适的题目。

（2）主题要突出，观点要鲜明。

（3）适度采用具有鼓动性描绘性的修辞格式。

（4）要广泛使用灵活多样的句式。

（5）尽量多使用口语化词语，适度选用专业术语和行业用语。

（6）篇幅控制在1000字左右。

训练话题2 "索菲亚"（Sophia）是第一个获得人类公民身份的机器人，沙特阿拉伯成为世界上首个为机器人授予国籍的国家。选择一个合适的角度谈谈你对人工智能的看法，评论目前的科学对人类的影响。

训练目标：培养引导舆论的能力、评论语体文结构安排能力、骈散句式运用能力。

训练要求：

（1）查询目前关于人工智能的发展情况和各方观点。依托近期发生的有新闻价值的事实，夹叙夹议。做到主题明确，观点鲜明。

（2）使用规范的书面词语，行业语的使用要注意科普性。

（3）句式使用注意长短相间、骈散结合，富有变化性。

（4）结构由引论、正论、结论三部分构成。

（5）篇幅控制在 1000 字左右。

训练话题 3 以习近平在十九大报告中提出的"不忘初心，方得始终"为话题，写一篇评论文章谈谈当代大学生的使命和责任。

训练目标：培养关注时事的意识、新词语应用能力、多样化表达手段运用能力、总分式结构布局能力。

训练要求：

（1）观察当今大学生所面临的社会形势，结合自己的大学生活，围绕主题，自拟题目。

（2）采用叙述、议论、描写、说明等表达手段。

（3）内容要具体，充满正能量。思路要清晰，结构要合理。

（4）词语使用要富有时代色彩，句式灵活，并构拟适宜的修辞格式。做到语言流畅，富有感染力。

（5）采用先总后分的结构，分述部分逐步推进。

（6）篇幅控制在 800 字左右。

第五章　科学语体及其修辞应用

【本章导读】 本章讲述科学语体及其修辞应用的相关问题。在对科学语体内涵、类型和修辞特点等基本理论知识进行讨论的基础上，根据科学语体分体状况设计编制了形式多样的知识应用和写作技能训练题目，以备师生开展针对性实践训练之需。

【教学目标】 通过教学，使学生了解科学语体的概念、类型与修辞特点，进一步从修辞学视角加深对科学语体的理解。熟悉并掌握科学语体的基本语用要求，通过实践训练培养并提高学生科学语体知识应用能力和科学语体文写作能力。

第一节　科学语体理论知识

一、什么是科学语体

"科学是反映自然、社会、思维等的客观规律的分科的知识体系。"[①] 科学语体则是指在科学、技术领域内进行交际时，交际者为准确系统地阐述自然、社会和思维现象，严密论证这些现象的规律性，运用全民语言所形成的系列性言语特点的综合体。科学语体作为书卷语体的一个分支是适应科学研究、普及和应用领域的表达需要而产生的，是全民语言的一种功能变体。其主要功能是准确而系统地叙述自然、社会和思维的现象，论证这些现象的规律性。

科学语体传递的是科学信息，这些信息所在的科技领域，既包括自然科学，也包括社会科学，既包括理论科学，又包括应用科学，凡阐述概念和规律的科技交流所建构的话语都是科学语体。不同的科学领域虽所用术语不同，阐述的科学现象不同，但是它们都有足够的科学术语和严密的表达方式。常见的文本体裁，如科学论著、学术论文、科学考察报告、实验报告、辞书、说明书、科普读物、科学教科书等，都是科学语体的表现形式。

二、科学语体的类型

根据交际对象主要是科学领域专家与学者，还是专家学者与广大群众，通常可以将科学语体分为专门科学语体和通俗科学语体。前者的典型表现形式有学术论著、论文、学术报告等，主要是反映科学研究的最新成果，全面系统地论述自然、社会或思维现象及其规律的一些新发现新认识，专业性和理论性很强。后者的典型表现形式有科普读物、科技说明书等，虽然传递的依然是科学信息，但由于面向的是非专业人士，为了让

[①] 中国社会科学院语言研究所词典编辑室：《现代汉语词典》（第六版），商务印书馆2012年版，第731页。

群众更容易理解，在话语的专业性和理论性上有所降低。

教科书处于专门科学语体与通俗科学语体之间。这是由于传授的对象是正在成长中的专业人士；传授的知识，一方面要深入浅出，易于学生理解，另一方面又需要一定专业性和理论深度。教科书算作专门科学语体和通俗科学语体之间的过渡类型。

根据表达方式、交际对象等的不同，将科学语体分为论著体、报告体、说明体和辞书体。本章将以表达方式作为分类依据，着重讨论论著体、报告体、说明体和辞书体的修辞特点及其实践训练问题。

三、科学语体修辞应用原则

"修辞是处于语言运用的第一层面的言语现象，语体是建筑在修辞上的较高层面的言语现象。"[①] 语体间的不同主要是由具有不同修辞特点的修辞手段来体现的。从整体上看，科学语体规制下的修辞应用必须坚持如下原则。

（一）内容阐述要客观

科学语体内容论述坚持客观性原则是由科学语体的内容和任务决定的。科学语体的内容都是客观存在的现象和规律，不以人的主观意愿为转移，不以人主观情感的变化而变化；科学语体的任务是准确而系统地阐述自然、社会和思维现象，并论证这些现象的规律。因此，科学语体文本一般排除感性的、体验性的语言表达，多采用理性的抽象的语言手段，以此来凸显内容阐释的客观性和真实性。

第一，在科学语体中较多使用词语的概念义，不使用甚至排斥词语的色彩义（感情义和形象义）；多使用书面词语和文言词语，不使用甚至排斥方言词语、口语词。例如：

牛顿第一定律：任何物体都要保持其静止或匀速直线运动状态，直到外力迫使它改变运动状态为止。

牛顿第一定律提出了两个力学基本概念，一个是物体的惯性，一个是力。第一定律指出，任何物体都具有保持其运动状态不变的性质，这个性质叫作惯性，所以第一定律也称为惯性定律。（陈颖聪《大学物理》）

该例中，"静止""匀速直线运动""外力""惯性""力"等都是单义的专有名词，仅表达相应的概念义。这种排斥感情义、形象义等色彩义的词语更客观更准确，更能凸显科学语体内容的客观性。

第二，为了突出内容的客观真实性，科学语体中往往会多使用陈述句，不使用感叹句、祈使句。例如：

自然系统是由若干自然要素构成的。自然要素即构成自然系统的物质成分或单元。它一般属于下一个层次的物质，具有与系统属性有所区别的属性。一个自然要素难以构成自然系统，构成系统的要素最少需要两个。只有两个及以上具有独特属性的要素相互联结、相互作用，才会构成系统这一有机整体。自然界是最大的自然系统。（高奇等编著《自然学导论》）

[①] 黎运汉、盛永生：《汉语语体修辞》，暨南大学出版社2009年版，第12页。

科学语体中陈述句占绝对优势，偶尔使用疑问句和祈使句，不用感叹句。科学语体目的在于阐述自然、社会和思维现象及其规律，通过判断推理得出结论，并把研究成果客观地描述出来。说写者在利用科学语体时主要扮演的是信息提供者的角色，因此语句主要是陈述语气。据王德春、陈瑞端的统计，科学语体使用陈述句的频率在95%到99%之间。[1] 该例中，从表意和语气来看，采用了陈述句、肯定句，由此来阐述自然界是个自然系统；从句子结构来看，多为主谓结构，或者依据上下文关系承前省略主语，结构完整，使语意表达更加真实客观。

（二）语意表达要准确

第一，语意表达要准确是说科学语体所用概念术语要明确，语义要确定，尤其是涉及数据时必须要做到精确无误。要避免使用表示不定量或可能情态的词语，如"大约""左右""大致""大概""差不多""也许""估计""可能""或许"等。科学术语、科学符号是特定科学领域专有的行业用语和专用符号，语义是单一的，一词一义。即使使用多义词，当被用作科学术语时在意义上也会加以严格限定。所以，同一学科领域内都会按照规定意义来使用，不会造成表意模糊、歧义现象。如"运动"是个多义词，有以下几个义项："物体的位置不断变化的现象"；"政治、文化、生产等方面有组织、有目的而声势较大的群众性活动"；"从事体育活动"[2] 等。如果用在物理学领域，"运动"含义一定是指"物体的位置不断变化的现象"，而不可能是其他意义。再如"聚合"一词，在化学领域是指"单体合成为分子量较大的化合物"，在语言学中则是指"在一特定上下文里一个语言单位具有的与其他单位的一组替换关系"。

第二，语意表达要准确是说要通过使用大量数据和图表来提高准确性。科学语体中经常会运用大量的数据和各式各样的图表对客体的量进行限定，使表意更加明晰而又精确。例如：

①由于微纳光纤中存在模式色散，可以利用不同频率光的不同模式满足相位匹配条件，实现三倍频的高效产生。2007年，Grubsky等人在直径为$0.5\mu m$，长度为$100\mu m$的二氧化硅微纳光纤中，输入$1.06\mu m$波长的纳秒光脉冲，产生了355nm的三倍频光，转化效率约为2×10^{-6}。2012年，Ismaeel等人研究了微纳光纤圈型谐振腔的三阶非线性效应，微纳光纤直径为$0.76\mu m$，恰能满足模间相位匹配条件，圈型谐振腔能使环腔内的泵浦光显著增强，当输入峰值功率为100W的脉冲光（$1.55\mu m$，4ns）时，可获得$0.5\mu m$附近的三倍频光，其转换效率约为3×10^{-6}。（伍晓芹、王依霈、童利民《微纳光纤及其应用》）

---

[1] 王德春、陈瑞端：《语体学》，广西教育出版社2000年版，第188页。
[2] 中国社会科学院语言研究所词典编辑室：《现代汉语词典（第六版）》，商务印书馆2012年版，第1613页。

②裂缝发育层段弹性参数和裂缝岩石物理参数

	$\alpha/$ (m·s^{-1})	$\beta/$ (m·s^{-1})	$\rho/$ (kg·m^{-3})	Δ_N	Δ_T
上覆层	5505.3	3009	2690	0.005	0.023
裂缝层	5386.5	2851	2595	0.18	0.5763
下伏层	5508.1	3055	2667	0.003	0.009

(陈怀震等《基于方位各向异性弹性阻抗的裂缝岩石物理参数反演方法研究》)

例①中,以 Grubsky 和 Ismaeel 为代表的两项研究都证明了"可以利用不同频率光的不同模式满足相位匹配条件,实现三倍频的高效产生"。通过数据的对照展示(微纳光纤直径:"0.5μm"对"0.76μm";纳秒光脉冲波长:"1.06μm"对"1.55μm";转化效率:"2×10^{-6}"对"3×10^{-6}")使研究显得更准确更有说服力。例②中,"上覆层""裂缝层""下伏层"间数据的对比更加准确地表明三者之间量的关系。

(三)论证过程要严密

严密即严谨而周密。科学语体中,为了探究客观规律,说明事实真相,在论证过程中必须要做到严谨周密。

第一,较多使用长单句和多重复句。长单句是指句子主干成分如主语、谓语因附加较多的限制性成分而增加了句子长度,从而有利于将复杂的客观事实与规律表述完备与严密。例如徐辉主编的《分子生物学理论与常用实验技术》中的句子使用:

①人类基因组计划加速了前所未有的人类及其他物种新基因的发现及其功能研究的速度。(第13页)

②而作为人类基因组物理图谱的组成部分的最基本层次的"细胞遗传图",是统一物理图与遗传图的根本之图。(第15页)

③随着人类基因组计划的快速发展,生物信息学技术在人类疾病与功能基因的发现与识别、基因与蛋白质的表达与功能研究方面都发挥着关键的作用。(第17页)

④生物的基因表达不是杂乱无章的,而是受着严密、精确调控的,尽管我们现在对调控机制的奥妙所知还不多,但已经可以认识到,不仅生命的遗传信息是生物存在所必需的,而且遗传信息的表达调控也是生命本质所在。(第21页)

例①②③中三个句子的主干分别是:人类基因组计划加速了发现及其速度;细胞遗传图是根本之图;生物信息学技术发挥着关键的作用。句子中的其他成分都分别是复杂的限定性定语和状语,正是由于它们的存在,使各个单句的长度增加了,代之而来的是表意更为严密和准确了。科技语体中较多运用多重复句来反映科学内部错综复杂的关系,关联词语作为显性关系标志使句子之间的逻辑关系更为明确。例④就是采用二重复句来表达的句子,"不是……而是……""尽管……但……""不仅……而且……"都凸显了小句之间的逻辑关系。

第二,要严格按照逻辑或事理关系组织篇章。如何将层次复杂的关系条理分明地表述出来是科学语体的重要任务之一。段落和段落之间如何衔接、整个篇章结构如何组织成连贯整体,这些都影响科学语体的严密性。最常用的手段是使用基数词(一、二、

三……)、序数词(第一、第二、第三……),或使用表示先后顺序的"首先、其次、最后"等来组句成段,组段成篇。例如:

①   实验五 哺乳动物基因组 DNA 的提取

操作步骤:

1. 取 0.2g 鼠肝,用冰冷的生理盐水冲洗 2 次,在冰浴上研磨至无明显组织块存在。
2. 将匀浆移至 1.5ml 离心管中,5000rpm 4℃离心 1min,弃上清……(徐辉主编《分子生物学理论与常用实验技术》)

②合理性问题特别是技术合理性问题凸显为当代哲学研究中的一个重要课题,有其深刻的<u>实践背景</u>和<u>理论缘由</u>:<u>在实践上</u>,……;<u>在理论上</u>,……技术价值二重性在实践中的表现使合理性问题凸现,对技术理性的批判,使技术合理性理论形成。

首先,从实践方面看,技术价值二重性在实践中的表现使合理性问题凸现……

其次,从理论方面看,对技术理性的批判,使技术合理性理论形成……(王树松《论技术合理性》)

例①直接用基数词描述实验的先后步骤,这是科学研究必须遵循的顺序,是事物之间关系的体现。例②中"首先""其次"标识出语段之间的关系。第一段中,句子之间的照应和衔接也使语句之间的关系明确,逻辑严密。先总说"合理性问题有深刻的实践背景和理论缘由",然后紧承上句分说"在实践上"和"在理论上"如何,最后又总结"技术价值二重性在实践中的表现使合理性问题凸现,对技术理性的批判,使技术合理性理论形成"。下文与其对应,用"首先""其次"分论这两个观点,这些表达手段使语段之间关系紧密连贯。

(四) 语言手段要简约

简约是指用最经济的语言来表达丰富的内容,做到辞约而意丰。科学语体中,尤其偏爱单音节、缩略语、符号、图标、公理、公式等重要手段,以使辞约而意丰。例如:

①鳞叶藓

植物体略具光泽,扁平状匍匐生长,少分枝。叶在茎上斜展,呈 2 列状扁平排列,假鳞毛多数,三角形,叶卵形,先端锐尖,基部不对称,双中肋细弱,叶缘有细齿。孢子体少见。(秦祥坤《上海城区野生高等植物图谱》)

②取任意形状的一块流体微团,如图 2-8,在 t 瞬时取微团中的 A 点作为中心,其速度为 u_A, v_A, w_A,则其邻点 P(坐标相对于 A 点而言是 Δx, Δy, Δz)的速度可表为

$$u_p = u_A + \frac{\partial u}{\partial x}(\Delta x) + \frac{\partial u}{\partial y}(\Delta y) + \frac{\partial u}{\partial z}(\Delta z)$$

(钱翼稷编著《空气动力学》)

例①中,"略"(略微)、"具"(具有)、"状"(形状)、"斜展"(斜着展开)、"呈"(呈现)、"缘"(边缘)等单音节词的使用使语言更简洁,书面性更强。例②则使用了特定的专业符号、公式,使语言表达更简洁准确,避免了文字表达上的繁复。这两例在语言手段使用上都做到了简洁明了。

四、科学语体分体修辞特征

论著体的代表体式是学术著作体与学术论文体，报告体的代表性语文体式是科技实验报告、科技研究报告、文献综述与述评等。它们在修辞应用上更多具有同质性，差异性则较少。本教材将分别讨论它们的共同性和差异性修辞特征，以此来呈现作为论著体（报告体）的修辞应用特征。

（一）论著体（报告体）的修辞特征

论著体（报告体）的基本修辞特点是使用比较多的专业术语和科学概念，使用较多的精确数据，并大量采用表格、图表等手段。

1. 论著体与报告体共同性修辞特征

论著体和报告体在词语、句子和辞格使用上都具有大致相同的特征。

第一，词语应用特征。论著体和报告体大量使用科学术语、外来词、国际通用语等，书面词语较多，不使用表情性、夸饰性词语。例如：

裸小鼠是由于11号染色体上的裸基因（nu）突变导致T淋巴细胞缺陷、先天性无胸腺的小鼠。其主要特征是无毛、无胸腺、T细胞功能低下，但是B细胞基本正常，成年鼠NK细胞活性较高，粒细胞数较低。常用裸小鼠品系有：BALB/c－nu、Nc－nu、C57BL/6－nu、NIH－nu、C3H－nu等。（温瑞兴、肖向茜主编《药理学实验教程》）

该例中，加线部分都是药理学常用的专业术语。意义单一确定的专业术语，在论著体中常成系统地使用，从而保证了内容的客观性与论述的严谨性。

第二，句子应用特征。论著体和报告体多使用陈述句、常式句、长句、多重复句。例如：

爱利亚学派的芝诺，作为巴门尼德的学生，做了很多关于运动不可能的辩护。他提出了四组悖论来证明运动、变化在逻辑上是不可能的。其中最著名的便是"飞矢不动"：飞着的箭在任何瞬间都是既非静止又非运动的。如果瞬间是不可分的，箭就不可能运动，因为如果它动了，瞬间就立即是可以分的了。但是时间是由瞬间组成的，如果箭在任何瞬间都是不动的，则箭总是保持静止。所以飞出的箭不能处于运动状态。（刘大椿等《一般科学哲学史》）

该例中都采用陈述句来表意，适于直接传递信息。表述主体隐于文后，选择其他对象为主语，采用主谓结构的常式句（主语加"＿＿"，谓语加"＿＿"），使信息表述完整而客观。关联词语显现的多重复句（加"＿＿"部分）使小句间的逻辑关系更加明确，论述更加严密。

第三，辞格应用特征。论著体和报告体的语言更强调消极修辞，注重规范合格，语意准确甚至精确，要力避歧义和多义现象。像双关、反语、夸张、象征、互文、婉曲、曲说等有字里字外两层意思的辞格在科学语体中都是坚决予以拒绝的。论著体和报告体要求客观阐述科学现象与规律，避免说话者主观情绪的表达，意在突出说话者主观感情和增强抒情性的辞格，如反问、反复、移就等都有违客观真实原则，因此都被排除在适用范围之外。尽量避免使用，不等于不使用。如果要用修辞格，则以使用比喻、设问、引用等较为常见。例如：

①经济学被称作"社会科学的女王"，不仅是因为它研究的对象客观而明确，也因为它的定量化及数学化程度最高。（杨静等《大众数学史》）

②语言材料、语言手段中的各种修辞方式中具有语体色彩的成分都可以充当语体手段，它们在形成各类语体中都具有十分重要的作用，是语体特点赖以表现的必不可少的物质因素。

那么，各种修辞手段中有哪些语体手段呢？它们在各种语体中的适应性和作用如何呢？现分别叙述如下：

1. 语音修辞中的语体手段……
2. 词汇修辞中的语体手段……（黎运汉《黎运汉修辞·语体·风格论文选》）

③吕叔湘先生曾经指出："假设句和因果句息息相关。"这个论断十分精确。"要不是 p 就 q"句式，实际上是借假设的形式来表达因果的内容。那么，既然本来就是因果关系，为什么不直截了当地使用因果复句，而要使用假设复句呢？这就需要从修辞的角度来回答这个问题了。（邢福义《语法问题探讨集》）

在使用比喻时，目的不在于进行形象地描写，而在于用常见熟悉的事物来譬喻深奥、抽象的科学现象，使读者易于理解。例①用"社会科学的女王"来说明经济学在社会科学中的地位之高，使语意更明确、更易于理解。例②用设问辞格。科学语体中使用设问的目的除了引起读者注意外，多是为了提起下文，以起到语篇衔接或过渡作用。有时为了论证自己的观点，往往会引用有权威性和说服力的话和数据。像例③中，上文一直在论述"从语法上看，'要不是 p 就 q'句式是一种有明显特点的假设句式。这种句式在形式上构成假设复句，在内容上则表达了事物之间事实上或推论上的因果联系"。此处引用语言学家吕叔湘的话，就是为更进一步证明上文论述的正确性。

2. 论著体与报告体差异性修辞特征

论著体与报告体虽然都是对学术研究成果的论证与表述，但是它们之间除了修辞应用的相同性外，还存在着一定的差异性。

第一，语言表达的差异性。论著体采用的是论证性语言，报告体采用的则是记叙性语言。论著体的基本特点是通过严密的逻辑论证来证明科学规律时，使语言呈现逻辑推理和逻辑论证的特征；报告体是以科技报告的形式及时对某调查研究情况、对某科技研究、发明或开发工作的进展情况进行记录时使用的一种言语体式，采用记叙性语言（也即纪实性语言），不需要推理论证。例如：

巴门尼德（约前515—前450）是另一位伟大的西方思想家，他认为，<u>变化是一种幻觉，并且在逻辑上是不可能的</u>。"如果存在有变化，它一定产生于非存在或者产生于存在。如果产生于非存在，它就产生于无，这是不可能的；如果产生于存在，那么它是产生于自身，这就是说，它同它自身是同一的，过去一直是同一的。因此存在只能产生于存在，并且是一个永恒的不变的存在。"（刘大椿《一般科学哲学史》）

该例中加"＿＿"部分是巴门尼德要证明的观点。下文采用了演绎推理的方式进行证明。采用了反证法和假言推理的形式。"如果……就……""因此"等都是论证性语言的典型语言手段。再如：

锌肥在小麦上的肥效实验报告

为确定土壤中微量元素临界值、潜在的缺素面积以及微量元素适宜用量，进一步推进测土配方施肥工作的开展，虞城县按照河南省土壤肥料站的锌肥试验要求，安排了本试验。

一、材料与方法

（一）实验材料

试验于 2014 年 10 月至 2015 年 6 月安排在虞城县站集镇葛窑村葛长领的责任田里。供试土壤类型为潮土类、黄潮土亚类，土属壤土、土种底砂两合土，耕层质地为壤土，高产田，肥力均匀，地势平坦，排灌方便。小麦播种前整地时采集耕层土壤化验：有机质含量为 17.1g/kg，全氮含量为 0.93g/kg，有效磷含量为 18.5mg/kg，速效钾含量为 112mg/kg，有效铜、有效锌、有效铁、有效锰含量分别为 1.23mg/kg、0.87mg/kg、15.71mg/kg、12.63mg/kg，pH 酸碱度为 7.9（2.5∶1）。前茬作物为玉米，每 667m² 产量 550kg。供试作物为小麦，品种为众麦 1 号。供试肥料为"$ZnSO_4 \cdot 7H_2O$"，由萍乡硫酸锌成源专业厂家提供。

（二）实验方法

试验田设 3 个处理，重复 3 次，各处理随机区组排列，设立保护行，试验小区面积 66.6m²，各小区间隔 60cm。

处理 1：农民常规施肥（对照，不施含锌肥料）；

处理 2：对照处理 1 + 每 667m² 底施 $ZnSO_4 \cdot 7H_2O$ 1kg；

处理 3：对照处理 1 + 每 667m² 底施 $ZnSO_4 \cdot 7H_2O$ 2kg。

……

试验在当地常规施肥的基础上进行。常规施肥为：整地时每 667m² 底施 45% 的配方肥（25-12-8）50kg，3 月 11 日每 667m² 追施尿素 15kg，3 月 12 日浇水 1 次。试验田小麦于 10 月 14 日播种，每 667m² 播量 13kg。按试验方案的要求，锌肥与配方肥同时底施。6 月 15 日分小区收获，晒干计产，收获前对各小区进行田间调查与考种。试验除按方案要求底施锌肥外，其他管理措施同一般大田。

二、结果与分析

（一）底施锌肥对小麦生物学性状的影响

表 1　田间调查与考种统计

处理	株高/cm	茎粗/cm	穗长/cm	亩穗数/万	穗粒数/粒	千粒重/g	冻穗率/%
1	69.4	0.43	6.7	37.3	28.5	34.9	26.8
2	69.7	0.43	6.7	37.5	28.7	35.2	26.3
3	69.6	0.43	6.7	38.0	29.0	35.5	24.2

注：表中数据为 3 个处理 3 次重复的平均数。

由表 1 可以看出，底施锌肥的处理 2、处理 3 与对照处理 1 相比，株高、茎粗、穗长变化不明显，但亩穗数增加 0.2 万穗、0.7 万穗，穗粒数增加 0.2 粒、0.7 粒，千粒重增加 0.3g、0.6g，同时病穗率减少 0.5 个百分点、2.6 个百分点。说明小麦底施锌肥可增强小麦抗寒能力，增加亩穗数、穗粒数和千粒重……

（二）底施锌肥对小麦产量的影响

……

三、结论

试验结果表明：在当地常规施肥的基础上，对于缺锌或潜在缺锌地块，底施锌肥 $1\sim2kg$，与不施锌肥相比，能促进小麦根系生长，能增强小麦抗寒能力，增加亩穗数、穗粒数和千粒重；每 $667m^2$ 增产 $7\sim17.5kg$，增长率在 $2.2\%\sim5.6\%$，处理间产量差异达显著水平。经过土壤检测化验缺少锌元素的地块在小麦上有必要使用锌肥。（谢丹丹《锌肥在小麦上的肥效试验报告》）

该例是一篇实验报告，属于典型的报告体。为了测试"锌肥在小麦上的肥效"，作者设计了试验，翔实地记录了试验材料、试验方法、试验结果。通篇采用的都是陈述句记叙试验的时间、地点、土壤类型、耕层土壤类型，以及各种元素的含量、实验小麦种类、锌肥类型及其来源等。这些都是说明性语言。试验方法中叙述了具体的试验过程，何时做什么。整篇试验报告采用的只有叙述、说明表达方式，不需要推理、论证等论证性语言。该报告采用了大量的数据来说明试验结果的正确性。大量的科学术语和表格使表达准确而简约。对图表的说明（加"＿＿"部分）采用复杂单句结构，宾语是多重复句结构，显现的关联词语使小句间逻辑关系明确。试验目的采用了复杂的多层状语的单句（加"＿＿"部分）。这些都使表达更准确更严密。通篇用客观的语言记叙事实，没有采用任何表达主观情感、增强语言生动形象性的修辞手段。客观、科学、严密、准确的语言特点符合科学语体的修辞要求。

第二，篇章结构的差异性。论著体通常包括标题、作者、摘要、关键词、引言、正文、结论、致谢、注释、参考文献等结构要素，在篇章结构处理上常常以章节形式来安排篇章结构。报告体由于自身特殊性在这些结构要素的要求和布局上则有所不同。根据《科学技术报告编写规则》（GB/T 7713.3-2014）①，科技报告一般包括三个组成部分：前置部分（封面、封二、题名页、辑要页、前言、致谢、摘要、目次、插图和附表清单、符号和缩略语说明）、正文部分（引言、主体、结论、建议、参考文献）、结尾部分（附录、索引、发行列表、封底）。主体部分也可以根据需要划分章、节。由于涉及的学科、选题、方法、工作进程、结果表达、写作目的等不同，主体部分的内容可能会有很大的差异，但都包括相关工作的基本理论、研究假设、研究方法、实验方法、研究过程等。

（二）说明体的修辞特征

说明体是主要采用说明表达方式向非专业人士介绍、普及科学知识时使用的一种言语体式。目的在于介绍说明某种产品、某个科学现象的构成、形成、特征、原理、功用、操作方法、注意事项等。② 典型的说明体有科普作品、说明书等。说明语体在保证

---

① 国家科技报告服务系统网 http://www.nstrs.cn/Admin/Content/Artile Details.aspx?arid=4587&type=2。
② 黎运汉、盛永生：《汉语语体修辞》，暨南大学出版社 2009 年版，第 139 页。

科学语体最基本修辞要求的前提下，相对于论著体（报告体）来说语言要浅显得多，要做到通俗易懂。

1. 词语应用特征

说明体中往往用通俗化语言来表达抽象枯燥的数据，适当使用俗语、成语、谚语、俚语、口语词等，也经常使用专业术语。例如：

水从何处来

地球上如此庞大的水体从何处来呢？这是一个十分耐人寻味的题目。有人也许会不加思索地回答，水是从天上降落下来的，天上不是有下不完的雨嘛！天上的雨落到地面，汇集成江河湖泊，最后百川归大海，集结成浩瀚的海洋。

地球上的水真的是从天上来的吗？果真如此，那么，使地球上现在储存着的水全部化为水汽，大气应该能够容纳下这份水量而且是绰绰有余。事实上，单单是海水的重量就超出了大气总重量的280倍。由此可见，地球上的水来自天上岂不成了无稽之谈。

应该认识，人们司空见惯的下雨现象，不过是地球上很小一部分参与循环的水变化的结果。这部分水量不过只占地球总水量的二千六百分之一，只是一丁点而已。

那么，地球上的水究竟来自何方呢？这个令人费解的问题经常吸引着人类的先进智慧为之探索。虽然现在还没有得出确实的结论，但比较多的学者认为，地球上的水来源与地球的发生和发展是休戚相关的。这里，让我们稍微追溯一下地球的演变历史。

地球是太阳系的一颗行星。根据星云说的理论，大约在46亿年以前，弥漫无际的太阳星云发生收缩，中心部分逐渐形成太阳，边缘部分逐渐形成包括地球在内的九大行星，以及为数众多的小行星和卫星，组成一个太阳系。

刚从太阳星云中分化出来的原始地球，结构比较松散。从整体上看，它像一个接近均质的球体。由于重力作用，地球的体积渐渐收缩着，结构日趋严密，体积日益变小。地球的内部也不是一个不平静的世界，隐藏在地球深处的放射性元素夜以继日地进行着元素蜕变，释放出巨大的能量，使地球内部的温度逐渐升高。物质的可塑性越来越大。于是出现了物质分化，轻者上浮、重者下沉，逐步形成包括地壳、地幔和地核在内的地球圈层。

地球最外的一个圈层，称地壳。地壳相对于整个地球而言，是薄薄的一个层次，其厚度在5～75公里之间。我们不妨打一个形象的比喻，如果将地球比作一个鸡蛋。那么，地壳颇像鸡蛋最外的一层蛋壳。初生的地壳特别脆弱，经受不住内部物质的强烈冲击，因而火山爆发十分频繁。呼啸而出的火山喷发物含有大量的水汽，弥漫于地球外围的空间。一旦地球冷却水汽凝结成云，乌云化雨从天而降。这场空前绝后的倾盆大雨曾经是夜以继日无休止地下了几千年，地球处于大雨的淋浴之中。降落下来的雨水向地球表面低洼处汇合，于是原始海洋应运而生。

所谓原始海洋，自然不如现代海洋浩瀚渊深。其水量大约只有现代海洋的十分之一。古人有言，"不积细流，无以成江海"。以后，由于地球结构水的不断加入，日益壮大了水的队伍，这才逐步形成气吞山河，浩瀚壮观的现代海洋。（丁中原编著《水的世界》）

该例作为科普作品,主要向读者说明"地球上如此庞大的水体从何处来",即地球上水的来源问题。该例使用了科学术语,如"水循环""星云说""行星""卫星""太阳系""地壳""地幔""地核"等;说明数量关系时使用了抽象数据,如"280 倍""二千六百分之一""5~75 公里"等。为了让读者能够更容易理解,在说明"5~75 公里"厚的地壳与地核、地幔之间的关系时,则将地球比作鸡蛋,把地壳比作蛋壳,使数量关系更加形象化。同时,也运用了口语词(如"一丁点""嘛""真的"等)使语言显得浅显易懂。文中还用了较多具有文学色彩的成语,如绰绰有余、倾盆大雨、空前绝后、无稽之谈、休戚相关、耐人寻味等,并引用了名言名句,由此来说明道理并引起读者的兴趣。

2. 句子应用特征

说明体中,经常使用描述性语言,但也夹杂使用论证性语言。从句子使用看,单重复句、多重复句、陈述句、祈使句、无主句、疑问句等都会用到。

第一,复句的使用。例如:

① <center>聚乙烯醇滴眼液说明书</center>

药品名称:聚乙烯醇滴眼液

汉语拼音:Juyixichun Diyanye

成分:本品每支含聚乙烯醇 7 毫克。辅料为聚乙烯吡咯烷酮,氯化钠,注射用水。

性状:本品为无色澄明液体。

作用类别:本品为眼科用药类非处方药药品。

适应症:<u>可作为一种润滑剂预防或治疗眼部干涩、异物感、眼疲劳等刺激症状或改善眼部的干燥症状。</u>

规格:1.4%

用法用量:旋转上瓶盖可轻易开启。滴眼,根据需要适量滴于每只眼。

不良反应:偶有眼部刺激症状和过敏反应。

注意事项:……

② <center>左氧氟沙星片说明书</center>

【药品名称】通用名称:左氧氟沙星片　　商品名称:可乐必妥　　汉语拼音:Zuoyangfushaxing Pian

【成分】本品主要成分为左氧氟沙星,其化学名称为:(-)-(S)-3-甲基-9-氟-2,3-二氢-3-甲基-10-(4-甲基-1-哌嗪基)-7 氧代-7H-吡啶并[1,2,3-de]-[1,4]苯并恶嗪-6-羧酸半水合物。

分子式:$C_{18}H_{20}FN_3O_4 \cdot 1/2H_2O$

分子量:370.38

【性状】本品为淡粉色椭圆形薄膜衣片,除去薄膜衣后显白色至淡黄色。

【适应症】为减少耐药菌的产生,保证左氧氟沙星及其他抗菌药物的有效性,左氧氟沙星只用于治疗或预防以证明或高度怀疑由敏感细菌引起的感染。在选择或修改抗菌药物治疗方案时,应考虑细菌培养和药敏试验的结果。如果没有这些试验的数据做参考,则应根据当地流行病学和病原菌敏感性进行经验性治疗。

在治疗前应进行细菌培养和药敏试验以分离并鉴定感染病原菌，确定其对左氧氟沙星的敏感性。在获得以上检验结果之前可以先使用左氧氟沙星进行治疗，得到检验结果之后再选择适当的治疗方法。

<u>与此类中的其他药物相同，使用左氧氟沙星进行治疗时，铜绿假单胞菌的某些菌株可以很快产生耐药性。</u>在治疗期间应定期进行细菌培养和药敏试验以掌握病原菌是否对抗菌药物持续敏感，并在细菌出现耐药性后能够及时发现。<u>左氧氟沙星口服制剂和注射剂可用于治疗成年人（≥18 岁）由下列细菌的敏感菌株所引起的下列轻、中、重度感染。</u>如静脉滴注对患者更为有利时（如患者不能耐受口服给药等）可使用左氧氟沙星注射液。

1. 医院获得性肺炎
2. 社区获得性肺炎
3. 急性细菌性鼻窦炎
……
11. 吸入性炭疽（暴露后）

例①②都是说明书，都对药物的成分、性状、作用类别、适应症、规格、用法用量、不良反应、注意事项等做了说明。这种不带主观感情色彩的表达方式，加上陈述句、常式句、科学术语和精确数据的使用，凸显了科学语体客观准确的特点。说明书通常面对的是非专业人士，要求语言浅显明白、通俗易懂。例①句子简短，除了划"＿＿"部分句子略长、结构较复杂外，其他句子都为简单的主谓宾或省略主语的动宾结构，并且词语使用简单明了。例②中，复杂长单句较多（划"＿＿"部分），单重复句和多重复句使用都较多。正因为如此，用以表示逻辑关系的词语相应地也比较多，例如"为""如果……则""以（表目的）""以……并""先……再"等，由此表明了多种多样的语义关系。

第二，祈使句的使用。有些重在说明工具、仪器等具体操作方法的一些科普性著作，在采用说明性体式时会采用极少量的祈使句句式。有关学者的研究成果表明，祈使句在科学语体中的出现率在1%左右。① 例如：

螺钉旋具主要有一字螺钉旋具和十字螺钉旋具两种……

在使用螺钉旋具时，右手握住螺钉旋具，用手心抵住柄端，螺钉旋具与螺钉同轴心，压紧后用手腕扭转。松动后用手心轻压螺钉旋具，用拇指、中指、食指快速扭转。使用长杆螺钉旋具时，可用左手协助压紧和拧动手柄。

注意：刀口应与螺钉槽口大小、宽窄、长短相适应，刀口不得残缺，以免损坏槽口和刀口。不准将锤子敲击螺钉旋具当錾子使用；不准将螺钉旋具当撬棒使用；不可在螺钉旋具口端用扳手或钳子增加扭力，以免损伤螺钉旋具杆。（李勇主编《汽车发动机结构与拆装》）

该例主要介绍了螺钉旋具的类型、用法及注意事项。在说明注意事项时，适度采用了表示禁止的祈使句。祈使句的语用功能是要求人们做或不做什么事，这与"注意事

---

① 王德春、陈瑞端：《语体学》，广西教育出版社2000年版，第190页。

"项"的功能十分相符。说明书主要目的是说明事物各方面的特点,往往以客观事物作为动作者或主语,从而使文章整体产生一种叙述客观、分析理性的风格特点。鉴于此,祈使句的使用自然会严格受限。

第三,疑问句的使用。科学语体中有少量的疑问句。相较于专门科学著作,科普作品和教科书中疑问句出现的频率较高。一问一答形式,听—说交流模式,让知识传授在一种貌似谈话的自然状态下进行,这有利于实现科普作品和教科书普及知识的目的。面对非专业人士,抽象深奥的科学理论知识仅有准确严密的论述还不够,如何激发非专业人士的兴趣,让他们有阅读学习的欲望是科普作品作者更应该考虑的问题。采用疑问句,先提出问题,引起注意与思考,然后进行解答,这种表达方式能够循循善诱,使受众逐步深入地理解并接受相关科学知识。有时,为了使语言表达更显得活泼、不呆板,又常常与陈述句交叉运用。例如:

①第一节　诞生——来自"莱顿瓶"的灵感

为什么说电池的诞生来自"莱顿瓶"的灵感?"莱顿瓶"又有着怎样的神奇传说?

其实在很久以前,人类就有可能在不断地研究和测试"电"这种东西了。很多时候,一个偶然的现象会让人产生灵感,例如牛顿就是由苹果落地而发现了万有引力定律。(杜新贞、刘鹏伟、谢婷婷编著《节能减排的新动力电池》)

②第二节　病毒的定义和特点

什么是病毒……

病毒到底是什么样子……

病毒为什么要寄"人"篱下……

病毒为什么会如此善变……

病毒到底有多毒……

病毒是如何增殖的……（林静编著《生命的杀手:病毒》)

这两例都采用了疑问句把有趣的问题提出来,以引起阅读者的思考。例②都是采用疑问句而构拟的标题,有画龙点睛之妙。像这样使用疑问句提出通俗而又贴近生活的问题,使科学知识不至于太过抽象,而且生动形象的语言更容易勾起阅读兴趣。

(三) 辞书体的修辞特征

"辞书是汇集词语加以说明或译成别种语文、按一定方式排列、供查阅的工具书和参考书。辞书包括字典、词典和百科全书。"[①] 辞书体是以条目方式编纂辞书时所使用的一种语文体式。辞书体的功用在于为读者提供信息查询,是某种专业知识的规范性书籍,具有一定权威性,任何科学分支都可以采用辞书体编纂。

由于辞书规模不同、面对对象不一样,因此对词条的处理就会有所不同。总体来说,辞书体有以下特点:①词条所涉及内容只提供基本事实、基本概念、基本理论,不需过多描述或引经据典论证;②释文语言要简洁明了,不言自明的成分常常会被省略;③句式只采用陈述句;④词条间的编排一致,遵循相同的释文程式。例如:

---

① 陈炳迢:《辞书概要》,福建人民出版社1985年版,第1页。

①刘正谈著《汉语外来词词典》词条（上海辞书出版社，1984）

巴本酒　bāběnjiǔ　一种用大麦酿造的烈性威士忌酒。源英 bourbon（whisky）〖由产地美国 Kentucky 州 Bourbon 县而得名〗

路那福粉　lùnàfúfěn　一种硫酸铵与磷酸氢二铵的混合肥料。源俄……

路那硝　lùnàxiāo　一种无色结晶双盐，硫酸-硝酸铵，可用作肥料，又作"劳那硝石"。源英 leuna saltpeter〖由原产地德国中部的 Leuna（临近 Halle）而得名〗

铝镍钴　lǚnièguǔ　一种含有铁、镍、铝、钴的钻石钢的商品名称。又作"吕臬古、阿尔尼科合金"。源英 alnico〖＜aluminium＋nickel＋cobalt＞〗

②上海市营养学会编《营养百科》词条（中国大百科全书出版社上海分社，1992）

毛豆：大豆的嫩豆粒，一般作蔬菜食用。毛豆因含水分较多，故营养素含量较干豆低，但所含营养素的种类较干豆多。每100克中含蛋白质13.6克，脂肪5.7克，碳水化合物7.1克，钙100毫克，磷219毫克，铁6.1毫克，……毛豆中的草酸含量比较高，可与钙形成难溶于水的草酸钙，因此钙的消化吸收率较低。毛豆的药用价值与大豆相同，经常食用可预防高脂血症和其他心血管疾病。（郭俊生）

扁豆：又名藊豆、眉豆等，因其果荚扁而得名。每100克中含蛋白质2.8克，脂肪0.2克，碳水化合物5.4克，钙116毫克，磷63毫克，铁1.5毫克，……扁豆中因含凝血物质及溶血性皂素，生食或未炒透时食用可引起中毒，表现为头痛、头昏、恶心、呕吐等。多数发生在食后3～4小时。但加热可使这些物质破坏，故应炒熟后方可食用。

中医认为，扁豆味甘、性微温，有和中下气、消暑解毒、除湿止泻等功效。可用于治疗脾胃虚热、呕吐泄泻、口渴烦躁、醉酒呕吐、妇女白带多等症。也可用于解酒毒。（郭俊生）

例①选自语文词典，对外来词采用"拼音—释义—来源"程式，每个词条都严格依据这一程式编排。词典规模小，这一程式只提供基本的内容。根据词条的意义，相同类型的词条释文采用相同的释义结构：名词性非主谓句（一种＋构成成分＋所属类别）。为了使语言简洁明了，省略了词条目，不采用"是"字句。对名称由来，多采用"由……得来"结构，保证整本词典结构的一致性与完整性。例②选自百科全书类辞书。释义中运用了大量的数据和科学术语；使用了大量的单音节词（如"因、故、但、较、可、因……而、方、使、应、味、甘、性、微、温、除、止"等）；构拟了单一的陈述句，以及完整的长单句（加"＿＿＿"部分）、逻辑关系显现的多重复句或句群（加"＿＿＿"部分）；不使用任何修辞格式；等等。百科全书类辞书具有汇编性，是从许多论文中提取精要、博采众说、荟萃成篇的。在对科学文化知识进行简明叙述时，要求全面而系统。例中对蔬菜毛豆和扁豆营养特点的介绍，采用"释义或名称由来—营养素含量—使用时要注意的事项—药用价值"的释义结构。

第二节　知识应用与写作技能训练

利用所学科学语体基本理论与基础知识，在具体语境中根据要求进行科学语体语言应用训练和科学语体文写作实践，以培养和训练学生的科学语体语言应用能力和科学语体文写作能力。

一、科学语体知识应用训练

利用所学科学语体基本理论和基础知识，根据训练要求就如下语例做出讨论与分析，以培养和训练对科学语体理论知识的简单应用能力和综合应用能力。

(1) 请根据要求从修辞应用角度对下列语例进行分析。要求：第一，请指出例中论证性语言并作简要分析；第二，该例中哪些语言现象体现了科学语体的基本特点？例文如下：

……

二、消费社会中的精神危机

"我消故我在"的消费主义伦理不仅将人们推向了一条消费不归路，而且"负债消费"还不断地加深着人们的精神危机。

首先，分期付款、信用卡制度创造的"先行消费"的社会风气创造出了一种新的伦理规范：人们先购买，再用工作来偿还，整个社会陷入"消费—工作—偿还"的怪圈运动中。"负债消费"制造了种种幻觉：信用贷款提供的超前消费给予消费者自由，但却是以丧失未来的自由为代价。"负债消费"的精神危机是巨大的，例如，付款期限造成的焦虑每天重重地压在消费者心头，常常引起人们对未来的不安，心理安全感也越来越低……

"负债消费"引发的精神危机的另一个表现是人们获得幸福的机会成本越来越高，幸福指数越来越低。消费社会中人们消费水平的节节攀高不仅是以较低的存款和较高的负债为代价，而且是以牺牲值得人们珍惜的其他事物为代价。不断提高的富裕生活使人们紧张忙碌的生活节奏变得越来越快，越来越高的消费需求普遍给人们的工作、生活带来了越来越大的压力，这些压力最终都在人们的心理上得到体现。牛津大学心理学家迈克尔·阿盖尔在《幸福心理学》中指出，人们的幸福感来自三个方面：社会关系、工作和闲暇，而这三个方面并不完全都依赖于对消费品的占有，消费主义生活方式常常忽略了在家庭和团体中起重要作用的社会关系，而闲暇在消费者阶层中则变得越来越糟。

"负债消费"的第三个表现是"心理贫困化"呈增长势头。美国和日本的一项民意测验显示，人们正在以他们的消费数量来衡量成功，而且这种势头在持续增长。实际上，人们越试图通过消费来表示成功和向上模仿的生活方式，越难以实现。上层社会的"点滴现象"使中下层社会的需求总是会滞后于上层社会，由于保持社会地位的要求，上层社会总是会不断地进行消费革新，中产阶级财富积累的速度永远比其地位上升的速度要慢，永远无法获得真正的满足，从而造成心理的贫困化。（节选自杨玲丽《消费与犯罪》）

(2) 请比较材料 A、B 两例语言使用上的差异性，指出它们分属于科学语体中的什么语文式式，并根据要求回答问题。要求：第一以材料 A、B 为例，分析两例在语体表现上的同与异；第二指出并分析材料 A、B 中的记叙性语言和论证性语言。材料如下：

材料 A：地貌、地层与年代

水洞沟地区地处鄂尔多斯台地西北缘、毛乌素沙地西南缘，向西为银川盆地，向南逐渐过渡为黄土高原。水洞沟地区的边沟河自东南向西北流经水洞沟遗址，河流两岸发育多级河流阶地，SDG7 埋藏于第二级阶地内。第二级阶地在该地区表现为基座阶地，基座为渐新统红色黏土，上部发育沙砾石层和灰至灰黄色粉砂质黏土堆积。地层剖面描述如下：

1. 全新世灰黑色粉砂：耕土层；厚10cm
2. 土黄色细砂：结构疏松，局部夹灰白色粉砂透镜体，远看似黄土；厚110cm
……

SDG7 共出土各类石质标本 10934 件（测量 9286 件，筛出 1684 件）。其中的 1033 件小砾石和岩块，其表面均无打击痕迹，排除人为因素而成。根据对 9901 件石制品统计结果，SDG7 石制品是一个以废片类为主要类型的组合。

石制品类型包括石核、废片、石器、砸击品和打制工具等类型。废片（N＝9617，97.13%）数量最多，石核、石器和打制工具分别为 106、121 和 5 件，占 1.07%、1.22% 和 0.05%，另有 52 件（0.53%）砸击类产品。（裴树文、牛东伟等《宁夏水洞沟遗址第 7 地点发掘报告》）

材料B：科学是一个历史范畴和演变过程，不同时期有不同的内涵、形态和标准。西方学者习惯以近代科学作为衡量历史上科学存在与否的标准，并以此否认中国古代存在科学。笔者认为，这种非历史性地以现成标准反注历史上某一区域和民族"文本"的做法并不合理。事实上，中西方不同的文化背景孕育了不同形态和特征的科学。尽管古代西方科学中公理化方法和实验初具雏形，但亦不是近代意义上的科学。即便是在近代西方社会，牛顿力学在严格的定量实验基础上建立起完整、严密的公理化体系，但在其他领域并无如此鲜明特点，医学尤其如此。但人们并不因此否认古代西方科学和近代西方牛顿力学之外科学的存在。评判某一区域或民族存在科学与否，应深入考察该地区或民族把握自然及人与自然关系的特殊方式及其表现形态。古代中西医相异的发展源流与模式典型地说明了科学有无的衡量标准不是惟一的，而是历史的、多元的。（夏劲、张弘政《关于中国古代有无科学问题的思考——兼论古代中医的科学性》）

（3）请比较下列两例并指出属于科学语体中的什么语体，然后按要求回答问题。要求：第一，材料 A、B 都是关于"原子"的科普材料，分析材料 A、B 语例的修辞特点。第二，假设这两例科普作品的阅读对象是一般群众，请结合科普作品修辞特点，比较材料 A、B 语言应用的优劣。

材料A：原子

原子是构成化学元素的最小粒子，也是化学变化中最小的微粒。所有的分子都是由原子构成的，例如：水分子是由两个氢原子和一个氧原子构成的。

原子的厚度：如果不借助显微镜我们无法用肉眼观察原子。原子的厚度仅为一张纸厚度的万分之一。

一滴水中的原子数：一滴水中含有多少原子呢？有人打过这样的比方，如果 50 亿人一起来数一滴水中所包含的原子数目，并且假定每人数一个原子的时间为 1 秒的话，那么 50 亿人一起数完一滴水中的全部原子，所需要的时间是 3 万年。

原子的结构：原子是由更小的微粒构成的。原子核由质子和中子组成，这个核位于原子的中心，占据了原子重量的大部分，还有一部分是围绕着原子核高速运转的电子。电子的数量和质子是一样的。

原子核：原子核是原子的核心部分，简称核。原子核几乎集中了原子的全部质量，但只占据整个原子很小一部分体积。

原子有多大：原子比人们想象的要小得多。把多达一千万个原子并列排着才只有1毫米。虽说原子是如此微小，它的内部却大部分是空的，因为电子都离核远远的。如果把核的大小比作一个网球，那么整个原子就像纽约的帝国大厦。（王小彬主编《科学百科》）

材料B：原子

原子是化学变化中的最小粒子。原子也是构成物质的一种粒子，相同或不相同元素原子间按一定的个数比通过化学键结合成分子。原子是由质子、中子和电子构成的，质子和中子构成原子核，位于原子的中心，核外电子在核外的空间做高速运动。原子的主要特点有以下几点。

(1) 原子体积很小，其半径约为 1×10^{-10} m。原子半径最小的是氢原子，仅为 3.71×10^{-11} m。

(2) 原子质量很小，最轻的原子是氢元素的一种原子——氕（^{1}H），它只有 1.674×10^{-27} kg。

(3) 原子在不断运动。有些物质是由原子直接构成的，由原子直接构成的物质有单质和化合物……

在化学反应过程中，原子的外层电子发生了变化，原子重新组合，而原子核并无变化，因此，在化学反应中不会产生新的原子。（董国华、孟宪起等主编《化学百科》）

(4) 请结合以下语例按照要求回答问题。要求：第一，以下材料选自《现代汉语词典》（第6版），结合这些材料分析辞书体的修辞特点。第二，分析这些材料中释文用语、释文程式以及编排方式，你如何评价？语例如下：

【懒虫】lǎnchóng <口>名 称懒惰的人（骂人或含诙谐意味的话）。

【懒怠】lǎndai ①形 懒惰。②动 没兴趣；不愿意（做某件事）：身体不好，话也～说了。

【懒得】lǎnde 动 厌烦；不愿意（做某件事）：天太热，我～上街。

【懒惰】lǎnduò 形 不爱劳动和工作；不勤快：这人太～了，在家里什么事都不愿意干。

【懒骨头】lǎngǔtou 名 懒惰的人（骂人的话）。

【懒汉】lǎnhàn 名 懒惰的男人。

【懒散】lǎnsǎn 形 精神松懈，行动散漫；不振作：他平时～惯了，受不了这种约束。

【懒洋洋】lǎnyángyáng（～的）形 状态词。没精打采的样子。

(5) 请结合语例按照要求回答问题。要求：比较下列词语的a、b两种释义，说明哪种释义更合适，并说明原因。

①簪子：
a：一种妇女首饰，可以别住盘好了的头发，多用金、银、铜、玉石做成。
b：别住发髻的条状物，用金属、骨头、玉石制成。
②造诣：
a：学问所达到的程度。
b：学问、艺术等所达到的程度。
③着三不着两：
a：指说话或行事轻重失宜，考虑不周。
b：指说话或行事考虑不周，轻重失宜。
④造谣：
a：坏人为了迷惑群众，捏造消息。
b：为了达到某种目的而捏造消息，迷惑群众。
⑤纸醉金迷：
a：比喻叫人沉迷的奢侈繁华的环境。
b：形容叫人沉迷的奢侈豪华的环境。也说金迷纸醉。
⑥再婚：
a：夫妻二人离婚之后或其中一人死亡之后，夫或妻再行结婚。
b：离婚或配偶死后再结婚。

二、科学语体写作技能训练

利用所学科学语体基本理论与基础知识，在具体语境中根据要求进行科学语体文撰制技能训练，以培养和训练学生的科学语体文写作能力。

（一）论著（报告）体写作技能训练

利用所学论著（报告）体基本理论与基础知识，在具体语境中根据要求进行论著（报告）语体文撰制技能训练，以培养和训练学生的论著（报告）语体文写作能力。

训练话题1 请根据下列资料进行改写训练。

氢

每逢节日的时候，就会有一些气球高高地漂浮在天安门广场的上空，它们为什么不会掉下来呢？因为它们里面充满了氢气。氢气是一种无色无味且密度最小的气体，它跟氧气燃烧后会产生水。氢的作用很大，如果没有了氢，世界就会没有阳光和热量。氢气还能提高从原油中提炼石油的产量，也正是因为有了氢，酸才具有酸性。

氢原子是由一个质子和一个电子构成，氢原子的结构是所有原子结构中最简单的。太阳和八大行星，几乎在同一时期从星际云中诞生。星际云由漂浮在银河系的气体和微尘组成，气体有92%是氢。

太阳是由氢元素和氦元素组成的，这是两种密度很小的气体。太阳上的氢在高温、高压状态下聚合为氦，同时源源不断地释放出巨大能量，即太阳的光和热。

训练目标：培养说明体向论著体转换的能力、论证性语言应用能力、记叙性语言应用能力。

训练要求：

（1）根据论著体修辞特点，把该例转写为论著语体文。

（2）采用记叙性语言描写氢气的特点与构成。

（3）采用论证性语言论述"氢能提高从原油中提炼石油的产量""氢让世界有了阳光和热量"。

（4）注意条理清晰，论述严谨。

训练话题2 请分别提炼A、B两段话的论点，并写出你对B段中卢梭观点的认识。

A. 而在21世纪的中国，被人们公认的幼儿园优秀教师却在课堂上对幼儿如此训话："注意力要集中，我提什么问题，赶快动脑筋思考，跟着我走。""什么是棒？老师让你听你就听就是棒，让你唱你就唱就是棒，学习本领就是棒。"卢梭、杜威、蒙台梭利、维果茨基等教育改革家都主张"跟随儿童"（follow the child）的儿童中心主义，而21世纪的中国优秀的幼儿教师竟然公然要求幼儿们"跟着我走"。那位老师所谓"注意力要集中，我提什么问题，赶快动脑筋思考，跟着我走"的训话，已经不是"训话"，而是"驯化"了。学习取向的学前教育看到的只能是幼儿的无知，只能把幼儿看作一个等待填充的无知的口袋，因而幼儿的本能、天性、兴趣等便被漠视了。

B. 卢梭说："不幸的是，我们很容易相信我们不理解的话，这种情况开始得比人们所想象的还要早。课堂里的小学生仔细听老师的啰啰嗦嗦的话，就像他们在襁褓中听保姆的胡言乱语一样。我觉得，教他们不去听那些废话，也就是对他们进行非常有用的教育。"在中国，现在是不只是"课堂里的小学生仔细听老师的啰啰嗦嗦的话"，而且还提前到学龄前儿童也在课堂里听老师的啰啰嗦嗦的话。这是值得我们警醒的。

卢梭写道："我发现，再没有谁比那些受过许多理性教育的孩子更傻的了。在人的一切官能中，理智这个官能可以说是由其他各种官能综合而成的，因此它最难于发展，而且也发展得迟；但是有些人还偏偏要用它去发展其他的官能哩！一种良好教育的优异成绩就是造就一个有理性的人，正因为这个缘故，人们企图用理性去教育孩子！这简直是本末倒置，把目的当作了手段。"（刘晓东《儿童文化与儿童教育》）

训练目标：培养观点提炼能力、采用各种方式进行论证的能力。

训练要求：

（1）要学会紧扣材料提炼观点，提炼出的观点要明确。

（2）注意论证性语言的运用。要准确运用凸显语句间逻辑关系的关联词语，词语选择尽量书面化。

（3）可根据需要采用多种论证方法，如举例论证法、类比论证法、反证法、对比论证法、引用论证法等。

（4）字数不超过600字。

训练话题3 请将以下对话体文章改成叙述体的论文。

客：汉语语法的特点是什么？这个问题我一直弄不很清楚。今天想听听你的意见。

主：特点因比较而显，没有比较就没有特点。所以要问汉语语法的特点是什么，先要问你是拿汉语跟哪种语言比较。

客：过去谈这个问题的时候，大概都是跟印欧语比较的。现在我们讨论这个问题，恐怕也还是要跟印欧语比。

主：要是跟印欧语比，经常提到的有两点：一是说汉语是单音节语，二是说汉语没有形态。

客：你认为这两点符合事实吗？

主：如果单音节语的意思是说汉语的语素（morpheme）绝大部分是单音节的，那是符合事实的。说汉语缺乏印欧语里名词、形容词、动词那些性、数、格、时、人称的变化，那自然也符合事实。

客：通常说因为汉语缺乏形态，所以词序和虚词显得特别重要。

主：这种说法非常含糊。说汉语的词序特别重要，似乎暗示印欧语里词序不那么重要。实际情况恐怕不是这样。拿英语来说，词在句子里的位置相当稳定，倒是汉语的词序显得有一定的灵活性，随便举些例子来看：

（1）我不吃羊肉～羊肉我（可）不吃～我羊肉不吃（吃牛肉）。

（2）肉末夹烧饼～烧饼夹肉末。

（3）你淋着雨没有～雨淋着你没有。

……

这样的例子可以举出很多。我们当然不能说汉语的词序一定比英语灵活，可是我们也不能说汉语的词序一定比英语不灵活。在谈到汉语语法特点时，有人一会说汉语的词序重要，一会儿说汉语的句子组织灵活，忘记了这两种说法是矛盾的……

客：那么说汉语的虚词特别重要，是不是符合事实呢？

主：这就跟说汉语的词序特别重要一样，似乎暗示着印欧语的虚词不太重要的意思。事实正好相反，印欧语里该用虚词的地方不能不用，汉语句子里的虚词倒是常常可以"省略"，特别是在口语里。例如：

（6）买不起别买（要是买不起就别买）。

（7）没戴眼镜看不见（因为没戴眼镜，所以看不见）。

这就是通常说的"意合法"……

客：你说的这些我都很同意。那么照你看，汉语语法真正的特点在哪里呢？

主：要是细大不捐的话，可以举出很多条来。要是拣关系全局的重要方面来说，主要只有两条。一是汉语词类跟句法成分（就是通常说的句子成分）之间不存在简单的一一对应关系；二是汉语句子的构造原则跟词组的构造原则基本上是一致的。

训练目标：培养观点提炼能力、用论证性语言进行论述的能力、对话体向叙述体转化能力。

训练要求：

（1）提炼出上述给出材料的观点。

（2）根据所提炼的观点，运用材料中的论据进行论证说明。

（3）观点表述要明确，论证思路要明晰。

（4）只需明确材料中的论证过程，不需加入个人观点，也不需额外寻找新的论据。

(5) 尽量采用完整句、长句和多重复句表达。
(6) 字数不限。

(二) 说明体写作技能训练

说明体是以非专业人士为对象的，科普作品和说明书是生活中使用最多的两种说明体样式，因此这里着重训练这两种语体文的书写。通过利用所学说明体基本理论与基础知识，在具体语境中根据要求进行说明语体文撰制技能训练，以培养和训练学生的说明语体文写作能力。

训练话题1 请根据提供的资料按照要求进行说明语体文写作训练。资料如下：

肥皂通常指高级脂肪酸或混合脂肪酸的碱性盐类，它的化学通式可表示为：RCOOM，R代表长碳链烷基，M代表某种金属离子。具有洗涤、去污、清洁等作用的皂类主要是脂肪酸钠盐、钾盐和铵盐，其中最常用的是脂肪酸钠盐（RCOONa）。

长链脂肪酸钠盐结构一端是羧基钠盐-COO（-）Na（+），羧基阴离子是易溶于水的基团，叫亲水基，它使肥皂具有水溶性；另一端是链状的烃基，不溶于水，是非极性的，叫憎水基。

训练目标：培养学生根据材料写作说明语体文的能力、通俗易懂风格选择能力、修辞格式构拟能力。

训练要求：
(1) 根据以上资料中的去污原理，写一篇科普文，题目自拟。
(2) 科普对象是一般群众。
(3) 语言要求准确且通俗易懂，可采用适当的修辞格式。
(4) 字数控制在400字左右。

训练话题2 请以电压力锅、洗衣机、剃须刀、电吹风等自己熟悉的任一电器为对象，写一份说明书。

训练目标：培养学生写作不同类型说明书的能力、简洁通俗风格构拟能力。

训练要求：
(1) 注意不同产品的特点，抓住关键，突出特点。
(2) 自己设计说明格式，必须包括使用方法、注意事项。
(3) 根据产品复杂程度确定说明书的篇幅。
(4) 语言要简洁通俗，内容要客观真实。

训练话题3 请根据资料，按要求进行说明语体文写作。

博弈的英文就是游戏（Game），博弈论（Game Theory）则是一种关于游戏的理论，又称对策论，是一门以数学为基础、研究对抗冲突中最优解问题的学科。

博傻规则：关键不在于在高价位购买，而在于不要成为最后一个在高价位购买的傻子，只要不是最傻的就行。

博弈思维的关键在于：行为者必须考虑利益相关者的策略反应。（选自朱富强《博弈论》，经济管理出版社2012年版）

训练目标：培养学生材料利用能力、观点提炼能力、说明语体文写作能力。

训练要求：

(1) 将以上材料改写成科普文。

(2) 科普对象是青少年。

(3) 语言要通俗易懂且要有趣味性，至少使用三种修辞格。尽量避免抽象词语。

(4) 举贴近青少年生活的例子来说明。

(5) 字数不超过600字。

训练话题 4 以下资料是关于细胞的几个概念的词典释义，请把它们组织成一篇科普短文。

细胞　生物体的基本结构单位和功能单位。除单细胞生物外，其他生物的各种组织和器官均由许多细胞组成。细胞主要由细胞核、细胞质、细胞膜等构成。植物的细胞膜外还有细胞壁。细胞以分裂法繁殖。细胞有运动、营养、繁殖等机能。

细胞核　细胞的重要组成部分。在细胞的中央，一般为球形或椭圆形，由核膜、核仁、核液和染色质等物质组成。细胞核是细胞内遗传信息储存、复制和转录的主要场所。

细胞壁　细胞外围的一层厚壁，为植物细胞的特征之一，主要由纤维素构成。

细胞膜　又称"原生质膜"，是细胞表面紧贴在原生质外面的一层薄膜。有维持细胞内环境的相对恒定以及调节细胞与周围环境的物质交换的功能。

细胞质　是指细胞中细胞膜以内，细胞核以外的物质。主要成分是蛋白质、核酸、无机盐和水。这些物质是细胞的结构和功能的物质基础。（董大年《现代汉语分类大词典》）

训练目标：培养材料组织能力、立意能力、说明语体文写作能力。

训练要求：

(1) 科普对象是一般群众。

(2) 题目自拟，要能引起阅读者的兴趣。

(3) 尽量少用术语，适量用口语词，避免主观性强的词语。

(4) 要采用比喻、设问、反问、对比等修辞格式。

(5) 句子尽量简短，避免使用长句或多重复句。

(6) 语言准确，思路清晰，要保持科技语文体语意的客观性。

(7) 字数不限。

（三）辞书体写作技能训练

辞书体适用范围很广，不同科学分支都可以采用辞书体编纂。明确辞书编纂的特点并根据这些特点开展辞书语体文写作技能训练，不仅可以帮助学生科学而有效地掌握相关知识，更能培养和训练学生的辞书语体文写作能力。

训练话题 1 请从植物或动物领域中选择三种熟悉的植物或动物作为话题，写成百科全书类辞书体文本。

训练目标：培养学生准确表达与客观表达能力、设计释义程式的能力。

训练要求：
（1）释文要简短明了。
（2）只用陈述句。
（3）注意三个话题之间的联系性，释义要科学。
（4）自己设计释文程式。

训练话题2 请根据以下词语释义程式，解释"南极""北极""两极""南极圈""北极圈""亚热带""温带""寒带"等词的词义。

地轴　dìzhóu　地球自西向东旋转的轴线，和赤道相垂直。

地极　dìjí　地轴和地面相交的南、北两点，即地球的北极和南极。

极圈　jíquān　地球上66°34′的纬度圈，在北半球的叫北极圈，在南半球的叫南极圈。极圈是寒带和温带的分界线。

热带　rèdài　赤道两侧南北回归线（23°26′）之间的地带。气候终年炎热，季节变化不明显。（董大年主编《现代汉语分类大词典》）

训练目标：培养学生仿造能力、释义方式应用能力。

训练要求：
（1）分析例词的释义程式，释义时保持释义程式不变。
（2）只用陈述句，并做到句子简短。
（3）释义语言要简洁准确。

训练话题3 比较以下两部辞书的词语释义方式，按照要求进行训练。

A. 董大年主编《现代汉语分类大词典》（上海辞书出版社2007年版）

佩服　pèifú　对别人的才识、言行表示敬重和信服：他为人正直，大家都很佩服/全厂职工都佩服新厂长管理业务的能力。

钦佩　qīnpèi　敬重佩服：老先生的道德学问，一向为青年教师所钦佩/我很钦佩你的胆量。

敬佩　jìngpèi　敬重佩服：我喜爱这些茁壮的花卉，我更敬佩那些辛勤的园丁。

崇拜　chóngbài　尊敬钦佩：崇拜偶像/崇拜……英雄/反对盲目崇拜。

服气　fúqì ＜方＞　佩服；由衷地信服：他精明干练，处事果断，部下对他很服气。

信服　xìnfú　相信并佩服：她最信服你，你去劝劝，她会听的。

B. 中国社会科学院语言研究所词典编辑室编《现代汉语词典》（第7版）（商务印书馆2016年版）

崇拜　chóngbài 动　尊敬钦佩：～英雄人物。

服气　fúqì 动　由衷地信服：表面上认输，心里并不～。

敬佩　jìngpèi 动　敬重佩服。

佩服　pèifú 动　感到可敬而心服：这姑娘真能干，我不禁暗暗地～她。

钦佩　qīnpèi 动　敬重佩服：～的目光/他这种舍己为人的精神，使人十分～。

信服　xìnfú 动　相信并佩服：这些科学论据实在令人～。

训练目标：培养学生的比较能力与评价能力、释义程式设计能力。

训练要求：

(1) 比较两部词典释义的异同，试着谈谈自己的看法。

(2) 自己选择一批词，确定辞书编写侧重点（比如词语辨析、展现词语意义源流等），设计释义程式，确定释义语言。

(3) 做到语言简洁明了，表意准确客观。

训练话题4 请根据对下列词语意思的解释按照要求进行释义训练。

电灯泡（bulb） 人们把情侣之间的第三者叫作电灯泡。情人之间总需要做些亲密动作，这就是为什么他们最喜欢去没有人的昏暗地方的原因。试想，如果一盏明晃晃的灯在旁边，情人们能做出动作来吗？情侣们往往不会在路灯下亲热。一对情侣在卿卿我我的时候，旁边有个第三者，就像那盏电灯泡似的，照得小情人们很不爽，这就是为什么人们把不识趣的旁观者叫作"电灯泡"的原因。（段兴利、叶进《网络社会学词典》）

急婚族 "急婚族"指大学还没毕业或者要毕业的女孩子，就开始物色老公，要求很简单，对方要有房有车，不要求有钱最起码也要是个白领阶层的男性。"急婚族"并非为爱而婚，其中一部分用感情做赌注，在物质基础上谈婚论嫁，生命中的另一半甚至从未谋面；而另一部分却在进行着感情消费，租友风波层出不穷。总之，不是以恋爱为前提，而是其中一方以另一方的经济条件为首要出发点，进而结合的一小撮人。（段兴利、叶进《网络社会学词典》）

溜溜族 一群喜欢速度并富于表现的人，轮滑运动恰到好处地符合了他们的要求。他们脚踏轮滑鞋，自由自在地滑翔，随心所欲地表现，当他们行云流水般地滑行于马路或广场上时，只要人们太拥挤，他们一猫腰，"唰"地一下就闪没了影儿。当路人睁大眼睛，羡慕又佩服地"哇"的一声时，他们爱耍酷摆炫的心理便得到了极大的满足。尤其当广场音乐一响起来，即刻间，他们便成为一群快乐如仙的人。（段兴利、叶进《网络社会学词典》）

训练目标：培养学生准确释义能力、释义方式设计能力。

训练要求：

(1) 熟悉辞书体的释义特征，谈谈对以上词语释义的看法。

(2) 根据辞书体释义方式设计自己要采用的释义方式。

(3) 根据设计出的释义方式重新对上述词语进行释义。

(4) 要求语言简洁明了，做到准确客观。

第六章 广告语体及其修辞应用

【本章导读】 本章讨论广告语体及其修辞应用的相关问题。在对广告语体内涵、类型和修辞特点等基本理论知识进行讨论的基础上，根据广告语体分体状况设计编制了形式多样的知识应用和写作技能训练题目，以备师生开展针对性实践训练之需。

【教学目标】 通过教学，使学生了解广告语体的概念、类型与修辞特点，进一步从修辞学视角加深对广告语体的理解。熟悉并掌握广告语体的基本语用要求，通过实践训练培养并提高学生广告语体知识应用能力和广告文案写作能力。

第一节 广告语体理论知识

一、什么是广告语体

广告语体是以广告语言为基础的。关于广告语言，曹炜、高军从广义范畴认为"广告语言是指广告中所使用的一切手段和方法，包括声音语言、音乐语言、图像语言、色彩语言、舞蹈语言、平面设计语言、文字语言等"。[①] 我们把广告语言限定为广告作品中的文字语言，具体包括广告标题、广告语、广告正文和广告附文等。

那么，什么是广告语体？广告语体是广告语言的语文体式，是伴随着广告活动而产生的一种新兴语体。王军元强调："广告语言是一种混合语体，它综合使用文艺语体、科技语体、政论语体和公文语体，经过精心策划和编排，向消费者宣传某种产品、观念或劳务。"[②] 袁晖、李熙宗认为："出色的广告语言总是将准确、鲜明、生动的语言同广告受众的心理特征、消费偏好和文化知识成功地结合在一起，实现其劝说的功能，形成一种具有鲜明标志、独特风格的语言形式，从而构成一种新的语言体式，即广告语体语言。"[③] 黎运汉、盛永生指出："广告语体是指为了适应广告传播领域、广告目的、任务和内容的需要而运用全民语言所形成的言语特点综合体。"[④] 这些定义均指出广告语体具有以下特点：广告语体具有很强的目的性，意在对目标受众进行劝说，试图改变目标受众的认知、态度、行动，树立良好的形象或者改善不良形象；广告语体具有开放性和包容性，是一种言语应用的综合体；广告语体具有科学性和严谨性，是预先精心设计的

[①] 曹炜、高军：《广告语言学教程》，暨南大学出版社2007年版，第4页。
[②] 王军元：《广告语言》，汉语大词典出版社2005年版，第33页。
[③] 袁晖、李宗熙：《汉语语体概论》，商务印书馆2005年版，第408页。
[④] 黎运汉、盛永生：《汉语语体修辞》，暨南大学出版社2009年版，第317页。

语言表现形式。

根据学界的界定以及广告语体的基本语言应用特征不难推定,所谓广告语体,实际上就是广告创作者为了达到广告目的,运用全民语言而形成的稳定性系列性语言应用特征的综合体,是语言在广告实践领域的一种功能变体。

二、广告语体的类型

广告语体可以按照不同标准分类。目前学界有不同的分类结果。

(一) 按文章体式区分

广告语体包容性很强。袁晖和李熙宗指出:"人们常见的广告,从篇章体式看,范围包括布告体、格式体、简介体、新闻体、论说体、小说体、戏剧体、诗歌体、词典体、电报体等等,几乎每一种文章体式都可以用于做广告。这其中也包括许多以独具中国民族特色的其他文体如古典诗词、民歌、戏曲、相声、快板、山东琴书、顺口溜、童谣等形式出现的广告语。"[①] 广告语体往往不拘一格。只要这种表达方式有利于广告信息的传播,就有可能被广告创作者使用。

(二) 按表达方式区分

黎运汉和盛永生指出:"广告由于需要巨额的投入,事先都精心准备了广告文案,因此它没有我们日常生活中的那种即兴发挥和随机应答的口头语体,它只有书卷语体。如果要进一步划分,可以分为书卷语体的口头表达形式和书卷语体的文字表达形式两类。"[②] 其实,广告语体的表达形式主要受制于广告播出媒体,播出媒体不同,则会有不同的表现形式。比如有以广播广告为媒介的书卷语体的口头表达形式,以报纸、杂志、户外平面广告为媒介的书卷语体的文字表达形式,而以电视广告为媒介的则包含了书卷语体的口头表达形式(旁白、对白等)和文字表达形式(字幕、标语等)。

(三) 按信息内容区分

袁晖和李熙宗认为,广告语既要有信息价值,也要有移情作用,根据两种手段的侧重点不同将广告语体分为写实性和写意性两种类型。[③] 将广告语体区分为写实性和写意性两种方式,与广告发展历史上20世纪二三十年代曾出现的"理性推销派"和"情感氛围派"有点类似,后人总结为"理性诉求广告"与"感性诉求广告"。广告中使用理性诉求或是感性诉求,往往跟目标受众的卷入度有一定关联。在广告实践中,感性诉求与理性诉求并非界限分明;同理,写实性广告体与写意性广告体也并非泾渭分明。正是

---

① 袁晖、李熙宗:《汉语语体概论》,商务印书馆2005年版,第409—410页。
② 黎运汉、盛永生:《汉语修辞学》,广东教育出版社2006年版,第511页。
③ 袁晖、李熙宗:《汉语语体概论》,商务印书馆2005年版,第423—429页。

基于此，广告创作者通常会根据广告的对象、目的等综合运用两种广告语体。

（四）按行业类型区分

广告在各行各业都被广泛使用，但由于特定行业具有相应特点，广告创作也必须要入乡随俗，所以也必须要根据相应服务类型调整广告语言应用的言说体式。黎运汉和盛永生根据内外因素结合的标准把广告语体划分为营销广告体、服务广告体、招聘广告体、形象宣传体、公益广告体五小类。① 不同产品具有不同的消费者特点，因此广告语言也会有所不同。化妆品广告、酒类广告、手机广告、汽车广告、房地产广告、日化广告的语言都各自有特点。

（五）按传播媒介区分

传播媒介作为广告信息的载体，在一定程度上决定了广告语言的语体特征。

广告制作者必须要考虑广播媒介的语境作用、工作限制和实践属性。张武江专门研究了电视商业广告语体，② 其便是以广告媒体作为分类标准的。如果按传播媒介区分广告语体，那么就可以分为平面广告语体、广播广告语体、电视广告语体、网络广告语体等几种主要类型。随着媒介的发展与融合，音频广告和视频广告逐渐在互联网上兴起，其特征与广播广告、电视广告类似。

三、广告语体修辞应用原则

根据 AIDMA 原理（Attention Interest Desire Memory Action）和 AISAS 原理（Attention Interest Search Action Share），广告语体的首要任务是引起受众的注意。为此，广告语体需要运用各种修辞手段，尤其借助新颖的表达方式，针对受众进行有目的传播，促使受众购买某种商品，或者改变受众对品牌的态度，又或者接受广告所推销的观点。

（一）要坚持综合应用

广告语体需要综合运用各种修辞手段。曹炜和高军认为，广告语体具有以下特点：口头语体与书面语体互相交融；文艺语体与科学语体交叉并用。③ 为了实现广告目标，广告尤其是电视广告和网络广告除了综合应用语言要素手段外，还可以广泛采用修辞格、语势要素并结合画面、声音、图片等语言外要素，以构拟综合应用手段，从而实现联动的表达效果。例如海王银杏叶片电视广告所使用的方式：

画面一：一个黑发白领，身着衬衫、皮鞋、领带，在有气无力地拍打篮球，篮球着地的声音低沉无力，随后画面出现广告文案"三十岁的人，六十岁的心脏"。

画面二：一个银发老人，身着运动装、运动鞋，精神抖擞地用力拍球，篮球着地的声音铿锵有力，接着画面出现广告文案"六十岁的人，三十岁的心脏"。

---

① 黎运汉、盛永生：《汉语语体修辞》，暨南大学出版社 2009 年版，第 29 页。
② 张武江：《电视商业广告语体研究》，中国传媒大学出版社 2015 年版，第 1－25 页。
③ 曹炜、高军：《广告语言学教程》，暨南大学出版社 2007 年版，第 9—10 页。

该广告综合使用了比拟、夸张、反复、对比等手法，将心跳比拟成拍打篮球，使其形象化。

此外，广告语言不仅要考虑文字语言，还需要与声音语言、图片语言等进行联动，产生一加一大于二的效果。文字语言在广告中并不是孤立的元素，需要与其他元素紧密结合。上例如果缺少了白领、老人衣着打扮以及拍打篮球的动作，广告文案的感染力将失色不少。

（二）要强化语言应用的针对性

一方面，不同的广告针对的目标受众不同，应当选用适合目标受众的语言。广告语言要根据受众的年龄、性别、阶层、需要、文化水平等进行调整。例如玉兰油的广告语"二十五岁之选"，表明该产品针对的受众是 25 岁以上的女性。另一方面，由于广告媒体不同，广告语言也要依据媒介特点使用相应的语言。平面广告可以反复阅读，因此可以适当使用书面语言；广播广告的声音转瞬即逝，同时收听广播的听众可能正在做其他事情，因此要选用简单易懂的口头语言。

（三）要重视语言的传播效果

广告往往借助大量重复，以达到传播效果。广告语言在遣词造句过程中，都要考虑传播的难易程度问题。以下三则广告语均流传超过 25 年，现在读起来依然朗朗上口，韵味十足。为什么呢？就是依赖于广告语言的押韵、节奏等条件。例如：

不在乎天长地久，只在乎曾经拥有（铁时达广告语，1988 年）
钻石恒久远，一颗永留传（戴比尔斯珠宝广告语，1990 年）
人头马一开，好事自然来（人头马广告语，1992 年）

（四）要广泛使用新颖的表达手段

为了抵御传播环境中的噪音干扰，在众多的竞争对手中脱颖而出，成功引起目标受众的注意，广告语言往往要借助独特的创意来吸引人，或者使用一些未曾在广告中使用过的新颖的语文体式。新鲜就意味着广告制作需要不断寻找新的语言材料，并加以整合运用，由此创做出人无我有、人有我优的广告语。表达手段的新颖性主要表现在语音配置、词语应用、句式选择、辞格构拟以及语文体式选用上不走寻常路。例如台湾黑松汽水广告：

广告主：黑松汽水
标　题：爱情灵药
正　文：温柔心一颗，倾听二钱，敬重三分，谅解四味，不生气五两，以汽水服送之，不分次数，多多益善。
广告语：用心让明天更新

从语体运用角度看，学界有所谓语体交叉或语体移植现象。孟建安认为："作为一种新兴的语体，广告语体一直持较为开放的态度，像文学语体一样可以包容众多不同的语文体式。换句话说，不管是何种语文体式，只要能够帮助广告者实现最大化的广告效应就可以移植过来为广告语篇的构拟服务。"① 该广告出其不意，打破了惯常思维。在广告语文体式上移植了医生开具处方形式，使广告语更具逼真性、可感性和说服力。言说方式新颖独特，广告诉求效果明显。

（五）要做到简明凝练快捷有效

高效的广告不会让受众进行猜测，而是简洁明了地将广告诉求传递出去。简明性当然也与广告语体的版面、时间等限制有关。30 秒甚至 5 秒的电视广告，只能传达经过精心提炼的信息。此外，广告语体还受到竞争对手信息的干扰，以及受众记忆规律的限制。因此，简单明了是广告语体的重要特征。

（六）要做到符合法律和道德要求

广告语言是一种实践性很强的语言，同时也受到包括法律与道德等诸多限制。张英岚认为，广告语言受到法律、道德和识记规律的约束。② 一方面，广告作为面向大众传递信息的活动，必须遵守当地的法律法规；另一方面，广告借助大众传媒向大众传递商品信息、组织形象或消费观念等，必须要遵循社会伦理道德。如果说法律是社会的硬控制，那么道德则是社会的软控制。如果广告内容违反道德或者触碰道德底线，都可能遭受来自社会大众的谴责与抵制，甚至可能受到政府相关部门的警示。

我国于 1994 年颁发施行《中华人民共和国广告法》，新修订的《广告法》自 2015 年 9 月 1 日施行。《广告法》对广告内容和行为进行规范和制约，是广告语体写作中必须参考和遵守的规定。例如《广告法》第三条规定："广告应当真实、合法，以健康的表现形式表达广告内容，符合社会主义精神文明建设和弘扬中华民族优秀传统文化的要求。"第四条规定："广告不得含有虚假或者引人误解的内容，不得欺骗、误导消费者。"第十五、十六、十七、十八条分别对特殊药品、医药广告、保健食品广告等做了相应的规定。正是基于此，在广告语言中不要使用如下相关词语。比如，与"一"有关的话语，如第一、中国第一、全网第一、销量第一、排名第一、唯一、第一品牌、NO.1、TOP.1 等；与"最"有关的话语，如最低价、最底、最便宜、最流行、最受欢迎、最符合、最舒适、最先进、最先进加工工艺、最后一波、最新科技等；与"级别"有关的话语，如最高级、最佳、国家级产品、全球级、宇宙级、世界级、顶级（顶尖/尖端）、顶级工艺、顶级享受等；与"权威"有关的话语，如特供、专供、专家推荐、质量免检、国家××领导人推荐、国家××机关推荐等；与"品牌"有关的话语，如王牌、领袖品牌、世界领先、领导者、缔造者、创领品牌、领先上市、至尊、巅峰、王者、冠军等；与"虚假"有关的话语，如史无前例、前无古人、永久、万能、祖传、特效、无敌、纯天然、100% 等；与"欺诈"有关的话语，如售罄、售空、再不抢就没有了、史上最低价、不会再便宜、万人疯抢、全民疯抢/抢购、免费领免费住、零首付（免首付）、零距离、"价格你来定"等；与"封

---

① 孟建安：《广告语体制约修辞语义的表达》，载《阜阳师范学院学报（社会科学版）》2013 第 5 期。
② 张英岚：《广告语言修辞原理与赏析》，上海外语教育出版社 2007 年版，第 130—149 页。

建、歧视"有关的话语，如帝都、皇城、皇室领地、皇家、皇族、殿堂、白宫、王府（府邸）、皇室住所等。

女性歧视在广告语言中经常见到。我们知道，随着女性社会地位的提高，将"婆婆对媳妇进行严格的身体检查"与"奥迪官方认证的二手车"强行联系起来，"物化"女性，背离了现今男女平等、婚姻自由等社会主流文化，有违新时代的道德要求。例如韩后品牌曾经在《南方都市报》刊登过一则悬念广告，广告内容如下：

前任张太：

  放手吧！输赢已定。

  好男人，只属于懂得

  搞好自己的女人！

  祝你早日醒悟，

  搞好自己。

  愿，天下无三。

    ——张太

该广告没有可明显识别的广告主，但"前任张太""天下无三""张太"等词语，让公众纷纷联想起"小三"刊登广告"报复"前任等剧情。有关部门当天立即要求《南方都市报》撤下广告，做深刻检讨。虽然后来广告创作者解释说，该广告属于系列广告之一则，后续内容会对这个署名"张太"的广告进行说明："前任张太"和"张太"其实是同一个人，只是现在的"张太"把自己做得很好，所以采用第三者口气来告别以前的自己，也就是"前任张太"。显然，该广告的刊出完全背离了人们最基本的道德底线。

四、广告语体分体修辞特征

根据上文对广告语体的分类，下面将逐一分析平面广告语体、广播广告语体、电视广告语体的修辞特征。

（一）平面广告语体

平面广告语体是指借助平面媒体如报纸、杂志、海报、传单、墙头等载体传播广告信息时所使用的一种语文体式。

1. 词语应用特征

平面广告以使用简单易懂、积极正面的词语为主。平面广告往往会使用第一、第二人称代词，引起受众将广告内容和感觉投射到自己身上。如下列广告均使用了第一人称：

  我从不坐等奇迹，我坚持追求美丽。（雅诗兰黛广告语）

  我的青春永远保鲜，我要青春无限期。（玉兰油广告语）

有不少平面广告往往还会借助于相应的数据来证明市场竞争环境、产品功能情况，适当使用精确数字能增强广告的可信度与说服力。如蒙牛特仑苏牛奶广告十分精确地报出牛奶中含有"3.5克乳蛋白"，而OPPO手机则大张旗鼓地宣称"充电五分钟，通话两小时"。这些精确词语的使用给目标受众一种信任感，使目标受众心中感到踏实。

2. 句子应用特征

平面广告中的句子以陈述句为主，但是祈使句、疑问句和感叹句出现的频率也很高。祈使句能促使目标受众产生相应行为，疑问句能够促使目标受众去思考，而感叹句则更会引起消费者的注意。例如：

①祈使句：爱她，就请她吃哈根达斯。（哈根达斯广告语）
②祈使句：请喝可口可乐。（可口可乐广告语，1886年）
③疑问句：你今日饮咗未？（益力多广告语）
④感叹句：味道好极了！（雀巢咖啡广告语）

3. 辞格应用特征

平面广告并不拘泥于一种修辞格式的应用。可以这样说，只要某种辞格有助于广告目标的实现，都会被毫不犹豫地运用到广告之中。这当然并不意味着一则平面广告中会经常性综合使用各种辞格，相反一则优秀的平面广告通常只使用一种辞格。原因很简单，单独使用一种辞格能使这一修辞手段更为明显，效果更为突出。我们知道，广告是以传递信息为主，因此如果使用太多的修辞格式必然会造成信息表达与理解的困难。例如：

爱她，就请她吃哈根达斯。（哈根达斯广告语）

该例采用的是借代修辞格，用商品名称"哈根达斯"代替商品。语句简洁，情真意切，效果明显，无须赘言。

4. 篇章结构特征

一则完整的平面广告文字稿一般由广告标题、广告正文、广告语（或称广告标语、广告口号、Slogan）、广告随文组成。这些只是平面广告的基本构成要素，并不意味着在每则广告中这些要素都必须要出现。有不少时候，广告语言会被压缩提炼成为一两句简练的广告语。

广告标题和广告语都很醒目，但它们也有明显的区别：广告标题是一则广告的标题，通常出现在平面广告语体中。广告语则不同，广告语是广告主在较长时间内重复使用的标语，一般与阶段性的广告运动（广告战略）紧密相关。

	广告标题	广告语
目的	引导受众阅读广告正文	通过反复宣传强化人们对它的印象，让受众确立一种观念
重复次数	不重复	大量重复
时间效应	较短	较长
流传范围	窄	广

（二）广播广告语体

广播广告语体是指借助于广播传播广告信息所使用的一种语文体式，同样适用于商场广播、互联网音频等媒体。一方面，广播广告具有伴随性，大多数听众收听广播节目时并非正襟危坐，常常是伴随着做其他事情，因而难以集中注意力；另一方面，广播广告缺少平面广告的文字和图片，也缺少电视广告的图像。这些事实为广播广告的修辞应用提供了重要参考。

1. 词语应用特征

第一，简单通俗。由于广播广告只借助声音进行传播，声音转瞬即逝，往往不能重播，因此应以简单通俗的词语为主。例如在收听广播广告时，受众有可能在开车，也有可能在做其他事情，总之存在着多种可能性。这种语境下，如果广播广告信息过于复杂，词语使用艰涩难懂，受众由于心不在焉或者受到语境条件的干扰，而极有可能完全听不懂广告内容。因此，广播广告语要尽量选用常用词语，尽量避免使用生僻的词语以及专业术语。例如云南滇红茶广告：

孙子：爷爷，怎么老喝茶。（读茶叶罐上的名称）云南真红茶。

爷爷：真字上三点水应读滇（diān）。

孙子：云南滇红茶。

该例爷孙俩的对话使受众犹如身历其境，仿佛就在爷孙俩生活的情境中。他们口说时运用的都是简单易懂、通俗明白的词语。

第二，尽可能口语化。广播广告以使用口语化词语为主，可以据情适当使用书面词语，也可以少用方言词语。例如：

①警示篇——祸始于贪（节选）

鼠妻：鼠儿他爹歇歇吧！别在一个劲儿地往家里捞了，够咱们吃喝一辈子了！

鼠夫：哎！我得给咱小鼠崽儿整点儿！（老鼠叽叽叽忙碌声）

②胖嘟嘟美食城广告（节选）

男甲（湖南方言）：农家瓦罐水鱼！

女：不错，是农家瓦罐水鱼！由上品水鱼民间方法制作，原汁儿原味！您再来点湖南菜，这味道哇，尝尝就知道了！

例①中，"歇歇吧""一个劲儿""鼠崽儿""整点儿"等都是口语中经常出现的词语，它们的使用体现出浓浓的生活气息，非常平易生动。例②由于是给湖南菜做广告，所以在广告语中夹杂使用了湖南话中的方言土语。这是适境的方言词语，不仅突出了商品的地域文化特色，同时又能够唤起受众的乡思情怀，由此而创造出了特别唯美的乡土氛围。

第三，尽量少用或不使用代词。由于受众极有可能不是自始至终都在收听广播节目，而是顺其自然随意性地开始收听广播节目，为了避免受众混淆代词所指代的人或商品，那么在广播广告中就要尽量少用代词或不用代词。

2. 句子应用特征

从语气句调方面看，广播广告语言中常见的句子有陈述句、疑问句、祈使句、感叹句；在句式使用方面，广播广告尽量不要使用倒装句，也不要使用双重否定句，以避免给受众制造理解上的障碍；在长短句使用方面，由于是口说耳听，所以广播广告语中应以短句为主，尽量少用长句或不用长句；在句子语意方面，为了听众有效记住核心信息，必要时还需要重复使用同一个句子。例如：

家中常备王老吉，更健康；家中常备王老吉，更清爽。

该例采用歌唱方式运用了常式句、陈述句，反复使用了同一个句子"家中常备王老吉"，且语句简短。整个广告语意清楚明白，句子便于口说，也便于记忆。

3. 辞格应用特征

广播广告中最常用的辞格有设问、反复、双关等，其他辞格如引用、对偶、谐音、拟物、拟人、夸张等也较为常见。广播广告一般没有标题，所以往往采用设问方式引起听众注意。借助广告角色一问一答式,把广告信息成功传递给受众。在广播语体当中,设问是个应用广泛、适应性很强的修辞格。例如:

您想身轻体健,青春永驻吗?请您常服山西中药厂的补王龟龄集。

该例就是采用设问方式,以祈使句作答,由此来吸引受众,有比较好的广告效应。

有时为了能够让受众记住广告信息,广播广告中会特意反复强调诸如电话号码、商品名称、活动时间等重要信息,因此反复修辞格在广告语言中会被经常使用。正如林兴仁所说,"……名称的反复,至于紧接反复、间隔反复、词语反复、句式反复、句群反复,在广播语体里运用得都很普遍。"① 例如:

男:马兰拉面!
女:马兰拉面!
男:马兰拉面,采用健康营养配方,低脂肪、高蛋白,不仅美味可口,而且具有食疗保健作用。
女:马兰拉面,健康快餐新概念!马兰拉面,中国人自己的快餐!

该例中,"马兰拉面"反复出现了四次,为的就是强调这种面的品牌、质量,通过反复刺激受众的感官,以强化受众的记忆力。

(三)电视广告语体

电视是一种声画结合的媒体,借助蒙太奇手法依次表现信息,感染力比较强。电视广告语体是指借助电视传播广告信息的一种语文体式。电视广告同样适用于电影、楼宇视频、互联网视频等视频媒体中。电视广告撰制在声音上与广播广告非常相似,因此广播广告的写作要求基本上都适用于电视广告。但是,由于电视广告具有声画结合的特点,因此电视广告语体又有其独有的特点。

1. 语音应用特征

电视广告特别注意语音节奏。根据张武江对14436个电视广告句子的统计分析,电视广告中句子的节奏表现出以下特点:"句子节奏为二音步节奏模式的占36.88%,排在第一位;句子节奏为三音步节奏模式的占19.05%,排在第二位。二音步的节奏模式是电视广告句子节奏的主体。"② 例如:

二音步
"1+2":选/套餐,存/话费
"2+1":神州/行,我看/行
"2+2":藏药/经典,雪域/圣品,奇正/黄药
"2+3":精彩/大运河,时尚/太阳谷

三音步
"2+2+2":经典/演绎/时尚,品质/成就/品位
"2+2+3":体验/时尚/新感觉,世界/名牌/波司登

---

① 林兴仁:《实用广播语体学》,中国广播电视出版1989年版,第108页。
② 张武江:《电视商业广告语体研究》,中国传媒大学出版社2015年版,第53页。

2. 词语应用特征

第一，简短精练是电视广告语中词语使用的基本特征。原因在于：第一，电视广告词语具有多样化功能，不仅能够引出话题，讲出道理，而且还能够提高广告的感染力。由于电视广告声画是同步的，所以广告语中词语的使用与画面、广告商品、人物语言等就结合得相当紧密。第二，由于电视广告费用较为昂贵，广告时长通常只有 15 秒和 30 秒，因此广告商会尽量选用简短精练的词语。

第二，口语化词语与书面词语有机结合是电视广告语中词语使用的又一特征。电视广告中出现的画外音、人物语言、字幕等各自担负不同的传播功能。画外音是对视频画面的补充和说明；人物语言是了解剧情或人物观点的载体；字幕则是将较为重要的信息展示在屏幕上，是对前面两者的提炼、强调和补充。其中，画外音和人物语言多以口语化语词为主，字幕则以书面语词为主。例如：

两辆玩具车相撞，车的两个小主人狭路相逢，两人互带敌意地对视几眼后，就开始对骂：

甲：你怎么开车的，瞎了眼！
乙：怎么，想打架啊！
甲：什么，有种你再说一遍！
乙：来呀，我怕你呀！
甲：啊，你找死啊你！

字幕：耳濡目染，影响孩子的成长。保护孩子的心灵，请谨言慎行。（夏晓鸣《广告文案写作》）

该例中两个小孩所说的话，如"瞎了眼""有种""找死"均为口语化词语，让人感受到那种针锋相对的氛围。最后打出来的字幕"耳濡目染""谨言慎行""心灵"则更多地传递了严肃的教育意义。该例做到了口语词语与书面语词语的有机结合，使广告语通俗中见深意，严肃中接地气。

3. 句子应用特征

张武江认为："在句类选择上，电视广告语体和其他语体一样，仍然是把陈述句放在首位。相比于其他语体，电视广告语体的祈使、疑问、感叹三种句类的平均使用频率都比较高。"[①] 视频广告主要是向观众提供信息，说服受众购买某种商品，或者说服受众接受某种观念，因此陈述句、祈使句比例很高。疑问句则以设问句为主，目的是引起受众关注，并为下文做铺垫。有时，为了增强广告的感情色彩，拉近与受众的距离，获得更好的传播效果，在视频广告中也经常使用感叹句。其中"太+感叹中心+了""真+感叹中心（+啊）""这么（那么）+感叹中心（+啊）""好+感叹中心（+啊）""感叹中心+啊/啦/呀"等句式最为常见。祈使句有助于鼓动受众去了解、去购买、去行动。例如：

陈述句：这个世界，总有人偷偷爱着你。（999 感冒灵广告语）
疑问句：是不是肾透支了？（汇仁肾宝片广告语）

[①] 张武江：《电视商业广告语体研究》，中国传媒大学出版社，2015 年版，第 142 页。

感叹句：哇，真的好干净耶。（汰渍洗衣粉广告语）
祈使句：你应该骄傲！（百雀羚广告语）

4. 辞格使用特征

电视广告中经常使用比喻、设问、对偶、排比、双关、对比、反问、比拟、移就、拈连、通感等修辞格式，出于保证广告信息真实性的愿望，要尽量谨慎使用夸张修辞格式。例如：

比喻：好像身体被掏空。（汇源肾宝片广告语）
设问：挖掘机技术哪家强？中国山东找蓝翔。（蓝翔技校广告语）
对偶：说地地道道普通话，做堂堂正正中国人（推广普通话电视广告语）

电视广告的辞格使用不仅体现在文字上，还应该与画面紧密结合，积极利用联想、通感、移情等，以触发观众的情感。

5. 篇章结构特征

电视作为一种线性媒体，电视广告的信息要以时间顺序事先排序，因此其结构与平面广告有着很大不同。由于电视广告缺乏标题和导语等醒目的视觉单元，因此需要在开头和结尾做文章。开头要马上抓住消费者的注意力，并吸引其继续看下去。结尾要重申广告的核心诉求，给予承诺。为了让消费者印象深刻，通常会在结尾时说出或打出字幕广告语。

第二节 知识应用与写作技能训练

利用所学广告语体基本理论与基础知识，在具体语境中根据要求进行广告语体语言应用训练和广告语体文写作实践，以培养和训练学生的广告语体语言应用能力和广告语体文写作能力。

一、广告语体知识应用训练

利用所学广告语体基本理论和基础知识，根据训练要求就如下语例做出讨论与分析，以培养和训练对广告语体理论知识的简单应用能力和综合应用能力。

（一）请根据要求完成训练

（1）收集某一个行业或某一类产品的广告语。比如，可以收集化妆品广告、酒类广告、手机广告、汽车广告等。

（2）收集的广告类型要具体。例如，汽车的类型有很多种，可以专门收集"城市SUV"的广告，或者专门收集"润唇膏"广告等。

（3）收集的广告数量要够多。例如，可以专门收集某一个产品近三年来的电视广告语。

（4）分别从语音、词语、句子、辞格、结构等方面对广告语进行横向分析，归纳出特定产品类型广告语的修辞应用特征。

（二）平面广告语体知识应用训练

（1）以下用例均为女性化妆品平面广告中的广告语，广告画面以明星或美女为主

体。请分析用例中代词"我""你"的作用。例文:

我的美丽源自有机。有机,有新肌(韩后有机护肤广告语)
生活单一,纯色单调,我不要(自然堂三色咬唇膏广告语)
白,不能浮于表面,我只要珍珠白(欧诗漫珍珠白原液广告语)
我的神笔,我的卡姿兰(卡姿兰大眼睛神笔广告语)
化不化妆,我做主(玉兰油粉嫩气色霜广告语)
我从不坐等奇迹,我坚持追求美丽(雅诗兰黛特润修护肌透精华露广告语)
我的青春永远保鲜,我要青春无限期(玉兰油UV多元修护系列广告语)
法兰琳卡香肤水,不一样的水,让你美,更让你香(法兰琳卡香肤水广告语)
韩束,释放你的美(韩束墨菊咕噜水广告语)
给你尊贵级保湿(玉兰油水漾系列广告语)

(2) 2016年5月25日,《深圳晚报》头版出现两则广告。两则广告一上一下,占据了整个版面。请从句子修辞角度分析该用例的句子应用特征。

上面一则广告文案写道:
不懂为什么,就是突然想打个广告
南宁圈
我们只是一家来自广西壮族自治区的自媒体
说明:我和楼下那位没啥关系

下面一则广告文案则写:
我也不懂为什么,见楼上打了我也想打一个
熊猫自媒体联盟
我们是一家内容生产商
我们坚信"每一个表达都有他的价值"
补充:我们和楼上也没啥关系

(3) 请从句子修辞角度分析如下用例的句子应用特征。例文如下:
@男友:口红我自己买,你负责夸就好。(婷美小屋广告语)

(4) 请分析以下广告标题与正文的关系，并分析其辞格应用特征。

台湾三味矿泉水广告

标题：四大皆空

正文：无色、无味、无菌、无尘

(三) 广播广告语体知识应用训练

(1) 请从修辞角度分析如下用例词语、句子应用特征。例文如下：

统一来一客《没睡篇》（来一客 TVC 音乐）

女：猫还没睡？路灯还没睡？月亮还没睡？7-ELEVEN 还没睡？网络还没睡？K 书的人还没睡？

音效：咕噜！咕噜！

女：肚子也还没睡？

音效：咻（干净利落的吃面声）！

男：来一客，不要等！

女：这么晚，你还没睡！

(2) 请从句子使用角度分析如下用例。例文如下：

听，北京的声音（北京电台）

男1：听，胡同的清晨！

音效：（清晨鸟鸣、自行车铃声、胡同声响、收音机里传来的声音）

男1：听，午夜的长安街！

音效：（夜晚长安街的车流声，电报大楼《东方红》的钟声）

男1：听，戏！

音效：（湖北会馆的京剧演出）

男1：听，曲儿！

音效：（四合院里的琴书与弦儿）

(音乐压混)

男2：北京的声音，北京新闻广播！

(3) 请从辞格、句子应用角度分析以下用例。例文如下：

佳能复印机

(音效：复印机复印时的过纸声)

女：张秘书，你的材料复印好了，拿过来吧。

男：哎，好勒，谢谢啊。哎？不清楚……

女：什么？不清楚？这可是佳能复印机，你看好了，白纸黑字，印得多清楚啊！

男：啊不是不是，我是说，这两个，哪个是原版哪个是复印件，我搞不清楚了。

(一个卡通音效：嗡嗡嗡)

男白：佳能复印机，张张都清晰。

（四）电视广告语体知识应用训练

（1）阅读以下广告，并用合适的语音语调朗读字幕，感受词语的感情色彩。例文如下：

台湾黑松汽水广告

画面：香水　　　　　字幕：挑逗的水

画面：输液的液体　　字幕：补充的水

画面：海水　　　　　字幕：冒险的水

画面：酒　　　　　　字幕：享乐的水

画面：奶瓶中的奶　　字幕：成长的水

这是无可替代的水，满足人类基本需要

广告语：发现一瓶好水　黑松天霖水

（2）请从词语使用角度分析如下广告语言。例文如下：

旅游卫视广告"行走改变命运"

二月的西伯利亚（画面：蓝白幻化）

五月的秦淮（画面：金粉幻化）

七月的亚马逊（画面：红绿蓝等鲜艳色幻化）

十月的刚果（画面：绿色幻化）

生生不息　行走不止

行走改变命运

（3）请从句子使用角度分析如下广告语言。例文如下：

耐克电视广告《定律是用来被打破的》（节选）

字幕：定律1. 亚洲人肌肉爆发力不够？

字幕：定律2. 亚洲人成不了世界短跑飞人？

字幕：定律3. 亚洲人缺乏必胜的气势？

字幕：定律是用来被打破的。

（面对镜头的刘翔挥舞着拳头，庆祝自己的胜利）

广告语：你能比你快

（4）请从辞格使用角度分析如下用例。例文如下：

MTV音乐频道广告

画面内容：两个好朋友在排练HIP-HOP街舞。结果两人是聋哑人，只能通过手势来交流。

字幕：听不见声音，只听见音乐。

广告语：音乐与我同在，MTV无可取代。

二、广告语体写作技能训练

利用所学广告语体基本理论与基础知识，在具体语境中根据要求进行广告语体文撰制技能训练，以培养和训练学生的广告语体文写作能力。

（一）平面广告体写作技能训练

利用所学平面广告体基本理论与基础知识，在具体语境中根据要求进行平面广告语体文撰制技能训练，以培养和训练学生的平面广告语体文写作能力。

训练话题1 请以"中华文化，中国精神"为主题拟写广告词。

训练目标：培养学生对平面广告体词语和句子应用能力、辞格构拟能力。

训练要求：

（1）以"中国精神"为核心，结合中国特有的文化特征，运用中国元素作为表现形式，让世界重新认识中国，领略"中国精神"的独特魅力。

（2）作品可以用在户外广告牌、建筑围挡、报纸杂志、地铁、公交车站、火车站以及机场广告牌等公共平台。

（3）要结合平面媒体的特点，体现广告语体的特点；使用以下其中一种修辞手法：比喻、比拟、仿拟、引用、对偶、排比。

（4）作品的图形部分要与文字部分紧密结合。

（5）注意图片和字体是否得到合法授权。

训练话题2 请以一种本地特产为对象，为其撰写平面广告文案。

训练目标：培养学生广告诉求点的语言析取能力、广告标题构拟能力、广告标语设计能力。

训练要求：

（1）选择一种具有地方特色的本地特产（农业特产、手工特产等），为其撰写广告文案，向全国推广该特产。

（2）收集该特产全部有关资料，包括起源、传说、材料、制作过程等。

（3）深入分析材料，总结提炼该特产独特的广告诉求点。

（4）根据广告诉求点撰写一篇短文案，要有广告标题、广告正文和广告标语。

（5）广告标语要求朗朗上口，将该特产的名称置于其中，以易于记忆。

（6）将创作的广告文案排版制作成平面广告。

训练话题3 如今智能手机已经成为人们必备的通讯工具，电量使用时间长短也成为人们选购手机的重要指标。请以OPPO手机广告语"充电5分钟，通话2小时"为仿体，充分发挥想象力，拟写广告语以表达"手机充电快"这一语义。

训练目标：训练学生使用短句表现广告内容的能力、常见辞格构拟能力、仿写能力。

训练要求：
（1）选用简单易懂的词语。
（2）句式简单，使用短句，节奏要朗朗上口。
（3）可适当使用比喻、夸张、对偶等修辞手段。
（4）突出表现"手机充电快"的特点。
（5）如果可以的话，选用合适的图片元素制作成平面广告。

训练话题4 写作一条公益标语，用于日常公益宣传。

训练目标：培养常见语病辨识能力、标语改写能力、公益标语撰制能力。

训练要求：
（1）收集某一方面的公益标语，比如禁止吸烟、禁止踩踏草地、便后冲水、依次排队、请勿喧哗、节约用电等。
（2）归纳现有标语的语体特征，并找出存在的问题。
（3）对现有标语进行改写或重新创作标语。
（4）标语要简单，易于传播。
（5）注意祈使句式的使用。

训练话题5 请利用以下平面广告中的特定句式，按照要求完成训练。特定句式如下：

① "世界上只有两种……，一种是……，一种是……"
② "再……也……"
③ "……就是……"
④ "不是所有的……，都……"

训练目标：培养特定句式的仿写能力。

训练要求：
（1）请以给出的特定句式为模仿对象，自主选定某种商品或品牌，拟写广告词。
（2）广告词要确保语言通顺流畅，符合广告词的基本语言要求。
（3）广告立意要正确，内容要符合客观实际。

（二）广播广告体写作技能训练

利用所学广播广告体基本理论与基础知识，在具体语境中根据要求进行广播广告语体文撰写技能训练，以培养和训练学生的广播广告语体文写作能力。

训练话题1 请自主选择一个品牌或商品（比如化妆品、书、文具等），根据以下两则广播广告形式，撰写广播广告。广播广告文字稿如下：

例文一：海尔冰箱广告语
要不是麦哲伦从东向西横跨太平洋航行，
不会有人会相信地球是圆的；
要不是海尔发明了海尔鲜+冰箱，
不会有人会相信食物可以保持得如此的新鲜；

海尔鲜+变频冰箱，新鲜上市，变频新动力；

独有全方位智能保鲜系列，突破传统保鲜限制，开创新鲜好生活；

海尔冰箱，中国人的国际品牌。

例文二：《汽车杂志》广告语

（电话铃同时响）

中年男："买车。"

青年女："开车。"

青年男："学车。"

孩童："看《汽车杂志》呗。"

旁白（男）："《汽车杂志》。"

训练目标：训练学生广告语模仿能力、言文顺畅转化能力。

训练要求：

（1）要保持例文广告词的基本话语格调，适合口说。

（2）对话模式不变，要有必要的说明性文字或者旁白。

（3）句式要以例文为本，也可适度变换用其他句式。

（4）不必拘泥于例文字数，但要注意制做出来的文案，录制后应该限定在5秒、15秒、30秒。

训练话题2 请参照例文，自行选择选择一个品牌或商品，找出该品牌或商品的特点，按照要求制作一则广播广告。

例文一：中化集团广播广告语（节选）

甲：买化肥到哪？

乙：中化！

甲：买种子到哪？

乙：中化！

甲：卖农药到哪？

乙：中化！

甲：为啥都是中化呢？

例文二：江中牌草珊瑚含片广告语（15秒）

男甲（上了年纪的北京口音）：你说我这鹦鹉怪不怪，那天……（回忆）

（唱京剧，因嗓子不舒服，高音唱不上去。）

鹦鹉：草珊瑚，草珊瑚。

男甲：（笑）连它也知道我该吃草珊瑚含片了。

鹦鹉：草珊瑚，草珊瑚。

男乙：其实并不怪，好东西谁不爱？江中草珊瑚含片。

训练目标：培养学生强调重要信息能力、反复辞格构拟能力、句式选择能力。

训练要求：

（1）将例文中重复的信息圈出来，并理解信息是如何通过不同形式进行重复的。

（2）将选择的品牌或产品的关键信息梳理出来，并确定广告中要重复的信息。

（3）利用不同方式对重要信息进行重复，要注意重复不能过于单调。
（4）句式使用要符合广播广告的特点。
（5）可以适当使用辞格。

训练话题3 请以爱华仕箱包的广告语"装得下，世界就是你的"为主题，按照要求撰写广告语。例文如下（肇庆学院文学院学生习作）：

5岁，快乐很简单，它是爸爸出差回来从箱包里变出的玩具车。

15岁，知识很厚重，它是追风少年拖着箱包去了解世界的求知欲。

25岁，创业很艰辛，它是箱包里一沓沓厚重的企划方案。

35岁，回家很奢侈，它是箱包里满载的思念和匆匆归家的喜悦。

走了这么远，发现家才是我的全部。

爱华仕箱包，装得下，世界就是你的。

训练目标：训练受众角色定位能力、角色语言运用能力。

训练要求：

（1）创作一则30秒的广播广告。

（2）要突出广告语，抓住这种品牌箱包的主要特点。

（3）结合25～35岁的人群，使用这年龄段的语言（包括词语、句子、音色、语调等）来表达。

（4）可以适当使用修辞格。

训练话题4 请以社会主义核心价值观为主题，根据要求创作一则广播系列广告。例文如《最有意义的时刻》之《爱岗敬业篇》（肇庆学院文学院学生习作）：

主播（女）：今晚我们的话题是，"最有意义的时刻"，看看他们怎么说……

清洁工阿姨（背景声：鸟叫、扫地声）：凌晨四点吧，大街上就我一人，得赶在天亮前把马路扫干净。

交警（背景声：车辆鸣笛声）：六点钟吧，正是晚高峰，大家都急着回家，我们得坚持执勤，保障交通安全。

出租车司机（背景声：关车门声）：半夜十二点吧，得把你们安全送到家呀。你也这么晚下班吗？

主播：是啊，爱岗敬业嘛，我们的社会才会越来越好。

训练目标：培养学生对职业角色的认知能力、角色语言应用能力。

训练要求：

（1）系列广告要求有三则30秒的广播广告。

（2）社会主义核心价值观分三个层面，每个层面制作一个广告。

（3）要以不同职业或不同年纪的人为角色主体。

（4）广告语言要契合广告角色身份。

（5）请使用生活化语言，用白描式语言。

训练话题5 请选择一个品牌或产品，按照要求撰写广告语。例文如下：

（以儿歌《找朋友》的旋律唱）洗呀洗呀洗澡澡，宝宝金水少不了。滴一滴呀，泡一泡,没有蚊子没虫咬。

训练目标:培养学生对广播广告语言的语音修辞能力、广告文本改写能力。

训练要求:

(1) 借用大众熟悉的旋律,将广告语言改写成歌词。选用的旋律要悦耳动听、节奏明快,并且要符合品牌的调性。

(2) 要录制成一则30秒的广播广告,歌曲大概占用20秒左右,留10秒用以播报广告语和品牌名称。

(3) 广告语言要尽量符合音乐的节奏,做到唱出来时不会发生误解。

(4) 广告语言要适合于特定受众的心理特征。

(三) 电视广告体写作技能训练

利用所学电视广告体基本理论与基础知识,在具体语境中根据要求进行电视广告语体文撰制技能训练,以培养和训练学生的电视广告语体文写作能力。

训练话题1 请以"手机""果汁""感冒药""减肥茶"等为中心词,进行发散性联想,拟写电视广告词。

训练目标:培养学生发散性思维能力、电视广告语言应用能力。

训练要求:

(1) 任选一个关键词,或者一个具体的品牌或商品。

(2) 跟着感觉走,进行发散性联想。

(3) 为该品牌或商品拟写广告词。广告用语符合电视广告语体语言使用的基本要求。

(4) 不少于200字。

训练话题2 有些商品由于性质特殊,不适合进行直白的宣传,而应该通过委婉表达方式达到广告目的。请参考以下用例,为一款避孕药具撰写电视广告文案。例文如下:

女人,其实需要很多保护

有些保护,他,可以给你

有的保护,毓婷,才能做到

毓婷,72小时紧急避孕

有毓婷,放心爱

训练目标:培养学生委婉表达能力、忌讳词语的选用能力、核心信息的传递能力。

训练要求:

(1) 要简洁易懂,不用晦涩难懂的词语和句子。

(2) 要清晰地向受众传达产品的核心信息,但又不能使用过于直白的语言。

(3) 注意委婉表达手段的合理选用。

训练话题3 参考以下用例,按照要求撰写一则振奋人心的或者催人泪下的电视广告。例文如下:

"你应该骄傲"（百雀羚广告语节选）

……
为什么　会害羞
为什么　要克制
为什么　没发声
束缚你的　是他人的目光　还是你自己的内心
是否　所有的努力　都不值一提
低调行事　被刻进骨子里
是的　你应该骄傲
请为自由的灵魂而骄傲
请为你的善举而骄傲
请为征战四方的雄心而骄傲
……

训练目标：训练学生讲故事的能力、借助辞格引导观众情绪的能力、色彩词语的选用能力。

训练要求：

(1) 结合产品或某种精神讲述一个小故事，把广告诉求蕴含其中。

(2) 使用充满感情色彩的词语。

(3) 采用排比、反问、设问等多种辞格，以一步一步影响并调动受众的情绪。

(4) 要将品牌精神与广告所宣扬的价值观结合起来。

训练话题 4 参考以下案例，自行选择广告主，按照要求撰写一则系列广告。

BBDO 全球战略业务主管詹姆斯·米勒指出：每个人在饿的时候，都会出现一些共同的症状，可能会变得暴躁、脆弱或者迟钝，这些都会影响一个人的"男子气概"。为此，士力架在 2010 年超级碗期间推出"横扫饥饿　做回自己"的广告战略，并推出一系列广告，获得市场成功。其中，国内的广告将饿晕的守门员替换成林黛玉，将球场上没力气的姚明替换成小个子，将龙舟上敲鼓的人替换成《大话西游》的唐僧等。广告中都会出现一句"饿货，快来条士力架吧"，主角吃完士力架后马上做回自己。

训练目标：培养学生相同广告主题的不同表现能力、电视广告语言运作能力。

训练要求：

(1) 学习系列广告，并总结如何将一个广告主题发展成不同的广告创意。

(2) 注意广告语和广告台词在不同的广告中是如何重复出现的，要注意系列广告语之间的关联性。

(3) 广告语言要贴近广告产品或品牌的特点。

(4) 使用生活化的语言，做到简单易懂，适宜于电视媒介播出。

第七章　文学语体及其修辞应用

【本章导读】本章讲述文学语体及其修辞应用的相关问题。在对文学语体内涵、类型和修辞特点等基本理论知识进行讨论的基础上，根据文学语体分体状况设计编制了形式多样的知识应用和写作技能训练题目，以备师生开展针对性实践训练之需。

【教学目标】熟悉并掌握文学语体的基本概念和修辞特点，能够把所学知识应用到散言体、韵文体和剧文体中，掌握散言体、韵文体和剧文体写作的基本方法和技巧。

第一节　文学语体理论知识

文学语体是读者接触较多并最富于变化的一种语体。作为文章的高级样式，文学语言是高度凝练的语言典范。创作者运用多种修辞手段来表情达意，为读者带来了不同的审美体验；不仅展现了语言使用的风采，更为人们提供了文学语体语言应用的规范。

一、什么是文学语体

文学语体又称为文艺语体或艺术语体，是根据文学交际领域的需要，运用民族共同语进行创作而形成的言语特点的综合体。[①] 文学语体涵盖了一切文学言语体式，包括诗歌、散文、戏剧、小说、随笔、剧本、报告文学、儿童文学等。文学语体以语言为工具，采用多种语言艺术手段来反映对自我、对客观世界的理解和认识，以抒发文学情怀，寄托人生理想，并对听读者实施文学教育。

二、文学语体的类型

文学语体表现形式非常丰富，在语音修辞、词语修辞、句子修辞、辞格修辞、篇章修辞和风格修辞等方面都存在着各不相同的特征，由此决定了文学语体的类型划分。对文学语体分类的角度不同，会划分出不相同的类型。

黎运汉、盛永生以语言表达形式为标准对文学语体进行了下位分类，共分出散言体、韵文体和剧文体三种。[②] 显然，韵文体特别看重的是语言的语音修辞特征；散言体则淡化了语音形象，尤其注重的是语言的综合性特征；剧文体更看重的是对白式的表达方式。

三、文学语体修辞应用原则

文学语体的语言是感性的、生动的、表现性的，而非理性的、分析性的、论证性

---

① 黎运汉、盛永生：《汉语语体修辞》，暨南大学出版社2009年版，第209页。
② 黎运汉、盛永生：《汉语语体修辞》，暨南大学出版社2009年版，第209页。

的。与其他语体相比,文学语体题材和形式的多样性决定了它是最丰富多彩、最灵活多变、最富有创造力和想象力的一种语文体式。

(一) 话语风格要生动形象

文学是语言艺术,是高度凝练的语言形式,通过塑造丰富生动的艺术形象,反映社会生活,传达审美体验。文学语体就是要通过生动形象的话语格调,不断加工提炼,将语言"写活",创造"言近旨远,词浅意深,虽发语已殚,而含义未尽"的审美境界。[①]例如:

曲曲折折的荷塘上面,弥望的是田田的叶子。叶子出水很高,像亭亭的舞女的裙。层层的叶子中间,零星地点缀着些白花,有袅娜地开着的,有羞涩地打着朵儿的;正如一粒粒的明珠,又如碧天里的星星,又如刚出浴的美人。微风过处,送来缕缕清香,仿佛远处高楼上渺茫的歌声似的。这时候叶子与花也有一丝的颤动,像闪电般,霎时传过荷塘的那边去了。叶子本是肩并肩密密地挨着,这便宛然有了一道凝碧的波痕。叶子底下是脉脉的流水,遮住了,不能见一些颜色;而叶子却更见风致了。(朱自清《荷塘月色》)

例文中绘声绘色的描写,将夜晚十分月光照耀下的一片荷塘描写得跃然纸上。通过比喻、排比、通感、比拟等多样化修辞格式的构拟,以及对叠音词语、描绘性词语的应用,并注重对细节的生动描写,而把视觉性文字转换为活泼跳动的、具有多重感官的生动形象,从而使语言富于艺术感染力。

(二) 情感表达要丰富浓烈

文学来自生活,又高于生活,是人类情感的最丰富、最生动的表达。情感性可以说是文学的本质所在,因其创造主体以及阅读对象都是人,所以创作、阅读过程都是人通过文字手段来表达对生活的感受和真情实感的过程。正是丰富浓烈的情感表达,才赋予文学以新的生命。例如:

君不见,黄河之水天上来,奔流到海不复回。
君不见,高堂明镜悲白发,朝如青丝暮成雪。
人生得意须尽欢,莫使金樽空对月。
天生我材必有用,千金散尽还复来。(李白《将进酒》)

文学语体的情感表达常常有这样一个倾向,所谓"穷苦之词易好,而欢娱之词难工"。苦难和悲伤的情感表达更易引发思考和共鸣,因而文学作品诉诸悲伤困苦的一面时更容易为人所接受,但思考其根源,大概因为"人生不如意事十之八九"。该诗中,李白借酒消愁,抒发深厚丰富的内在感情:郁怒、狂放、愤激。全诗气势豪迈,感情奔放而浓烈,具有很强的感染力。

(三) 表达手段要变化多端

为了进行生动形象的表达,抒发丰富浓烈的情感,文学作品的创作者往往需要借助

[①] 赵春辉:《文学语体和应用文语体的差异》,载《牡丹江大学学报》2009年第10期。

富于变化的表现手段开展文学语体写作实践。表现手法可以是托物言志、写景抒情、直抒胸臆、虚实结合等；叙述顺序可以有顺叙、倒叙、插叙；创作手法上，可以采取对比、想象、象征、烘托、渲染等；修辞手段上，还常常综合运用比喻、反复、排比、反问、拟人、拟物、夸张等修辞格式；尤其是变异表达的多样化，更使文学语体的语言多姿多彩。例如：

  院儿里的老太太们还是那么欢迎我，东屋倒茶，西屋点烟，送到我跟前。大伙儿都不知道我获奖的事，也许知道，但不觉得那很重要；还是都问我的腿，问我是否有了正式工作。这回，想摇车进小院儿真是不能了。家家门前的小厨房都扩大，过道窄到一个人推自行车进出也要侧身。我问起那棵合欢树。大伙儿说，年年都开花，长到房高了。这么说，我再看不见它了。我要是求人背我去看，倒也不是不行。我挺后悔前两年没有自己摇车进去看看。

  我摇着车在街上慢慢走，不急着回家。人有时候只想独自静静地呆一会。悲伤也成享受。

  有一天那个孩子长大了，会想到童年的事，会想起那些晃动的树影儿，会想起他自己的妈妈。他会跑去看看那棵树。但他不会知道那棵树是谁种的，是怎么种的。（史铁生《合欢树》）

  在这篇散文中，史铁生通过寄情于物、借物寄意、触景生情等表现手法表达了对母亲的深切思念。母亲亲手种下的合欢树是作者感情寄托的对象，小小一棵合欢树承载着意蕴深厚的情感，再次回到"院儿里"勾起了作者对往事、故人的回忆。这样的移情手法是文学作品时常借用的。在语言表达上，运用了口语化词语、叠音词语、重叠式词语，使用了对偶、排比等修辞格式，构拟了主谓句、否定句、肯定句、复句、排比句等不同句式。众多表达手段的利用，为作者更好地表情达意起到了助推作用。

四、文学语体分体修辞特征

（一）散言体的修辞特征

  散言体是从语言表达形式角度分出的文学语体类型。散言体之所以"散"，就是因为在语言应用上没有特别的限制，无论是什么样的修辞手段和表现手法，都可以被用来表情达意。正是基于此，在我们看来，所谓散言体，简单地说，就是在文学创作领域，创作主体运用全民共同语所形成的以混合表现形式为主导的系列性语言特点的综合体。这种混合表现手段实际上就是把对语音、词语、句子、辞格等语言要素和非语言要素的修辞运筹作为同等重要的修辞手段来表情达意，从而形成的有别于韵文体、剧文体常用修辞手段的语言表达手段。散言体又包括小说、散文、随笔、游记、报告文学等形式不同的言语体式。

1. 词语应用特征

  各行各业、各种类型的词语都可能应用到散言体中。口语词、文言词、书面语词、历史词、方言词、同音词、同义词、单义词、多义词、单音节词、多音节词、外来词、网络新词等，这些形式丰富、色彩多样的词语都会被广泛地应用到散言体中。散言体不

追求音节整齐和谐,对音乐美、韵律感不作要求,所以词语的使用较为自由而又多样化。例如:

"吹面不寒杨柳风",不错的,像母亲的手抚摸着你。风里带来些新翻的泥土的气息,混着青草味儿,还有各种花的香,都在微微润湿的空气里酝酿。鸟儿将巢安在繁花嫩叶当中,高兴起来了,呼朋引伴地卖弄清脆的喉咙,唱出宛转的曲子,跟轻风流水应和着。牛背上牧童的短笛,这时候也成天嘹亮地响。

雨是最寻常的,一下就是三两天。可别恼。看,像牛毛,像花针,像细丝,密密地斜织着,人家屋顶上全笼着一层薄烟。树叶儿却绿得发亮,小草儿也青得逼你的眼。傍晚时候,上灯了,一点点黄晕的光,烘托出一片安静而和平的夜。在乡下,小路上,石桥边,有撑起伞慢慢走着的人,地里还有工作的农民,披着蓑戴着笠的。他们的草屋稀稀疏疏的,在雨里静默着。(朱自清《春》)

从该例对春天的描写,可以看出散言体词语运用的基本特点。以"吹面不寒杨柳风"的诗词引入表达,描述中既有"酝酿""呼朋引伴""宛转""嘹亮"等书面语词,更有"味儿""成天""可别恼"等口语化词语,还有"斜织""静默着"这样充满形象色彩的词语,由此可见作者对词语的锤炼。再如:

人们都说:"桂林山水甲天下。"我们乘着木船,荡漾在漓江上,来观赏桂林的山水。

我看见过波澜壮阔的大海,玩赏过水平如镜的西湖,却从没看见过漓江这样的水。漓江的水真静啊,静得让你感觉不到它在流动;漓江的水真清啊,清得可以看见江底的沙石;漓江的水真绿啊,绿得仿佛那是一块无瑕的翡翠。船桨激起的微波扩散出一道道水纹,才让你感觉到船在前进,岸在后移。

我攀登过峰峦雄伟的泰山,游览过红叶似火的香山,却从没看见过桂林这一带的山。桂林的山真奇啊,一座座拔地而起,各不相连,像老人,像巨象,像骆驼,奇峰罗列,形态万千;桂林的山真秀啊,像翠绿的屏障,像新生的竹笋,色彩明丽,倒映水中;桂林的山真险啊,危峰兀立,怪石嶙峋,好像一不小心就会栽倒下来。(陈淼《桂林山水》)

该例为状景散文。在描写桂林山水时,较多使用了"波澜壮阔""水平如镜""峰峦雄伟""红叶似火""奇峰罗列""形态万千""色彩明丽""倒映水中""危峰兀立""怪石嶙峋"等四字格词语。这些四字格词语是意义高度凝练的结果,而且又形象生动。例中还反复多次间隔性使用语气词"啊",以此来表达作者的感叹和喜爱之情。"一道道""一座座"等叠音词语的使用则从一个侧面展现出桂林山水的优美和隽秀。

2. 句子应用特征

散言体句子有整有散,灵活多变,运用自由。陈述句、疑问句、祈使句、感叹句等句类,以及主谓句、非主谓句、被动句、兼语句、连动句、双宾语句、存现句等句型句式都可以在散言体中被广泛使用。为了满足表达需要,有时还可进行适当变异,所以在散言体中独字成句、独词成句、独句成段的现象并不少见。例如:

早上,我静坐了一会。陈老五送进饭来,一碗菜,一碗蒸鱼;这鱼的眼睛,白而且硬,张着嘴,同那一伙想吃人的人一样。吃了几筷,滑溜溜的不知是鱼是人,便把他兜肚连肠的吐出。

　　我说"老五,对大哥说,我闷得慌,想到园里走走。"老五不答应,走了;停一会,可就来开了门。

　　我也不动,研究他们如何摆布我;知道他们一定不肯放松。果然!我大哥引了一个老头子,慢慢走来;他满眼凶光,怕我看出,只是低头向着地,从眼镜横边暗暗看我。大哥说,"今天你仿佛很好。"我说"是的。"大哥说,"今天请何先生来,给你诊一诊。"我说"可以!"其实我岂不知道这老头子是刽子手扮的!无非借了看脉这名目,揣一揣肥瘠:因这功劳,也分一片肉吃。我也不怕;虽然不吃人,胆子却比他们还壮。伸出两个拳头,看他如何下手。老头子坐着,闭了眼睛,摸了好一会,呆了好一会;便张开他鬼眼睛说,"不要乱想。静静的养几天,就好了。"（鲁迅《狂人日记》）

　　该例为中国第一篇现代白话文小说。作为一篇具有划时代意义的作品,在句子使用上体现出明显的散言体特征。全篇采用日记体,以第一人称叙述主人公的内心世界。鲁迅有意通过"迫害狂"患者的感受,通过他在精神错乱时写下的谵语来表现主题。句子的使用看起来逻辑混乱,十分自由散乱,多种句式轮番使用,更有独词成句的变异,但在散中足见内在逻辑关联性。再如:

　　女人就又坐在席子上。她望着丈夫的脸,她看出他的脸有些红涨,说话也有些气喘。她问:

　　"他们几个哩?"

　　水生说:

　　"还在区上。爹哩?"

　　女人说:

　　"睡了。"

　　"小华哩?"

　　"和他爷爷去收了半天虾篓,早就睡了。他们几个为什么还不回来?"

　　水生笑了一下。女人看出他笑的不像平常。

　　"怎么了,你?"

　　水生小声说:

　　"明天我就到大部队上去了。"（孙犁《荷花淀》）

　　例文中的人物语言,句子结构灵活多样,长短结合,语序、句式、句子完整性方面都不拘一格。该例由于多是双方的对话,所以省略句、独词句、短句、倒装句、疑问句、主谓句等交叉出现,表现出了散言体句子使用的基本特征。

3. 辞格应用特征

　　在散言体中,随处可见修辞格式的灵活运用。比喻、比拟、夸张、排比、对偶、反复、借代、回环、设问、引用、顶真、通感、婉曲、映衬、移就、换算、拈连等辞格常常会被作家们广泛使用,从而塑造出生动的语言形象,表达出意蕴丰厚的情感。例如:

　　自从陈景润被选调到数学研究所以来,他的才智的蓓蕾一朵朵地烂漫开放了。在圆内整点问题,球内整点问题,华林问题,三维除数问题等等之上,他都改进了中外数学家的结果。单是这一些成果,他那贡献就已经很大了。

但当他已具备了充分依据,他就以惊人的顽强毅力,来向哥德巴赫猜想挺进了。他废寝忘食,昼夜不舍,潜心思考,探测精蕴,进行了大量的运算。一心一意地搞数学,搞得他发呆了。有一次,自己撞在树上,还问是谁撞了他?他把全部心智和理性统统奉献给这道难题的解题上了,他为此而付出了很高的代价。他的两眼深深凹陷了。他的面颊带上了肺结核的红晕。喉头炎严重,他咳嗽不停。腹胀、腹痛,难以忍受。有时已人事不知了,却还记挂着数字和符号。他跋涉在数学的崎岖山路,吃力地迈动步伐。在抽象思维的高原,他向陡峭的巉岩升登,降下又升登!善意的误会飞入了他的眼帘,无知的嘲讽钻进了他的耳道。他不屑一顾;他未予理睬。他没有时间来分辩;他宁可含垢忍辱。餐霜饮雪,走上去一步就是一步!(徐迟《哥德巴赫猜想》)

该例为报告文学,集中表现出了散言体在修辞格应用方面的突出特征。该例中,综合使用了排比、比喻、比拟、夸张、借代、映衬、对偶等修辞格,使叙述和描绘更加连贯流畅,生动自然。再如:

在热带热天,也许这是最合理的妆束,船上有一两个外国女人就这样打扮。可是苏小姐觉得鲍小姐赤身露体,伤害及中国国体。那些男学生看得心头起火,口角流水,背着鲍小姐说笑个不了。有人叫她"熟食铺子"(charcuterie),因为只有熟食店会把那许多颜色暖热的肉公开陈列;又有人叫她"真理",因为据说"真理"是"赤裸裸的"。鲍小姐并未一丝不挂,所以他们修正为"局部的真理"。(钱钟书《围城》)

《围城》这部作品最为引人瞩目的,就是它的修辞艺术,尤其是生动形象、出人意料的比喻,更是巧夺天工,令人会心一笑。作品中许多经典的比喻突破常规,营造一种陌生新奇的氛围。该例中,作者用"熟食铺子""真理""局部真理"来比喻鲍小姐,既贴切有形象,而且对理解鲍小姐这一人物形象的性格特征具有非常重要的作用。类似的用例在《围城》中非常多。再如:

这一张文凭,仿佛有亚当、夏娃下身那片树叶的功用,可以遮羞包丑,小小一方纸能把一个人的空疏、寡陋、愚笨都掩盖起来。(钱钟书《围城》)

该例中,作家将假文凭比喻为亚当、夏娃下身的树叶,本体和喻体之间看起来遥不可及,但却被作家信手拈来,而且是那么自然、那么浑然一体。

4. 言说体式特征

散言体是开放性语文体式,在体式选择上可以交叉使用或移植其他众多语体的语言要素和言说体式。在散言体中,语体移植现象比较普遍。这指的是在具体运用语言时,表达主体总是依照一定的形式进行组织。书信体、演讲体、日记体、广告体、新闻体等形式都可以移植进来,满足实际表达需要。① 例如:

①踌躇间,昭如收到了天津"丽昌"郁掌柜的一封快信。寥寥数字:太太大安,速弃店西走成都。忌北上,倭人来。(葛亮《北鸢》)

②五月敬告亲友:

张氏五月,遵循我国"男大当婚,女大当嫁"之古训,坚持当代恋爱婚姻自由,他人不得从中干涉的原则,为慰老父老母急欲择婿的爱女之心,五月本人通过"择优录

---

① 孟建安:《小说语文体式的语体转化现象论析》,载《平顶山学院学报》2010年第1期。

取"之优选法,已经选定某厂青年姓南名生,为终身伴侣,为此,特向全家发布公告为"定婚凭证"。五月与南生何时何地举行婚礼,目前尚无可奉告。

公告发布人　张五月(顾啸《名门望族》)

例①中,在叙述语言中借助上下文语境,顺势移植了书信体。虽然仅寥寥数语,但把书信体式自然然地移植进来,推动了故事的发展。例②中,用一个充满公文辞藻、外交辞令的"公告体"来宣布个人的终身大事。在小说语文体式中,采用公告体为塑造俏皮幽默的五月形象做出了贡献,收到了寓庄于谐、亦庄亦谐的表达效果。①

(二) 韵文体

韵文体是从语言表达形式角度分出的文学语体类型。简单地说,韵文体就是在文学创作领域运用全民共同语所形成的以韵律表现形式为主导的系列性语言特点的综合体。韵文体又涵盖了诗歌、词曲、快板等不同形式的言语体式。

1. 语音应用特征

韵文体的语言富有音乐美,讲求韵律和节奏。② 在语音修辞方面,主要有三大特点,即音节匀称、韵脚和谐、平仄相间。

第一,音节匀称。音节匀称指的是韵文体在音节数量和处理上,追求匀称均衡、严密工整。单音节对单音节,双音节对双音节,从而使句式凸显整齐对称美。例如:

①无边落木萧萧下,不尽长江滚滚来。(杜甫《登高》)

②大弦嘈嘈如急雨,小弦切切如私语。(白居易《琵琶行》)

例①,"无边"与"不尽"相对,"落木"与"长江"相对,"萧萧下"与"滚滚来"相对。例②中,"大"与"小"相对,"嘈嘈"与"切切"相对,"急雨"与"私语"相对。由此也能看出作家对韵文语音的精雕细琢和匠心独运。

第二,韵脚和谐。韵文体通过精练的语言、和谐的韵律、鲜明的节奏,以营造优美的意境,表达作者的生活感受、理想、愿望。通过不同的用韵达到韵脚和谐,实现不同的表达效果。例如:

①
出塞
王昌龄

秦时明月汉时关,万里长征人未还。
但使龙城飞将在,不教胡马度阴山。

②
锦瑟
李商隐

锦瑟无端五十弦,一弦一柱思华年。
庄生晓梦迷蝴蝶,望帝春心托杜鹃。

---

① 刘凤玲:《论语体交叉的方式及其语用价值》,载《北方论丛》2005 第 2 期。
② 黄伯荣、廖序东:《现代汉语(下册)》,高等教育出版社 2011 年版,第 243 页。

沧海月明珠有泪，蓝田日暖玉生烟。
此情可待成追忆，只是当时已惘然。

例①中，全诗一、二、四句的同韵字"关""还""山"押韵"an"；例②中，"弦""年""鹃""烟""然"押韵"an"。韵脚和谐，不仅有利于诗歌的情感表达，更能提升诗歌的传唱度，有韵、押韵才朗朗上口，意蕴无穷。

第三，平仄相间。韵文体之所以讲平仄，是因为诗歌、词曲、快板等不同形式都具有吟咏传唱的功能，节奏感强，平仄相错，才有音乐美，才能体现汉语的独特魅力。如诗句"白日依山尽，黄河入海流"，其平仄形式为：仄仄平平仄，平平仄仄平。平仄变化赋予诗歌以新的韵味。如果把这十个字重新组合，进行对比朗读，便可体会到其中差别——"白日入海尽，黄河依山流"（仄仄仄仄仄，平平平平平），就完全失去了诗歌的韵律感。

2. 词语应用特征

韵文体中，常常使用色彩鲜明的词语、描绘性词语、感情浓烈的词语，并采用相应的手段变异应用词语，从而形成了丰满而又有韵味的词语形象。

韵文体注重选用色彩十分鲜明的词语，追求"诗中有画"的意境。文学不能像绘画那样直观地展现色彩，但可以通过语言描写唤起读者相应的联想和体验，展示出多彩的语言画卷。例如：

①两个黄鹂鸣翠柳，一行白鹭上青天。（杜甫《绝句》）
②日出江花红胜火，春来江水绿如蓝。（白居易《忆江南》）
③接天莲叶无穷碧，映日荷花别样红。（杨万里《晓出净慈寺送林子方》）

例①中，诗人用黄、翠、白、青四个颜色词语表达了四种不同的色彩，从而形成了明丽的色彩组合，绘出了一幅生机勃勃的图画。例②中，"红""绿""蓝"等色彩词语的使用形成了对比，以此来回忆江南春色之美，增加了感情的浓度。例③中，杨万里以"碧"代替荷叶，以"红"赞美荷花风韵，鲜明的色彩图画跃然纸上。词语的色彩增加了作品的绚丽感，使情感表达得明朗而热烈。这种"着色的情感"，增强了诗歌意境的感染力，达到"诗中有画，画中有诗"的完美境界。

韵文体中，词语变异应用非常普遍。词类变异、语序变异、搭配变异、色彩变异、词义变异等情况极大地丰富了韵文体的表达。例如：

鸡声茅店月，人迹板桥霜。（温庭筠《商山早行》）

这两句诗乍一看，完全是几个名词片段的组合，没有动词、形容词，按照常规的语言规则，可以说是不合语法的。但是，韵文体常常追求此类变异，以这样简洁的形式写出了清晨景色的凄清萧瑟，反映出诗人内心孤独的情感。

3. 辞格应用特征

韵文体伴随时代的发展而呈现出新的特点。大量运用比喻、婉曲、通感、对偶、夸张、反复、双关、映衬、排比等辞格，丰富了诗的内涵，增强了诗歌的想象空间。例如：

① <center>将进酒（节选）</center>
李白

君不见，黄河之水天上来，奔流到海不复回。
君不见，高堂明镜悲白发，朝如青丝暮成雪。
人生得意须尽欢，莫使金樽空对月。
天生我材必有用，千金散尽还复来。
烹羊宰牛且为乐，会须一饮三百杯。
岑夫子，丹丘生，将进酒，杯莫停。

② <center>致橡树（节选）</center>
舒婷

我如果爱你——
绝不像攀援的凌霄花，
借你的高枝炫耀自己；
我如果爱你——
绝不学痴情的鸟儿，
为绿荫重复单调的歌曲；
也不止像泉源，
常年送来清凉的慰藉；
也不止像险峰，
增加你的高度，衬托你的威仪。
甚至日光。
甚至春雨。

由示例便可看出，韵文体表现出作者极强的个人风格，而风格的构拟需要由包括修辞格式在内的诸多修辞手段的共同参与。例①是唐代伟大的浪漫主义诗人李白的诗作，其中不乏比喻、夸张、排比、反复等修辞格式的运用。这些辞格的创新利用都彰显出李白豪迈的气势、奔放的情怀。例②是当代朦胧诗派的代表作品，诗人通过构拟比喻、拟人、反复、移就等手法进行抒情，表达自己的爱情观，营造了朦胧的美感。

4. 篇章结构特征

韵文体的篇章结构常常呈分行状，根据句子完整性或内容表达来分行，呈现出一种形式美。尤其是现代新诗的变革要求，更增强了篇章结构的革新性。语言组织冲破形式束缚，追求诗歌的内在韵律和白话的自然音节。例如：

① <center>我是一个任性的孩子（节选）</center>
顾城

我希望
每一个时刻
都像彩色蜡笔那样美丽

我希望
能在心爱的白纸上画画
画出笨拙的自由
画下一只永远不会
流泪的眼睛
一片天空
一片属于天空的羽毛和树叶
一个淡绿的夜晚和苹果

我想画下早晨
画下露水所能看见的微笑
画下所有最年轻的
没有痛苦的爱情

② 回答（节选）
北岛

卑鄙是卑鄙者的通行证，
高尚是高尚者的墓志铭，
看吧，在那镀金的天空中，
飘满了死者弯曲的倒影。

冰川纪过去了，
为什么到处都是冰凌？
好望角发现了，
为什么死海里千帆相竞？

如例①②即为分行式的结构布局。

（三）剧文体

剧文体是从语言表达形式角度分出的文学语体类型。简单地说，剧文体就是在文学创作领域运用全民共同语所形成的以对白（会话）表现形式为主导的系列性语言特点的综合体。剧文体体现为话剧、歌剧、舞剧、音乐剧、木偶戏、相声、小品等言语体式。高尔基在《论剧本》中说，剧本（悲剧和喜剧）是最难运用的一种文学形式。其所以难，是因为剧本要求每个剧中人物用自己的语言和行动来表现自己的特征，而不是作者提示。① 剧文体的表现需要依托人物语言来进行，因而在形式和表达手段上都必须要适合舞台、现场展演。

1. 词语应用特征

剧本创作最终要回归舞台表演，因而需考虑直观性的制约。观众听戏文要在转瞬即

---

① 丁飞：《戏剧语言的魅力》，载《演员谈艺录》2010年第3期。

逝的表演中听得懂，品得真，因此剧文体的语言兼具口语化，接近日常口语，朴素自然，简单易懂。在剧文体中，常使用适宜于口语表达的词语，应尽量避免同音词的出现而造成歧义。例如：

  周朴园　（向侍萍）这是太太找出来的雨衣么？
  鲁侍萍　（看着他）大概是的。
  周朴园　（拿起看看）不对，不对，这都是新的。我要我的旧雨衣，你回头跟太太说。
  鲁侍萍　嗯。
  周朴园　（看她不走）你不知道这间房子底下人不准随便进来么？
  鲁侍萍　（看着他）不知道，老爷。
  周朴园　你是新来的下人？
  鲁侍萍　不是的，我找我的女儿来的。
  周朴园　你的女儿？
  鲁侍萍　四凤是我的女儿。
  周朴园　那你走错屋子了。
  鲁侍萍　哦。——老爷没有事了？
  周朴园　（指窗）窗户谁叫打开的？
  鲁侍萍　哦。（很自然地走到窗前，关上窗户，慢慢地走向中门）。
  周朴园　（看她关好窗门，忽然觉得她很奇怪）你站一站。（曹禺《雷雨》）

2. 句子应用特征

根据剧文体口语化语言的要求，在句子使用方面，短句较多，尽量不用长句，以便于口说。同时具有日常口语的特点，例如非完整句较多，省略句、变式句、散句较多。这和谈话语体的句子使用特点基本相似。例如：

  邝露　小兄弟只管明言，只要邝某所有，自当奉献。
  青青　真的？
  邝露　当然真的。
  青青　你不会骗我吧？
  邝露　丈夫一言，驷马难追！
  青青　丈夫一言？
  邝露　正是丈夫一言。
  青青　好！最好的宝贝就是——你，哥哥，就把你送给我吧！
  邝露　小兄弟玩笑了，你要邝露一介书生何用？
  青青　你不是说：丈夫一言吗？
  邝露　正是丈夫一言！
  青青　我需要的礼物，就是丈夫！（尹洪波《青青公主》）

该例中，两位主人公的话轮转换十分紧凑，指向清晰。由于是面对面的会话，所以交谈双方都充分利用了现场语境条件而使各自的话语多有省略，并多为短句。"真的""丈夫一言""当然真的""好"等句都是非完整短句。它们在不影响语意表达的前提下，使剧作语言简洁而凝练，完全符合剧文人物对话语言特点。

3. 辞格应用特征

与散言体、韵文体不同的是，剧文体对艺术性的追求相对显得较弱。口语化表达展现的是故事情节、人物性格等，以此来表达主题，反映社会人生。无论是作者的叙述语言还是人物的对话语言，都较少使用修辞格式。如果要使用，则以使用比喻、夸张、对比、双关、映衬、排比、设问、反问等为常态。例如：

三姐　莫夸财主家豪富，
　　　财主心肠比蛇毒。
　　　塘边洗手鱼也死，
　　　路过青山树也枯。（歌剧《刘三姐》）

歌剧运用夸张手法，以"鱼死""树枯"来形容"财主心肠"，十分尖锐地揭示出统治阶级的反动本质。① 而把夸张与比喻、映衬辞格连（兼）在一起使用，则更衬托出财主心肠的毒辣，而且也使语言更加生动形象。再如：

婵娟　先生哪里会疯呢？先生是楚国的栋梁，是顶天立地的柱石，你不知道吗？楚国如果失掉先生，那会是多么大的一个损失？（郭沫若《屈原》）

该例中，利用暗喻手法将人物屈原比作"楚国的栋梁""顶天立地的柱石"，② 并同时使用反问、设问、诘问等修辞格式，使人物语言跃然纸上，具有非常强的表现力和感染力。

4. 文本布局特征

文本布局说的是剧文体语言的分布特征。这里主要是指作者叙述语言与人物对话语言之间的分布。叙述和对白互呈是剧文体文本布局的特征。剧文体中，人物动作、心理活动、现场情境等都需要通过作者的叙述语言来表现。所以，剧文体中的语言表达除了作品中人物会话外，还包括作者说明性和注释性话语。叙述性语言与对白性话语相间，各自具有相应的功能与作用。例如：

杨彩玉　跟你说，时候不早啦！
葆　珍　我还没有唱会呐，今天放了学，要去教人的……
杨彩玉　自己不会，还教人？（从床上拎起一件衣服）衣服脱了也不好好的挂起来，往床上一扔，十二岁啦，自己的身体管不周全，还想教别人，做什么"小先生"！
葆　珍　（将书本收拾）这件要洗啦！
杨彩玉　洗，你倒很方便，这样的下雨天，洗了也不会干。（将衣服挂起）
葆　珍　（跑过去很快地除下来，往洗了脸的脸水中一扔）穿不干净的衣服，不卫生！
杨彩玉　（又好笑又生气）我不知道，要你说！（端了面盆到天井里去）
葆　珍　（收拾了书包）阿牛！（拎了书包往灶披间走）（夏衍《上海屋檐下》）

该例中，括号内的"从床上拎起一件衣服""将书本收拾""将衣服挂起""跑过

---

① 马威：《几种修辞格在戏剧语言中的运用（一）》，载《陕西戏剧》1981年第2期。
② 马威：《几种修辞格在戏剧语言中的运用（二）》，载《陕西戏剧》1981年第3期。

去很快地除下来，往洗了脸的脸水中一扔""又好笑又生气""端了面盆到天井里去""收拾了书包""拎了书包往灶披间走"等话语，都是作者的叙述性语言，用以注释和说明相关动作、场景等情况。戏剧作为四种基本文学样式之一，其情节发展、人物塑造、冲突展现等都主要依靠人物语言来进行，戏剧语言的独特魅力也由此展现。人物语言也是剧作者彰显个人风格的最佳手段。① 剧文体特殊的呈现形式使其文体语言需在满足谈话体要求的同时，有更多的修辞可以表现人物、推动情节、彰显风格。叙述语言与对话语言的交互出现，形成了叙述与对话互见的文本布局现象。

第二节 知识应用与写作技能训练

利用所学文学语体基本理论与基础知识，在具体语境中根据要求进行文学语体语言应用训练和文学语体文写作实践，以培养和训练学生的文学语体语言应用能力和文学语体文写作能力。

一、文学语体知识应用训练

利用所学文学语体基本理论和基础知识，根据训练要求就如下语例做出讨论与分析，以培养和训练对文学语体理论知识的简单应用能力和综合应用能力。

（一）分析以下文学语体选例的修辞手法是否恰当

（1）下列各句所使用的修辞方法，恰当的一项是（　　）

A. 在被污染的天空中，太阳的脸灰灰的；在被污染的田野里，禾苗的腰弯弯的，泛着困意。

B. 自然科学中也同样有艺术作品的统一美、变化美、和谐美、对称美，就像一杯杯烈酒，吸引着科学家们。

C. 无情的岁月的年轮，在这些令人尊敬的老教师的额前刻下了深深的皱纹。

D. 村委会的几位委员，为"希望小学"选地址，找设计人员，联系购买建筑材料……忙得手脚不着地，不着天的。

（2）选出修辞方法运用得恰当的一项（　　）

A. 李大伯听到儿子考上大学的消息，心里像打开了蜂窝，顿时感到甜滋滋的。

B. 你们是年轻的，然而看到你们额上的皱纹，我知道你们已经走过很长很艰苦的路了。

C. 人们都睡了，宿舍里静静的，他坐在灯下，仍在专心致志地学习，只看两三只蟋蟀在窗外大叫大喊。

D. 水利工地一派热火朝天的景象：到处是红旗招展，到处都在移山倒海，到处都有歌声飞扬，到处都在打井修渠。

（3）选出语句修辞中夸张使用不当的一项（　　）

A. 北京郊区的农民说："看见这样鲜绿的麦苗，就嗅出白面包的香味来了。"

---

① 段然：《尹洪波女性题材历史剧的语言风格分析》，载《肇庆学院学报》2017年第5期。

B. "我们是红军！缴枪不杀！"红军战士的吼声，像春雷划破河边的夜空。

C. "这山峡，天晴的日子，也成天不见太阳，顺着弯曲的运输便道走去，随便什么时候仰面看，只能看见巴掌大的一块天。"

D. 今年的气候格外反常，广州的雪花大如席。

(二) 完成下列修辞练习

(1) 在横线处填写恰当的句子，构成排比句。

人的一生像金，要刚正，人格须挺立；_____，_____，_____；人的一生像水，要灵活，方法须随和；_____，_____，_____；人的一生像土，要本色，作风须朴实。

(2) 请仿照下面两个比喻句式，以"×山"开头，写两个句式相同的比喻句。

长江，好比一位叱咤风云的勇士，一路翻山越岭，呼啸着奔向大海；长江，又好比慈祥的母亲，点点乳汁，哺育着一代又一代中华儿女茁壮成长。

_____

_____

(3) 依照下面句子，用"不是"和"如同"各造一个句子。

①承诺不是蓝天上的一片白云，逍遥、飘逸。

②承诺如同珍珠，它是莹润的蚌痛苦的代价，也是蚌的荣耀。

_____

_____

(4) 请根据例句，仿写一个句子。

例句：生活，如一条奔腾的小溪，每一朵浪花，都是一段难忘的回忆。

仿句：生活，_____。

(5) 根据下列画线句子的句式、修辞和境界仿造句子，使上下文构成前后连贯合理的排比句。

也许你无法拥有深邃的蓝天，但是你可以做飘逸的白云；_____，_____；_____，_____。只要你满怀信心，善于发现，你会感受到生命的意义。

(6) 仿照例句，用"百灵鸟"一词造两个句子。

圆规：①她两手搭在髀间，没有系裙，张着两脚，正像一个画图仪器里细脚伶仃的圆规。②圆规愤愤地回转身。

百灵鸟：①_____；②_____

(三) 从综合运用角度分析下列两首诗的修辞特点（注意韵文体的总体特点、古今诗歌修辞上的异同）

例1：

新　晴

刘攽

青苔满地初晴后，绿树无人昼梦余。

唯有南风旧相识，偷开门户又翻书。

例2：

雨　巷（节选）

戴望舒

撑着油纸伞，独自
彷徨在悠长，悠长
又寂寥的雨巷，
我希望逢着
一个丁香一样地
结着愁怨的姑娘。

她是有
丁香一样的颜色，
丁香一样的芬芳，
丁香一样的忧愁，
在雨中哀怨，
哀怨又彷徨；

她彷徨在这寂寥的雨巷，
撑着油纸伞
像我一样，
像我一样地
默默彳亍着，
冷漠，凄清，又惆怅

（四）从综合应用角度分析下列剧文体选段的修辞特点。

茶　馆（节选）
老舍

　　秦仲义　小王，这儿的房租是不是得往上提那么一提呢？当年你爸爸给我的那点租钱，还不够我喝茶用的呢！

　　王利发　二爷，您说的对，太对了！可是，这点小事用不着您分心，您派管事的来一趟，我跟他商量，该长多少租钱，我一定照办！是！喳！

　　秦仲义　你这小子，比你爸爸还滑！哼，等着吧，早晚我把房子收回去！

　　王利发　您甭吓唬着我玩，我知道您多么照应我，心疼我，绝不会叫我挑着大茶壶，到街上卖热茶去！

　　秦仲义　你等着瞧吧！

　　（乡妇拉着个十来岁的小妞进来。小妞头上插着一根草标。李三本想不许她们往前走，可是心中一难过，没管。她们俩慢慢地往里走。茶客们忽然都停止说笑，看着她们。）

　　小妞　（走到屋子中间，立住）妈，我饿！我饿！

（乡妇呆视着小妞，忽然腿一软，坐在地上，掩面低泣。）

秦仲义　（对王利发）轰出去！

王利发　是！出去吧，这里坐不住！

乡妇　哪位行行好？要这个孩子，二两银子！

常四爷　李三，要两个烂肉面，带她们到门外吃去！

李三　是啦！（过去对乡妇）起来，门口等着去，我给你们端面来！

乡妇　（立起，抹泪往外走，好像忘了孩子；走了两步，又转回身来，搂住小妞吻她）宝贝！宝贝！

王利发　快着点吧！

（乡妇、小妞走出去。李三随后端出两碗面去。）

王利发　（过来）常四爷，您是积德行好，赏给她们面吃！可是，我告诉您：这路事儿太多了，太多了！谁也管不了！（对秦仲义）二爷，您看我说的对不对？

常四爷　（对松二爷）二爷，我看哪，大清国要完！

秦仲义　（老气横秋地）完不完，并不在乎有人给穷人们一碗面吃没有。小王，说真的，我真想收回这里的房子！

二、文学语体写作技能训练

利用所学文学语体基本理论与基础知识，在具体语境中根据要求进行文学语体文撰制技能训练，以培养和训练学生的文学语体文写作能力。

（一）散言体写作训练

训练话题1 请以"等待"为话题写一篇微小说。

训练目标：培养学生审题与立意的能力、语体移植能力、知识与运用转化的能力。

训练要求：

(1) 注意按照要求审题，立意要正确。

(2) 充分运用比喻、比拟、夸张、借代等手法，突出散言体丰富灵活的特点。

(3) 可以结合自身经历和真实情感选择题材。

(4) 遵循小说的基本结构，并要经过精心策划移植一种其他的语文体式。

(5) 字数控制在1000字以内。

训练话题2 请根据要求写一篇状景散文。

训练目标：培养学生观察自然景观的能力、散文语言运筹能力、散文体结构布局能力。

训练要求：

(1) 选取曾经去过的一处景点，对景点展开描写。

(2) 运用丰富多样的词语和灵活多变的句式进行状景。

(3) 构拟比喻、比拟、夸张、通感、映衬、排比、引用等多种辞格，以凸显散文体藻丽的风格特征。

(4) 遵循状景散文的基本结构，进行完整的创作训练。

(5) 字数控制在1000字以内。

训练话题3 请阅读下列材料并根据要求写一篇记叙文。材料如下：

英国《太阳报》曾以"世界上最大的快乐"为题，举办了有奖征答活动。从应征的八万多封来信中评出四个最佳答案：（1）作品刚刚完成，吹着口哨欣赏自己作品的艺术家；（2）正在用沙子筑城堡的儿童；（3）为婴儿洗澡的母亲；（4）千辛万苦开刀后，终于挽救了危重病人的外科医生。

训练目标：培养学生材料分析能力、信息点捕捉能力、语体移植能力、记叙体语言运筹能力。

训练要求：
（1）在全面准确理解材料的基础上，结合自身经历，写一篇记叙文。
（2）立意要正确，题目自拟。
（3）要求完整记录一个真实的故事，表达真实的感受。
（4）结合散言体在词语、句子和修辞格运用上的特点，适当构拟多种修辞手段。
（5）要经过精心策划把其他语文体式嫁接进记叙体中。
（6）字数不少于800字。

（二）韵文体写作训练

训练话题1 请以"青春"为主题撰写散文诗。

训练目标：锻炼学生的想象力和构思能力、散文诗结构安排能力、语音修辞能力。

训练要求：
（1）要有新颖的构思和丰富的想象力。
（2）注意诗作的韵律和节奏，尽量在平仄、押韵、节拍、停顿、句调等方面做出精心设计。
（3）结合散文诗体的要求得体运用词语、句式。
（4）灵活运用比喻、双关等修辞手法。

训练话题2 请阅读下列小诗，然后根据要求完成训练。小诗如下：

窗

陈敬容

你的窗，
开向太阳，
开向四月的蓝天；
为何以重帘遮住，
让春风溜过如烟？

我将怎样寻找，
那些寂寞的足迹，
在你静静的窗前；

> 我将怎样寻找
> 我失落的叹息?
>
> 让静夜星空,
> 带给你我的怀想吧,
> 带给你无忧的睡眠;
> 而我,如一个陌生客,
> 默默地走过你窗前。

训练目标:培养学生文本理解能力、创新立意能力、特定语体文写作能力。

训练要求:

(1) 认真阅读该诗,体会其意蕴和情感,并理解其修辞应用的主要特征。

(2) 请根据该诗所表达的意思来立意,并以"窗"为题写一篇文章(诗歌体除外)。

(3) 要结合所选用语体进行修辞运作,使词语、句子、辞格、风格等选择与该语体的修辞要求相吻合。

(4) 字数控制在500字以内。

训练话题3 试根据所提供的思路和模式,按照要求写作诗歌。思路与模式如下:

一个表时间的介宾短语;

一个表地点的介宾短语;

陈述事件的主谓式短语;

展开联想;

可以和上文有联系,构成因果;

也可以没有必然联系,让读者调动联想的自由,提供一个创造的空间;

也可以提炼与总结过去的生活经验;

也可传达某种瞬间的情绪、记忆、期冀;

最终深化主题或做出总结。

训练目标:培养学生对韵文体理论知识的理解能力、理论知识转化为实际运用的能力、仿拟写作能力。

训练要求:

(1) 根据提供的思路与模式仿写诗歌。

(2) 根据韵文体在语音、词语、辞格和篇章结构方面的修辞要求进行写作。

(3) 在诗歌中构拟较多的意象。

(4) 符合诗歌体篇章结构的基本要求。

(三) 剧文体写作训练

训练话题1 根据提供的材料完成剧文写作。

人物:杜甫、老翁、老妇、少妇、官吏甲、官吏乙

时间:安史之乱时的一天夜里

地点:石壕村——农民家中

情节：

石壕吏

杜甫

暮投石壕村，有吏夜捉人。老翁逾墙走，老妇出门看。
吏呼一何怒，妇啼一何苦。听妇前致词，三男邺城戍。
一男附书至，二男新战死。存者且偷生，死者长已矣。
室中更无人，惟有乳下孙。有孙母未去，出入无完裙。
老妪力虽衰，请从吏夜归。急应河阳役，犹得备晨炊。
夜久语声绝，如闻泣幽咽。天明登前途，独与老翁别。

训练目标：培养学生的语体转换能力、角色语言构建能力、剧文语体文创作能力。

训练要求：

（1）深入体会《石壕吏》主旨内容，将情节大纲列举出来。

（2）根据列出的大纲把诗歌体《石壕吏》改写为剧文体《石壕吏》。

（3）根据给出的人物、时间、地点等条件，思考并设计不同人物的话语。

（4）叙述语言和对白语言要符合剧文体口语化、动作化特征。

训练话题2 请分析下列语例的修辞特点，并按要求完成续写。

杨长雄　李嫂没有债，我也没有钱。你是阔人，三块钱不在乎，我是一个穷光蛋，我的三块钱用处多得很。（用刚听到的口吻）这个年头，自来水笔，卖到六十块钱一支，钢笔头两块钱一打，九毛钱一瓶墨水，一毛钱一只信封。从来没有听说过！

吴太太　（得到一个进攻的机会，回头向杨长雄）啊，你知道说穷，你也会说你是一个穷人，那么刚才你说的全是废话！你既知道大家都是穷人，还说什么替穷人想想？你说你是一个穷光蛋，请问现在哪一个不是穷光蛋？

杨长雄　（被迫抗战）吴太太，你还要多讲吗？

吴太太　我为什么不能多讲？难道我连在我自己家里说话的权利都没有了吗？

杨长雄　（放弃了纸上谈兵）好罢，你既要讲，我就再和你讲好了，你刚才要我讲道理，我为省事起见，没有理会。现在我把这个道理就来讲给你听听。我们都是穷人，不错，不过穷人也有穷人的等级。一个用得起娘姨服侍的太太，如果穷的话，是一个高级的穷人；一个服侍太太的娘姨，是一个低级的穷人；像我这样一个扫地抹桌子要自己动手的穷学生，是一个中级的穷人。如果今天是我这样一个中级穷人，打破了像你这样高级穷人的一只花瓶，也许还可以勉强赔得起。现在不幸得很，打破花瓶的是李嫂，她是你雇用的一个娘姨，她是一个低级穷人，她赔不起。三块钱在你不在乎，可以不在乎，在她……

吴太太　你这话不通，什么叫做不在乎？……

杨长雄　不要忙，不要忙。请你让我把话讲完。不在乎，就是说，一桌酒席，一场麻将，一双丝袜，一瓶雪花膏……

吴太太　废话。那是我的钱，我爱怎样花就可以怎样花，旁人管不着。

……（丁西林《三块钱国币》节选）

训练目标：培养学生故事续写能力、上下文语境的利用能力、人物语言把握能力、话轮转换能力。

训练要求：

（1）要把握好剧中人物的冲突矛盾。

（2）要结合台词仔细研读分析人物语言特征。

（3）请续写吴太太和杨长雄之间的对话，要求至少有5个以上的话轮，不少于800字。

训练话题3 请把下列小说改写为剧本。

铁（节选）

周海亮

……

炉火熊熊，红和蓝的火焰缠绕交织。小铁匠气喘吁吁，挥锤的胳膊渐渐变得沉重，表情也开始痛苦。老铁匠看看他，停下手里的小锤。歇一歇喝口水，他说，你好像心不在焉。

小铁匠没有搭话。

因为这把刀？老铁匠问他。

小铁匠只好点点头。他用一条黑色的毛巾擦着彤红的脸膛，村里人都说你是汉奸。

还说你是小汉奸？老铁匠面无表情。

那是肯定，小铁匠瞪着老铁匠，干脆我们逃了吧！夜里咱们爷俩……

你觉得能逃出去吗？老铁匠仍然面无表情。

那也不打了！小铁匠把毛巾狠狠地扔到地上，不打能怎样呢？大不了是一死。

不打？老铁匠苦笑，不打铁，我们还是铁匠吗？他站起身，从熊熊炉火中钳出再一次变得柔软的铁，用力按到砧上。儿啊，开锤！

军刀在两个月以后打造完毕。青蓝的刀锋，弧形的刀柄，雕了简洁图案的刀鞘。刀似乎可以斩断目光和阳光，那是一把令人胆寒的好刀。小野小队长按时过来取刀，身边跟着四个持枪的日本兵。他盯着刀，嘴角不停抖动。他问老铁匠，全是铁的？老铁匠说，当然。小野再问，如何？老铁匠说，可试。小野就抽出腰间的军刀，哇哇怪叫着冲上来，一道寒光自上而下，直逼老铁匠。老铁匠微微一笑，手中刀轻轻一迎，"噗"一声响，小野的军刀，便折为两截。

小野向老铁匠翘起拇指，好快的刀！又摆摆手，示意身边的日本兵接过刀。想不到老铁匠却退后一步，说，刀暂时不能拿走。

不能拿走？小野愣住。

不能拿走。老铁匠说，刀柄上还没有刻字。

刻字？

这是规矩。老铁匠说，只有刀柄上刻了字，才算一把刀打造完毕，刀才算有了主人。如果你信得过我，后天过来取刀。

小野想想，再看看老铁匠，再想想，再看看老铁匠，然后点点头。他在一张纸片上

159

写下自己的名字,递给老铁匠。要刻得和这个一模一样,小野说,能办到吧?

老铁匠笑笑,没问题。

别耍花样啊!

放心!

后天我来取刀!

请!

可是第二天老铁匠就不见了,连同那把削铁如泥的军刀……

一个月后的一个夜里,山上的壮丁们突然组织了一次暴动。他们用石块打死四个看守,然后四散而逃。尽管日本人的机关枪哒哒扫个不停,可是最终,还是有三十多人逃了出去。

小铁匠在突围中中弹身亡。据说他是这次暴动的组织者。据说他在临死前只说了一句话。他说,爹告诉我,能屈能伸才是铁。

再后来,日本人就投降了。

……

(老铁匠)白色骨架的手里,紧握着一把刀。军刀。

……刀柄上清晰地刻着三个字:中国铁。

训练目标:培养学生文本理解能力、语体转化能力、话轮转换能力。

训练要求:

(1) 通读小说全文,掌握故事脉络、人物关系、情感主旨。

(2) 在理解和分析小说修辞应用特点的基础上,列出人物、故事情节和改写提纲。

(3) 根据改写大纲思考并设计不同身份的人物对话。

(4) 要根据剧文体的修辞要求运作好叙述性语言,做到叙述语言与对话语言的合理分布。

第八章 新闻语体及其修辞应用

【本章导读】 本章讲述新闻语体及其修辞应用的相关问题。在对新闻语体内涵、类型和修辞特点等基本理论知识进行讨论的基础上,根据新闻语体分体状况设计编制了形式多样的知识应用和写作技能训练题目,以备师生开展针对性实践训练之需。

【教学目标】 熟悉并掌握新闻语体的基本概念和修辞特点,能够把所学知识应用到新闻语体文分析与新闻语体文创作中,掌握报道语体文和评述语体文写作的基本方法和技巧。

第一节 新闻语体理论知识

一、什么是新闻语体

新闻是新近发生或新近发现的事实的报道。用于新闻报道的表达形式在学界有"新闻语言""新闻语言符号""新闻语体""新闻体裁"等不同说法。在修辞学范围内,我们倾向于采用"新闻语体"这一概念。

那么什么是新闻语体呢?新闻语体是新闻语言在语文体式上的表现。袁晖和李熙宗在《汉语语体概论》指出:"新闻语体是人们在言语交际中,为了适应新闻交际领域、目的、任务等的需要,运用全民语言传播新闻信息而形成的语言特点体系,是以传播功能为标准区分出来的语体类型。"[①] 王德春和陈瑞瑞把"新闻语体"称为"报道语体",并说"报道语体又称为新闻报道语体,报道就是传播新闻消息。报道语体产生于特殊的语境类型,就是新闻工作者通过媒体向大众传播新闻信息"。[②] 显然,袁晖和李熙宗给出的定义概括性比较强,但也较为抽象;王德春和陈瑞瑞给出的定义虽然范围较小,但更加务实。结合本书编写指导思想和教学目的,我们认为新闻语体实际上就是新闻媒体传播新闻信息过程中,运用全民共同语所形成的稳定的系列性语言特点的综合体,是新闻报道领域语言应用的功能变体。

二、新闻语体的类型

童兵和陈绚从新闻学意义上根据表达内容和方式把新闻体裁分为新闻报道类(如消息、通讯、特写、专访、调查报告、新闻公报等)、新闻评论类(如社论、评论员文章、述评、编者按、思想评论等)和新闻附属类(如散文、杂文、诗歌、解说词、回

---

① 袁晖、李熙宗:《汉语语体概论》,商务印书馆2005年版,第243页。
② 王德春、陈瑞瑞:《语体学》,广西教育出版社2000年版,第146页。

忆录、报告文学等）。传统意义上的新闻体裁，一般分为消息、通讯、评论、摄影和漫画五类，也有将深度报道、特写和调查报告与上述并列，分为八类。① 新闻体裁的分类对新闻语体的分类有一定的借鉴意义。

袁晖和李熙宗根据媒体介质、表达方式、话语交际方式、语体功能等不同标准，对新闻语体的类型进行了详细的划分。② 他们以媒体介质作为标准，分为报纸新闻语体与电子新闻语体两大类型，又把电子新闻语体分为广播语体、电视语体、网络语体三种分支语体。林兴仁从广播体裁角度分析了广播新闻、广播新闻性专稿和广播评论的语体特点。③ 蔡玮认为新闻语体分为三个层次：第一层次有"叙事体"和"评议体"两大分类；第二层次按照参与者不同，新闻叙事语体和新闻评议语体均有独白和会话之分；第三层次按照表达方式不同，又细分为书面独白叙事体、口头独白叙事体、书面会话叙事体、口头会话叙事体、书面独白评议体、口头独白评议体、书面会话评议体、口头会话评议体八种语体。④ 在此基础上，蔡玮绘制了"新'新闻语体'"内部结构构拟图⑤：

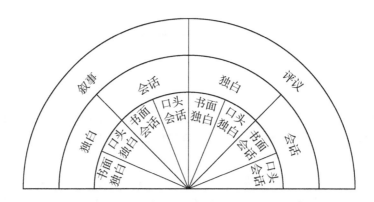

借鉴研究者的观点，根据语体功能标准，可把新闻语体分为报道性新闻语体和评述性新闻语体两种，简称报道体和评述体。报道体以叙事为主，主要向受众传递新闻事实；评议体则以论理为主，要对新闻事实进行评议。

三、新闻语体修辞应用原则

（一）要做到真实准确

真实是新闻的生命，也是新闻语体的底线，更是国家相关法律法规的基本要求。从新闻事件上看，新闻报道和评议要保证真实，尊重事实，一切从事实出发；从语言表达上看，新闻语言必须要做到准确地反映新闻事实，既不能含糊其辞，也不能夸大其词。要少说空话、大话、假话、套话。第一，用词准确体现了新闻语体客观准确的语体风

---

① 童兵、陈绚：《新闻传播学大辞典》，中国大百科全书出版社2014年版，第7页。
② 袁晖、李熙宗：《汉语语体概论》，商务印书馆2005年版，第280页。
③ 林兴仁：《实用广播语体学》，中国广播电视出版社1989年版，第204－302页。
④ 蔡玮：《新"新闻语体"研究》，学林出版社2010年版，第216—218页。
⑤ 蔡玮：《新"新闻语体"研究》，学林出版社2010年版，第215页。

格。新闻报道和评议过程中，要用词准确，避免词不达意。要认真审核专有名词、外来词语、技术名词的具体含义，切勿望文生义、不求甚解。第二，可以适当使用形容词和程度副词，以增强表达效果，但要避免夸张失实，以免造成不良影响。第三，所用数据要做到准确甚至是精确，数据来源要权威。第四，为了确保新闻语言的准确性，还要慎重使用修辞格和复杂的句子。例如：

① 4月20日19时41分，搭载着天舟一号货运飞船的长征七号遥二运载火箭，在我国文昌航天发射场点火发射，约596秒后，飞船与火箭成功分离，进入预定轨道，发射取得圆满成功。（新华社《天舟一号货运飞船发射取得圆满成功》）

③ 2004年开始，我们国家的粮食连年增产，到2011年，粮食总产量比2003年多出了2800多亿斤，相当于我们每个人多了200多斤粮食……（中央电视台《数字十年》）

这两例中，时间、产量等都非常准确，比如时间表达精确到秒，以此来证明报道事实的可靠性。两例只用了"圆满"这个具有描绘性的形容词，却先后使用了"搭载""天舟一号""货运""飞船""分离""发射""预定""增产""我们"等较多的动词和名词（含代词）。

（二）要做到简洁明了

新闻语体的简洁明了源于新闻媒体内在特性，也与受众特点有关。新闻媒体的版面、时间等都有严格的规定。现今是一个信息爆炸的时代，各种信息正在抢夺受众的注意力，受众的阅读（观看）习惯变得碎片化，跳跃式阅读、扫描式阅读经常出现，如果信息冗长烦琐、晦涩难懂，将直接影响受众注意和深入阅读信息。信息的简洁性与信息的可读性直接关联。

第一，在词语使用方面，多用实词（数词、动词、名词等），少用虚词、缩略语。要注意的是，新闻语言虽然提倡简练，但并非越简越好。如果用词过简，过多运用缩略语和简称，则会令读者费解。① 那些尚未被大多数人掌握的，过去流行但已经不被大多数人熟知的缩略语和简称尽量少用甚至不用，以确保新闻语言表意的明确性。例如：

1963年11月23日美国总统肯尼迪遇刺身亡。一家广播电台用了一句话播发该新闻："注意！注意！重要新闻！肯尼迪总统死了。我重复一遍：肯尼迪总统死了。"

该例用词都是日常生活中经常用到的词语，"注意""重要""新闻""死""重复""一遍"等都是基本词汇中非常简练而词义明确的词语。

第二，在句子使用方面，郭光华和吴志文援引合众国际社对句子用词的长度问题拟的一个表格，显示：标准句子是17个单词；较为易读的句子是14个单词以内，最易读的句子是8个单词以下；而21个单词的句子就比较难读，超过29个单词的句子则很难读。② 也就是说，在新闻语体中结构复杂的长句子不利于受众快捷地阅读（观看），因此新闻语体中句子结构简单是常态。多用短句，少用长句；多用陈述句，少用疑问句；

---

① 郑保卫：《新闻语言的修辞特点》，载《新闻知识》1987年第4期。
② 郭光华、吴志文：《新闻写作》，中国传媒大学出版社2006年版，第24页。

多用散句,少用整句;多用肯定句,少用否定句;多用主动句,少用被动句。例如:

标题:刚刚,沙特王储被废了

正文:沙特国王萨勒曼 21 日宣布,废除王储穆罕默德·本·纳伊夫,另立穆罕默德·本·萨勒曼为新任王储。(新华社公众号,2017 年 6 月 21 日。编者注:"废除"应为"废黜")

该例中,标题句子很短,用了被动句并把时间状语"刚刚"提到了句首,以突显沙特王储被废这一新闻的新闻时效性。

第三,在辞格使用方面,新闻语体以白描为主,较少使用修辞格。即便使用,也常常集中在比喻、排比、引用等几种典型辞格上。辞格使用以传达信息为主,容易让人看懂。可以在标题和导语中使用,或者在论述过程中适当使用。

(三)要做到通俗易懂

新闻媒体面向大众进行传播,为了使传播范围最大化,新闻语言必须使用贴近大众的语言。由于大众的接受能力高低不一,为了让其能理解接受新闻信息,新闻语言必须通俗易懂、深入浅出,采用人们喜闻乐见的语言形式。语言表达要避免生僻字,使用接近受众的社会语言。同时要结合新闻媒体的特点,对语言进行调整。例如在播报广播电视新闻时,可以将单音节词改成双音节词,将书面语词换成口语词语。涉及专业术语、科技词语时,可以适当将其转换为社会常用语言或采用修辞手段淡化专业色彩,减少知识鸿沟。但需要注意的是,要尽量少用甚至不用区域性过强的方言土语。例如:

标题:时速 4000 公里列车还在论证,600 公里的已经在研了

正文:……"时速 120 公里的货运列车,载重大,我们叫它'驼背运输车';时速 160 公里的货运列车可替代目前普通的货运车,给速度'加码';"中国中车集团重点专项办公室项目专员逐一解释道,"时速 250 公里的货运列车,拉我们俗称的'白货',比如海口上岸的海鲜,坐这种列车下午就能上北京的餐桌。"……(《科技日报》,2017 年 9 月 4 日)

为了使大众能听得懂所传递出的新闻信息,例中用口语化词语"驼背运输车""加码""白货"代替了专业性比较强的专业术语,使话语明白如话,通俗易懂。

当然,涉及一些严谨的术语,不宜将其任意改动。如"右肾缺如"是一个医学术语,不能改为"右肾缺失",而应该用通俗语言进行适当解释。

(四)要做到新颖独特

新闻忠实记录了社会发展和社会进步的状况,因此新事物、新现象、新概念、新情况、新行为等都应该如实地体现在新闻作品中。新闻的"新"同样也体现在新闻语体语言使用上的"新",尤其是大量使用新近出现的词语和说法、网络流行的词语和说法。比如"白骨精""蒜你狠""白富美""高富帅""躲猫猫""标题党""元芳你怎么看"等,都颇具时代色彩,新颖度很高。

四、新闻语体分体修辞特征

本书将新闻语体分为报道体和评述体两种,为了更加深入理解这两种语体的修辞特

征,下面将逐一分析。

(一) 报道体的修辞特征

报道体中,消息是最典型、最主要、最基本的类型。① 消息是各种新闻语体中用得最多的一种言语体式。这里以消息体为例,并举例加以分析。

1. 词语应用特征

第一,多用简洁明了、通俗朴实的词语。从读者的角度看,都希望以最快速度获知新闻信息。因此,在遣词造句方面消息体应该尽量保持语言应用的简洁明了。尽量选用通俗朴实的通用词语,避免生僻字词;尽量简化词语的表达方式,比如把单音节词换成双音节词、把书面语词换成口语语词、把文言语词换成白话词语等,以减少词语理解的难度并提高受众的阅读速度。例如:

单音节词→双音节词:将→将要　可→可以　即→就是

书面语词→口语语词:年纪→几岁　湖畔→湖边　荡漾→晃动

文言语词→白话词语:简而言之→简单说　不置可否→没有给出明确答复

第二,多用新词新语。新闻媒体往往需要与时俱进,因此在消息体中不可避免地要使用新词语来报道社会的新现象、新事物、新情况,并以此拉近新闻与读者之间的距离,让读者产生新鲜感。例如蒜你狠、豆你玩、姜你军、手游、双开、老赖、套路贷、传销、医闹、论文查重、裸官、单身狗、暗网、比特币等特定时代语境下产生的新词语,在某个时期就会被经常使用。"蒜你狠""豆你玩""姜你军"源于当时大蒜、绿豆、生姜的价格被部分商人爆炒以至于价格严重虚高的新闻事实;"手游"是指智能手机游戏;"双开"在政治新闻中则是指开除党籍、开除公职。但要注意的是,不是任何新造词语都能毫无限制地出现在消息体中,要尽力避免使用一些不规范、有歧义、尚未为大众接受的所谓新词新语。例如:

引题:刷脸刷物刷卡　无须和外界交流

主题:无人超市来了,您会去逛吗?(《新民晚报》数字报纸,2017年8月18日)

随着移动支付逐渐成为人们的主要支付方式,部分城市开始出现无销售人员的超市。有媒体在报道这一新闻事件时,就给这种超市取名为"无人超市"。从字面意义看"无人超市"是指没有人的超市,但实际上"无人超市"只是没有销售员和收银员的超市,从选购到付款全过程由顾客自己操作。由此可见,"无人超市"的命名并不合适,更不宜在新闻报道语体中使用。

消息体中的新词来源很广,比如来自政府报告、新闻人物、亚文化群体、名称缩写、外来语翻译,当然也包括大量的新造词语。新造词语的方法主要有三种:第一,词根加词缀类。如"上班族"(上班的人)、"低头族"(低头玩手机的人)、"爬楼族"(为追求刺激攀爬高楼大厦的人)、"顶族"(以生殖器猥亵女乘客的人)、"啃老族"(依靠年老父母资助的成年人)、"啃小族"(没有收入全靠儿女赡养的老人)、"青贫族"(贫困的年轻人)、"蹭凉族"(到公共空间乘凉的人)、"剁手族"(买东西买到停

---

① 袁晖、李熙宗:《汉语语体概论》,商务印书馆2005年版,第280页。

不下来的人）。第二，词义引申类。如黑点（指污点、缺点）、门槛（指条件、要求）、瓶颈（制约事物正常发展的节点、部位）、"蛙人"（用比喻引申方式造新词）等。① 第三，新搭配类。如共享单车、共享汽车、共享充电宝、共享雨伞；金砖会议、金砖国家、G20峰会等。这些多种类型的新造词语都可以被消息体广泛利用。

第三，恰当使用缩略词和简称。缩略语和简称会出现在消息体中。消息体中使用缩略语主要是基于以下原因：①由于报纸版面或者广播电视时间有限，记者或编辑需要对过长的名称进行适当简略；②用缩略词表示新事物，更能产生新鲜感；③缩略词能使内容更加简洁，增强易读性和传播效率。例如：

地名：京（北京）、沪（上海）、粤（广东）、深（深圳）、港（香港）

部门名：奥委会（奥林匹克运动委员会）、央行（中国人民银行）、国家发改委（中华人民共和国国家发展与改革委员会）

行业领域名：神六（神舟六号载人飞船）、经贸（经济贸易）；三桶油（中石油、中海油、中石化）

组织名：WTO（世贸组织）、WHO（世卫组织）、OPEC（石油输出国组织）

政治或政策：两学一做、三严三实、八项规定、双创、一带一路

2. 句子应用特征

现代汉语中的句子按照不同标准可以分出较多不同的类别。在消息体中，经常使用陈述句、肯定句、短句。为增强可读性，还可把这些句子结合在一起使用。有时，为了让读者更加迅速了解新闻事实，尤其介绍专业术语时，消息中常常借助转换句来进行解释和说明。例如："也就是说……""这意味着……""这表明……"等。

3. 修辞格应用特征

报道语体以客观叙述为主，体现了客观性、准确性、概括性等基本特征。这就使夸张、双关、通感、婉曲等辞格受到限制。只有换算、比喻、仿拟、对比、借代、设问、反问等这些既能保证新闻客观真实，又能使语言生动形象的修辞格才容易为读者接受。这里仅以其中的几种修辞格为例进行简要分析。

第一，换算辞格的使用。换算作为一种修辞格式是把不容易记住、不容易理解的或需要特别强调的数量，折合成另外一个容易接受的数量形式。例如：

①全程只有411公里的宁杭甬，沿线密布了17座车站，记者算了一下，平均每两座车站之间的距离只有26公里，旅客的出行半径进一步缩小，浙江湖州更是出现了"一城三站"的景象。（中央电视台《数字十年》）

②成品油每吨降低300～450元。

在报道语体中，像例中的数字，编辑都会在不影响新闻事实的基础上采用换算手法进行简单的换算，以使受众看到或听到这些数字时马上就能理解是怎么回事。例②这种表达，在新闻报道时，通常情况下编辑会通过计算，把每吨降价多少折合换算成每升降价多少钱，而不至于让听众听完前一个数据时感到一头雾水。②

---

① 袁晖、李熙宗：《汉语语体概论》，商务印书馆2005年版，第275页。
② 康利坡：《广播新闻语体的修辞美——以北京新闻广播〈资讯早八点〉为例》，载《新闻与写作》2013年第9期。

第二，比喻辞格的使用。比喻是消息体经常采用的一种修辞格式。通过比喻，可以使新闻事实更加生动形象、有趣直观。例如：

苍蝇老虎一起打。（将政府中贪污腐败的人比喻成苍蝇和老虎）

夏天车厢里闷得像个蒸笼，冬天又冷得像个冰箱。

环路"蜗牛车"挡路又难罚。（将快速路上行使缓慢的车比喻成蜗牛）

中国已经是世界经济发展的引擎之一。

投资、消费、净出口是中国经济的"三驾马车"。

这些用例多出自政治性新闻事件，通过比喻手段把抽象的道理说得具体可感、有血有肉，这样新闻信息很容易为一般受众接受。

第三，对比辞格的使用。对比也是消息体中常用的修辞手段，就是将具有明显差异、矛盾和对立的双方安排在一起，进行对照比较，以突出各自的特点并比对其重要程度。例如：

根据教育部的统计数据，我国去年幼儿园师生比为1：23，实现班配两名老师的目标后，师生比有望缩小到1：10。（中央电视台《数字十年》）

但是您知道十年前中国载人潜水器下潜深度是多少吗？600米。蛟龙号从2002年立项，到2012年突破7000米，十年时间走过了国外同行30年走过的路。目前，世界上只有中、俄、美、法等国家拥有做出深度超过6000米的载人潜水器，蛟龙号在同类型载人潜水器中是做出深度最深的。（中央电视台《数字十年》）

4. 篇章结构特征

第一，常采用倒金字塔结构。消息体有固定而又典型的言语体式。一篇完整的消息主要包括标题、导语、主体三大主要部分，此外还有背景和结语。不同于"好戏在后头"的做法，消息体往往将最重要的信息放在最前面，形成特殊的"倒金字塔结构"：

标题
导语
主体
结尾

这种结构要求表达者在写作消息时，将最重要、最引人注目、最有新闻价值的信息浓缩成一句话，形成新闻标题。标题下方安排导语，三言两语地把新闻事件的核心要素告诉读者，以引导读者阅读消息的主体部分。接着，在消息主体部分对新闻事件进行展开和补充，从而呈现出完整的事件。最后，把与该新闻有关的背景内容整理放在文末，以便让读者了解事件的来龙去脉。倒金字塔结构符合新闻传播的规律，能让读者在最短时间内接收到最重要的信息，让其在众多信息中分辨出最有价值的信息。这是消息体的主流语篇程式。

第二，采用电头结构程式。消息还有专门的格式标志新闻电头。新闻电可以简称为电头，又称消息头，表示新闻来源。它是对电讯稿件播发的新闻单位、地点、时间的说明，或者只说明新闻单位和时间。用电发往外地称"电"，稿件发给当地的称"讯"。例如：

本报广州讯
本台通讯员报道
据广东台报道
据新华社上海今日 10 点 21 分电
驻纽约记者庄巧祎
央广网北京 8 月 18 日消息（记者陈欣）

以上这些都是电头。

（二）评述体的修辞特点

评述体是指政府部门、党派团体、企业组织、个人等对新近发生的事件或某些重大问题进行评论、阐述自己观点的一种语文体式，也可称为"时评体"。袁晖和李熙宗认为，"时评体也称政论语体或宣传鼓动语体。……是处于科技语体和文艺语体之间的一种语体"。[①] 评述体涉及的范围要广得多，涵盖了政治、经济、体育、文化、教育、卫生等各个领域。可见，评述体并不局限于政论或宣传。评述体语文体式包括了社论、短评、述评、专栏评论、评论员文章、编者按、编后话等不同表现形式。通常情况下，根据表述方式把评述体分为口头评述体和书面评述体两种；根据话语展开方式又可把评述体分为单动评述体、互动评述体。下面将以书面单动评述体为例分析评述体的修辞特征。

1. 词语应用特征

评述性新闻语体主要选用通用词语，同时兼用专业词语、热门新词、描绘性词语、书面词语、口头词语等各类词语。

第一，使用紧扣当下热门话题的词语。新闻评论要求对正在发生的事件展开讨论、发表意见、影响舆论、指导行为，因此有很强的时效性和概括性。为了评论需要，避免拖沓，评述体需要将新闻事件或新闻现象进行概括归纳，并援引社会认同度较高的词语，如"缝肛门""啃老族""彭宇案"等。看如下新闻标题词语的使用：

"301 条款"重启　中美不会爆发贸易战（《南方都市报》2017 年 9 月 3 日）
"小朋友画廊"刷屏映照公益现实与未来（《南方都市报》2017 年 9 月 3 日）

第二，主要使用理性严谨的词语，适当运用充满感情色彩的词语。评述体写作是"以理服人"而非"以情动人"，因此严谨的逻辑推演就显得尤为重要。虽然述评体是在客观报道前提下而进行的有立场有态度的评论，但并不意味着述评体就可以随意宣泄评论者的个人情感。当然，适当运用充满感情色彩的词语可以体现出评论者的鲜明态度，增强语言的感染力，从而更有利于实现赞扬、批评、劝服、鼓动等不同目的。

[①] 袁晖、李熙宗：《汉语语体概论》，商务印书馆 2005 年版，第 287 页。

第三，适当使用熟语，常常引用古诗词和典故。述评体中适当使用成语、惯用语、谚语、格言、俗语等熟语，既能增加语言的亲和力，降低受众的防御心理，又能把道理讲清楚。例如：

莫斯科再不会热脸贴华盛顿冷屁股（《环球时报》2017年9月5日）

第四，以书面词语为主、口头词语为辅。书面语言更为精练，更适合在短小精悍的篇幅中论述观点和发表意见。当然，在严谨文绉绉的语言中穿插一些口头词语，能起到点缀的作用，营造出轻松的氛围，从而产生面对面的亲切感。例如：

标题：食品安全比服务和营销更重要

正文：海底捞从路边摊起家发展至行业标杆，如今却深陷食品安全风波；海底捞事件给所有试图转型、正在转型或已经转型的传统行业敲响了警钟，当越走越远、越走越快的时候，需要回首来时路，不要忘记了为什么而出发。（《法制日报（社区版）》2017年9月3日）

该例不仅使用了"至""深陷""风波""回首""营销""转型""警钟"等书面词语，而且还使用了"路边摊""敲响""越走越快"等口语化词语。书面词语与口头词语夹杂出现，使评述性话语既严肃又活泼，庄重中带有谐趣。这样更贴近现实生活。

2. 句子应用特征

第一，评述体中常常结合使用长句和短句。由于评论体的核心在于论述说理，因此句子的长短都以论证为服务对象。长句内容丰富，说理性强；短句短小精练，节奏明快。两者结合，可以使论证过程更为多姿多彩。

第二，合理使用祈使句。祈使句是用来表示请求、命令、劝告或建议语气的句子。评述体以直击真相、针砭时弊、宣传鼓动等为主要目标，往往会提出要求，或是规劝对象改正错误，或是号召民众学习榜样，因此适度使用祈使句更可以明确提出自己鲜明的观点，表明自己的主张。但要注意的是，评述体也不宜过多使用祈使句。过多使用祈使句可能会让人感觉像咄咄逼人的说教，或是空洞无物的口号，容易导致读者产生抵御心理。例如：

让儿童远离色情网站刻不容缓（中国青年网，谢晓刚）

"无知"的西方需向中国学三堂课（《环球时报》2017年9月5日）

安倍该把鸡蛋分到中国篮子了（《环球时报》2017年9月5日）

这三例都是评述（时评）性新闻稿的标题，都是典型祈使句。"让""需""该"等使令义、能愿义动词的运用，使作者主张什么、反对什么，都跃然纸上，因此标题语言便具有强烈而又鲜明的主观色彩。祈使意义特别明显。

第三，适当使用成分共用句式。关于成分共用现象，萧国政归纳出三种情况：成分共用、成分省—合、成分扣合。① 由于篇幅的限制以及论证节奏的需要，评述体还经常使用成分共用句式，以达到结构紧凑而又简洁经济的修辞效果。例如：

成分共用：她不能、不肯、也不愿看到别人的苦处。

成分省—合：讨论（大会决议）并通过了大会决议。

---

① 萧国政：《汉语成分共用现象的语法性质与相关理论》，载《长江学术》2006年第2期。

成分扣合：你害得我还不够吗？（害我，害得不够）

3. 辞格应用特征

对于评述性新闻语体修辞格式的使用，曹林认为"比喻、抒情、铺陈、联想之类的修辞手法能让文章更形象也更有感染力，但往往会制造一些逻辑谬误，以辞害意，以喻代证，以情感代替理性，影响到评论的说理。""评论作者应该坚持评论的逻辑合理性，以理服人，而不是用煽情的论调和诡辩的修辞去感人和动人"。[①] 王德春和陈瑞端认为，"指示性政论、鼓动性政论一般集中使用表现修辞手段，如排比、对偶、设问、反问等，以增强气势和说服力。艺术性政论则较多使用描绘修辞手段，如比喻、夸张、借代、比拟等，以增添感染力"[②]。确实，不同类型的评述（时评）体，或者评述对象不同，或刊播媒体不同，辞格的使用也会有所不同。在评述体中，设问、反问、对比、排比、讽喻、引用等修辞格则是较为常用的修辞格。例如：

①"官员自罚"：实质还是一种特权

当我在公路上开车违反了交通规则的时候，面对警察，我可以说"自罚10元"吗？如果我一时贪心拿了邻居的东西，当警察抓住我的时候，我可以说"自罚关在家里3天"吗？当小商小贩占道经营影响了城市交通秩序和卫生环境，当企业违反了法律制造出了问题产品，他们可以说"我自罚多少钱"，有自罚的权力和资格吗？恐怕不会。（曹林，《新京报》2007年7月19日）

②"自罚"不是道德自觉而是特权

不是谁都可以通过"自罚"担责的，但一些官员可以，而此时"自罚"已不是什么道德，本质上是一种特权。区区一声道歉和1000元的自罚，就洗去了一个行政长官对一座城市脏乱差的所有责任，这个生意未免太便宜太划得来了吧？区区1000元钱自罚，就把一个十足的卫生丑闻变成一个"政府虚心认责"的道德事件——除了某些官员有这种特权，还有谁有这种权力呢？（曹林，《羊城晚报》2007年7月19日）

③别让赏识教育成为伤害教育（《环球时报》2017年9月5日）

④那些站着的小孩，那些坐着的大人/富人的保险和穷人的保障/平民的门可以敲，领导的门谁敢敲/不明真相的群体与眼睛雪亮的群众（曹林《时评写作十讲》）

⑤说老实话、办老实事、做"老实人"，我们的一贯要求。但什么是"老实人"，无定准。我想，中有"不吭不响"的，"能说会道"的，只干不说"默默无闻"的，有人所皆知"功名显赫"的，等，怎么单单把"不吭不响"的说成"老实人"，别的"老实人"都不提呢？这不蹊跷吗？（摘自《扬子晚报》转引自卢敏《新闻语体修辞研究》，西北师范大学，2010年版第23页。）

⑥标题：海底捞的后厨还暴露了什么

导语：食品安全不只是餐饮企业、监管部门的事，消费者也是其中至关重要的一环，很多时候就应该"锱铢必较"，要较真，要维权，要不怕麻烦，要死磕到底——只有这样，才能让商家对"顾客是上帝"这几个字真正敬畏。（夏振彬，《中国消费者报》

[①] 曹林：《时评写作十讲》，复旦大学出版社2011年版，第213页。
[②] 王德春、陈瑞端：《语体学》，广西教育出版社2000年版，第107页。

2017年8月30日）

例①用了设问，明知故问，以引起受众的关注，这是在为后面的论述做铺垫。例②用了反问。反问是用疑问形式来表达确定的意思，只问不答，以加重说话的语气，增强了评述话语的气势。例③④中都运用了对比辞格，通过对比把前后、好坏、彼此放在一起对比，形成反差，以提供切实可信而又明确的差异，并由此支撑论点。例⑤根据语义关系把几个"的"字结构组织在一起，形成排比用以说理，不仅能够把道理说得清楚透彻，而且还可以增强节奏感以及文章的气势和力度。例⑥在评论中引用了俗语、成语，用以增强评论语言的说服力。

4. 篇章结构特征

评述体要做到论点、论据和论述方式的有机统一。在论述过程中，评论作者需要阐明以下几个要点：你要评论的新闻事件是什么？具体发生了什么事？你是怎么看待这件事的？你要对这件事进行判断：它是好是坏？你需要给出判断的依据：你凭什么觉得它是好的或者坏的？你要给出意见或建议：这个事应该怎么解决？它有什么启示意义？最后，总结收尾。

第二节 知识应用与写作技能训练

利用所学新闻语体基本理论与基础知识，在具体语境中根据要求进行新闻语体语言应用训练和新闻语体文写作实践，以培养和训练学生的新闻语体语言应用能力和新闻语体文写作能力。

一、新闻语体知识应用训练

利用所学新闻语体基本理论和基础知识，根据训练要求就如下语例做出讨论与分析，以培养和训练对新闻语体理论知识的简单应用能力和综合应用能力。

（1）请追踪同一新闻事件的不同报道，在对比中学习。要求：第一，追踪同一新闻事件，收集不同的新闻媒体报道（消息），进行分析学习；第二，对比不同新闻媒体的新闻标题，从词语、句子、修辞、语音等方面进行对比分析，并选出你觉得写得最好的新闻标题；第三，对比不同新闻媒体的消息正文，提炼出新闻要素，并对比各要素在不同报道中的表达。

（2）请收集上一年度的新闻新词并按照要求进行分析与讨论。要求：第一，收集上一年度具有代表性的十个国内新词；第二，分析该新词的构成方式；第三，分析该新词的新闻背景。

（3）请按照以下要求分析优秀新闻作品，并理清逻辑思路。要求：第一，阅读逻辑学相关书籍；第二，从全国知名报纸上（报纸数字版也可以）收集五篇（甚至更多）以相同的新闻由头展开的新闻时评；第三，分析这五篇作品的评论角度有何不同，提炼其观点；第四，然后推演每一篇评论的逻辑思路；第五，寻找评论中存在的逻辑问题，并指出导致该问题的原因。

（4）请从语音修辞角度分析下列新闻标题的特征。

①说一句是一句　句句算数　干一件成一件　件件落实
　　瑞金"十件实事"十年不辍惠市民（《赣南日报》）
②疯狂敛财建"庄园"，数罪并罚赴"黄泉"（《保定日报》）
③破茧化蝶　刘子歌碧波狂舞　百步穿杨　张娟娟靶场扬威（《中国青年报》）
④见公款　动心动脑动手脚　到头来　丢财丢人丢性命——渭南一银行职员被处死刑（《菏泽日报》）
⑤大美术·大美院·大写意（《陕西日报》）

（5）从词语运用角度分析下列新闻标题的特征。
①中澳德日煤矿专家共商治理瓦斯大计（《光明日报》）
②皮黔生被"双规"（《财经》）
③明年中国GDP增长10%（《中国证券报》）
④"三问"问出改革方向，"四改"改出干部新貌（《甘肃日报》）
⑤目标100米960　200米190（《体坛周报》）

（6）从辞格修辞角度分析下列新闻标题中的辞格应用。
①台风"达维"撕扯海南岛（《工人日报》）
②中小学校乱收费揭秘——"七种武器"瞄准家长荷包（《梅州日报》）
③五越"死亡之海"　七闯"生命禁区"（《新华日报》）
④312国道上演"生死时速"　大轿车与水塔"擦肩而过"（《三秦都市报》）
⑤人若负田田负人，人若养田田养人（《绍兴日报》）

（7）请收集并分析网络新闻中的"标题党"现象。要求：第一，查找并收集具有"标题党"特征的网络新闻标题；第二，对该网络新闻进行溯源，找到原始出处；第三，对比原标题与"标题党"的区别；第四，归纳"标题党"的修辞特点；第五，小组讨论分析如何创做出既吸引人、又符合新闻规范的标题。

（8）从词语和句子应用角度对以下报道体新闻进行综合分析。

天门一干部275元公款买贺卡寄44个单位
纪委收到贺卡拍案：顶风违纪，查！

本报讯　"我因为275元挨处分，教训深刻！"昨日，天门市竟陵街道办事处孙湾社区党总支书记、居委会主任盛平章对记者说。

此前，天门市纪委透露：盛平章因公款购买寄送贺年卡被查处，竟陵街道办事处党委经研究决定，已给予其党内警告处分。据了解，这是八项规定出台以来，我省查处的金额最小的违纪行为。

去年12月，天门市直机关开展"在职党员进社区"活动，孙湾社区迎来44个市直部门和单位的党员，他们为社区办了不少实事。春节来临，盛平章想表达一下感激之情，便于2月6日和同事一起，到邮局购买了贺年卡及专用有奖信封50套，共花费275元，次日寄发给了相关部门和单位，其中包括市纪委。

"中央不是早就发文禁止用公款购买、赠送贺年卡了吗？怎么还有人顶风违纪？"天门市纪委收到贺卡后，立即组织人员进行调查。调查人员对盛平章指出，他的行为违反了中央纪委《关于严禁公款购买印制寄送贺年卡等物品的通知》规定。

3月，街道办事处党委依规给予他党内警告处分。盛平章说，刚开始有点想不通，觉得很冤。认真学了中央纪委的相关纪律规定后，自己的怨气全消了。"作为一名老党员，对纪律、规矩没学习、不了解，真不应该！"

眼下，盛平章正带头组织社区党员开展学纪律、守规矩活动。他现身说法："请大家吸取我的教训。纪律红线、规矩红线碰不得！"（杨宏斌、天纪轩，《湖北日报》2015年5月6日）

（9）从辞格应用和篇章结构使用角度对以下报道体新闻进行综合分析。

"为什么2元钱的'救命药'没有人做？"

为了帮一位白血病患者找到一种已停产的廉价针剂，一批媒体记者在全国范围内求助。但一直到第4天，白血病患者才拿到这种"救命药"。许多热心的记者和网友都很纳闷：为什么一些有用的廉价药，现在买不到了？

4月9日，在北京空军总医院，来自辽宁的白血病患者安宁骨髓移植后已经连续发烧两个月，情况危急。安宁的女友孙菊发布微博求救：安宁最后的希望是等待一种救命药——复方新诺明针剂。

复方新诺明针剂（也叫复方磺胺甲噁唑针剂），价格大约2元钱一支。由于价格低廉，利润少，国内大部分药企已经停止生产，但是对于骨髓移植后突发感染的白血病患者而言，此药效果极好，没有替代品。

安宁的求助消息在阿里公益搭建的全国公益记者联盟微信群中传开后，一批公益记者通过他们所在的平台与死神展开赛跑。他们四处传播信息，为患者寻找特效药。甘肃、辽宁、内蒙古、云南、广西、四川……到4月11日中午，所有记者反馈来的消息几乎全都一致：我们省（区）找遍了，复方新诺明针剂停产了！

救人的脚步没有停止。记者们一方面通过报纸、微博、微信等平台继续找药（本报微博也曾于4月9日发布求助信息："紧急求助！白血病患者急需复方磺胺甲噁唑"），另一方面通过关系在香港和国外寻找这种针剂。

转机终于在4月11日晚上出现。河南一位白血病患儿的母亲也在寻找复方新诺明针剂，她提供了一位帮着找药的好心人凌先生的联系方式。据凌先生介绍，这种药香港有，但内地患者很难买到。在凌先生的联系帮助下，一位儿子患白血病的内蒙古父亲将手中的剩余药品捐献了出来。

4月12日晚，安宁的家属取到了28支"救命药"。但安宁一共需要40支针剂，这意味着还有12支针剂的缺口。但这已让安宁和女友孙菊激动万分，他们相信，有这么多人的帮助，他们一定会挺过难关。

在全国各地公益记者的联动中，大家感受最深的就是：为什么2元钱的"救命药"没有人做？也有网友在转发求助信息的过程中感叹："现在好多疗效很好又很便宜的药都被淘汰了，唉……"（贺少成，《工人日报》2015年4月16日）

(10) 从词语和句子应用角度对以下评述体新闻做出综合分析。

"怎么证明我妈是我妈!"

（解决证明过多过滥问题，需要打破政府职能部门间的信息"壁垒"，真正实现让数据多跑路，让百姓少跑腿）

"该怎么证明我妈是我妈！"这是北京市民陈先生的一句感慨。听起来有些好笑，却是他的真实遭遇。

陈先生一家三口准备出境旅游，需要明确一位亲人为紧急联络人，于是他想到了自己的母亲。可问题来了，需要书面证明他和他母亲是母子关系。可陈先生在北京的户口簿，只显示自己和老婆孩子的信息，而父母在江西老家的户口簿，早就没有了陈先生的信息。在陈先生为此感到头大时，有人指了一条道：到父母户口所在地派出所可以开这个证明。先别说派出所能不能顺利开出这个证明，光想到为这个证明要跑上近千公里，陈先生就头疼恼火："证明我妈是我妈，怎么就这么不容易？"而更令陈先生窝火的是，这一难题的解决，最终得益于向旅行社交了60元钱，就不需要再去证明他妈就是他妈了。

陈先生的遭遇，并非孤例，很多人在办事过程中遇到过类似令人啼笑皆非的证明：要证明你爸是你爸，要证明你没犯过罪，要证明你没结过婚，要证明你没有要过孩子，要证明你没买过房……这样那样的证明，有的听起来莫名其妙，办起来更让人东奔西跑还摸不着头脑。

为什么需要这么多的证明？近日，本报在《关注改革"最后一公里"·聚焦社区治理》的报道中一针见血：证明过多过滥，除了审批事项太多外，还因为原本应由相关职能部门之间相互核实，但同级职能部门之间却互相推诿。说白了，就是要审批的事项很多，可谁也不愿担责。笔者办事就曾遇到过"部门A说需要部门B的证明，而部门B说没有部门A的证明我用什么来证明"，就像是你要给我蛋，才能孵出鸡，而我说你要给我鸡，才能生下蛋。这样的僵局，往往托人能打破。

然而当我们对一些证明感到不可理解，去问工作人员为什么要这个证明，得到回答往往是"就是这么规定的"。诚然，必要的证明是应该的，但花点钱、找找人就行，或者在没有知情权的社区盖个章也行，这也从一个侧面说明，其实不少证明并非非要不可。因此，各级政府部门有必要结合简政放权的时代要求，与时俱进地对需要当事人提供的材料事项进行梳理，能免的就免、能简的就简，从源头上减少对证明的需求。

让数据多跑路，让百姓少跑腿，信息化为现代社会治理提供了这样的可能和便利。解决证明过多过滥问题，当务之急需要打破政府各职能部门之间的信息"壁垒"，通过一定的规则和权限设置，让公民基本情况实现共享。这样，老百姓就不会再为各种证明四处跑腿，更不会出现"需要证明我妈是我妈"的尴尬。（黄庆畅，《人民日报》2015年4月8日）

(11) 从辞格应用角度对以下评议体新闻做出综合分析。

政府敢啃"硬骨头",市场才能有"肉"吃

精神文明建设领域有个"五个一工程",囊括了各文艺门类中的精华;简政放权进程中也有个"五个一",是商事制度改革的"硬骨头",刚由政府部门合力攻克。

自2015年10月1日起,"三证合一、一照一码"登记制度改革开始在全国范围内全面实施。以后,市场主体在注册登记时,将享受"一窗受理、一表申请、一照一码、一网互联、一照通用"的"五个一"便利服务,再也不用受拖沓冗长、材料繁杂、费时费力的"冤枉累"。据相关负责人介绍,实现"一照一码"后,企业全部注册时间可缩短到3天,有的甚至"立等可取"。这对于每年几百万新增市场主体来讲,带来的时间价值、就业增加、资金使用效率都将是巨大的。

结果是美好的,过程是艰辛的。因为涉及多部门职能,部门利益协调起来难度较大,这"五个一"的到来殊为不易。我们能看到的是:自去年3月1日起,国务院陆续发布多项通知、意见,李克强总理在多个会议、场合做出重要指示,多地率先试点,注册资本金改为认缴制、年检改年报、"先证后照"改为"先照后证"等多项措施先后实行……而在看不见的时空里,不知道还有多少回合的利益交锋,多少场次的部门磋商,多少辗转碰壁,多少协同整合。

简政放权是本届政府开门"第一件大事",是全面深化改革的"先手棋"和转变政府职能的"当头炮";商事制度改革是简政放权的"突破口"之一;"三证合一、一照一码"是商事制度改革的"攻坚战"……如此链锁之下,"五个一"的市场含金量可想而知。它不仅大大降低了企业的市场准入门槛,缩短了办证流程,还实现了行政管理模式的逆转,由过去的"重审批轻监管"变为"轻审批重监管"。"三证合一、一照一码"让每个企业都拥有一个唯一的身份证,不仅有利于实现部门间信息互联互通、档案互认,还为运用大数据技术加强市场监管提供了条件,为建立企业信用为核心的新型监管模式提供了基础。

更为重要的是,多部门、多证件、多环节管理模式的改革,有助于改变过去那些不合理但又被人为固化了的机制、做法,有助于各部门加快实现步调的统一、信息的共享,有助于整个市场环境的优化,从根本上解决政府部门管得多、管得细、管得杂、管得死等问题,让市场主体吃到更多"肉"以强身健体,进一步释放我国经济发展的内在潜力。说到底,我们推进"三证合一、一照一码",不是单纯追求"闪电办事速度",而是着眼于理念创新、制度创新和服务创新,培植更有利于企业经营发展的制度土壤。正如总理所说,"我们不仅要降低创业门槛,让企业'生'出来,还要避免形成'僵尸企业',要扶持它们,让它们活下来、活得好"。

千里之行,始于足下。"三证合一、一照一码"的全面推行说明,政府敢啃"硬骨头",市场才能有"肉"吃。宏伟蓝图的价值,不在头脑里,不在方案里,在一步一步的实践中。唯有实践,才能分辨华丽的秕谷与饱满的种子,才能创造生长所需的阳光雨露,让创业创新的种子落地生根、开花结果。接下来,对各地各部门来说,要用好"三证合一、一照一码"的过渡期,全方位沟通,充分磨合,加紧相关措施的无缝对接和协同跟进;对市场主体来说,请记住一句话:"要迎着晨光实干,不要面对晚霞幻想。"(安传香,《新华网》2015年10月16日)

(12)以下例文存在比较多的问题,请搜索相关新闻信息,根据所学报道体(消息体)的修辞理论知识,从综合运用角度修改下列新闻稿。例文:

校园欺凌案宣判,五名涉罪未成年者被判处有期徒刑

本报讯 (记者)11月2日,北京市西城区人民法院对西城区某职业学院的一起校园欺凌案进行宣判,五名涉罪未成年少女被判处有期徒刑,判决后,共青团北京市委权益部及心理专家等一同前往一名受害人家里进行看望。

今年2月28日下午,北京市西城区某职院一名女生朱某伙同另外四名女生在学校女生宿舍楼内,无故殴打、辱骂两名女学生,致使两名被害者轻伤,其中一名精神抑郁,目前仍无法正常生活、学习。案件中被告少女选择欺凌对象并没有明确目标,属于随机作案,法院判决后,团市委权益部、检察院承办检察官和心理专家等人对受害人进行了慰问。北京团市委青少年发展和权益维护部部长乔学慧表示,会持续关注孩子的心理健康状况,请心理专家定期进行心理咨询,直到孩子走出心理阴影为止。

近年来,北京团市委与首都综治办联合公检法司部门,积极推动市有关部门,配齐工作人员出台工作意见,形成了比较完备的未成年人刑事案件配套体系。北京市西城区人民法院法官肖志勇认为,孩子发生违法犯罪行为,肯定是各种教育缺失,包括学校管教不够,家长教育不到位等。

自2014年至今,北京市已建立起覆盖全市16区的23家"附条件不起诉"观护基地,为各级检察机关对附条件不起诉的涉罪未成年人提供考察、教育和矫治,此外还培训专门从事涉罪未成年人社会调查专业机构15家,培养专业志愿者和司法社工近千人,为涉罪未成年人提供心理疏导、困难救助和就业安置服务2000余次。这项工作为其他省(区)市健全未成年人司法保护配套体系积累了经验。(来源:考新闻公众号)

二、新闻语体写作技能训练

利用所学新闻语体基本理论与基础知识,在具体语境中根据要求进行新闻语体文撰写技能训练,以培养和训练学生的新闻语体文写作能力。

(一)报道体写作技能训练

利用所学报道(消息)体基本理论知识,在具体语境中根据要求进行报道(消息)语体文撰制技能训练,以培养和训练学生的报道(消息)语体文写作能力。

训练话题1 请根据以下提示撰写"一句话新闻"。提示:如今互联网阅读是快速阅读、跳跃式阅读、扫描式阅读,因此要求新闻在最短的时间内能全面、客观、重点地传递有新闻价值的信息。一句话新闻与标题新闻类似,是指运用一句话来揭示新闻事件的核心内容,如时间、地点、人物、事件等。

训练目标:锻炼学生提炼新闻信息的能力、析取新闻信息关键词的能力。

训练要求:

(1) 请学生将今天看到的某一条消息改写成一篇"一句话新闻"。
(2) 在如实反映新闻事件的基础上，要突出有新闻价值的信息。
(3) 注意语音和节奏，使人读起来朗朗上口。
(4) 注意修辞运作，使该新闻更加吸引人。
(5) 字数尽量控制在 25 个字以内。

训练话题2 请以学校新近发生的新闻事件为话题，根据要求撰写完整的报道类（消息体）新闻。

训练目标：培养学生新闻消息结构布局能力、新闻标题设计能力。

训练要求：

(1) 关注并调查校园内新近发生的突发事件、体育赛事、群团重大活动、重大技能比赛等具有新闻价值的事情。
(2) 消息稿做到新闻要素齐全完备。
(3) 在保证真实性基础上，新闻标题及篇章结构要做到新颖独特。
(4) 语言表达注意语音、词语、句式和辞格修辞的综合运用。
(5) 篇幅控制在 300 字左右。

训练话题3 请运用所学报道体（消息体）的修辞理论知识，仿写报道语体文。

例文：

农民租飞机给农田喷药
榆树种粮大户实现"飞速度"

本报 7 月 8 日讯 今天，种粮大户陈卓只用了一天的时间，就完成了 100 公顷玉米地的喷药作业，而在往年，这项工作至少需要 5 天。

帮助陈卓实现这种"飞速度"的，是他租来的一架小型农用飞机。农民自己租飞机给农田喷药，这在我省还是首次。

今天早上 8 时，在榆树市五棵树镇合发村的一条笔直公路上，一架有着彩色机翼的蜜蜂 3 号超轻型飞机，经过 100 米的加速滑行腾空而起，飞向 10 公里外的一片玉米地。飞机从玉米地上空快速掠过，机翼下面喷洒下一片白色的药雾。

现在正是玉米的拔节期，也是对玉米进行抗倒伏、增产、抗菌、杀虫等喷药作业的关键时期。陈卓说："人工 2 个小时喷洒 1 公顷地，高架车 1 天喷洒 20 多公顷地，采用飞机航化作业省时高效，就是为了抢到庄稼用药的时间点。"

陈卓是榆树市远近闻名的种粮大户，他牵头成立的田丰合作社今年托管了 601 公顷土地。从合作社成立开始，陈卓就下决心走现代农业发展的路子，合作社的机械化水平逐年提高，现有 60 多台（套）农机，实现了耕、种、收全程机械化。这次租来飞机喷药，让合作社的现代化水平实现了一次真正的飞跃。

飞机是陈卓是从哈尔滨一家公司租来的。该公司负责人王立辉介绍说，今天是他们第一次与我省农民合作开展玉米航化作业，"农民自主开展的航化作业在全国也比较少见，吉林农民的思想真是现代"。

航化作业是农业机械化的一个"高端"标志。近年来，我省不断提高农机装备水平，去年全省农作物耕种收综合机械化水平达到77.8%，今年这个数字将达到80%，航化作业面积计划达到200万亩，我省现代农业生产将迎来"飞速度"。（李大川、赵赫男，《吉林日报》2015年7月9日）

训练目标：训练学生归纳能力、消息结构安排能力、标题构拟能力。

训练要求：

(1) 注意结构安排符合消息结构要求。
(2) 要确保信息表达的准确性。
(3) 词语、句子的使用要尽量简洁易懂，确保易读性。
(4) 注意对标题的构拟，以吸引读者。

训练话题4 请根据给出的新闻事件和新闻背景，找准角度，分别拟写报道体（消息体）新闻稿。

新闻素材1：2017"双11"再次刷新记录　阿里+京东交易额达2953亿元

新闻素材2：中国消费者协会11月29日发布的《2017年"双11"网络购物商品价格跟踪调查体验报告》显示，在"双11"整个体验周期内，先涨价后降价、以"划线价"形式虚构"原价"、预售价格频繁变化、定金随意变动和随意标注价格的情况较为突出。16家电商平台宣称参加"双11"促销活动的539款非预售商品中，不在11月11日也能以"双11"价格或更低价格（不考虑联动活动情况）购买到促销商品的比例达到78.1%，与2016年同期相比有所增加。

新闻素材3：国家邮政局市场监管司相关负责人表示，已将"绿色邮政"列入2016年十大重点工作，"将从三个方面着手推广绿色包装：一是健全快递业包装法律法规体系，如推动将快件包装列入《循环经济促进法》的强制回收目录。二是制修订快递业包装国家标准和行业标准。三是强化快递业包装日常监管，推动出台快件绿色包装环保标识认定使用和管理办法，探索将绿色包装等环保指标纳入行业信用体系建设内容"。

训练目标：培养学生材料分析能力、切入点把握能力、标题构拟能力。

训练要求：

(1) 以新闻线索为由头，全面深入收集相关信息，确保信息的准确性。
(2) 消息的写作要符合消息体的结构要求。
(3) 词语和句子应用要符合消息语体的要求。
(4) 采用辞格方式构拟吸引人的新闻标题。

训练话题5 请根据给出的新闻事件和新闻背景，分别拟写报道体（消息体）新闻标题。

新闻素材1：近日，北京红黄蓝幼儿园新天地园区涉嫌虐童事件引发市民普遍关注。红黄蓝新天地幼儿园园长被免职，朝阳警方通报称造谣者被拘。

新闻素材2：国务院办公厅发布关于2018年部分节假日安排的通知。

新闻素材3：记者日前从中科院获悉，"悟空"卫星在轨运行的前530天，共采集了约28亿颗高能宇宙射线，其中包含约150万颗25GeV以上的电子宇宙射线。基于这些数据，科研人员成功获取了目前国际上精度最高的电子宇宙射线探测结果。

训练目标：培养学生提炼核心信息的能力、新闻标题构拟能力。

训练要求：

(1) 要保证信息的真实性。

(2) 突出关键信息，尤其是对受众重要的信息、吸引人的信息。

(3) 标题要简短，不超过20个字。

(4) 结合报道语体知识，适当使用修辞格。

（二）评述体写作技能训练

利用所学评述（时评）体基本理论与基础知识，在具体语境中根据要求评述语（时评）体文撰制技能训练，以培养和训练学生的评述（时评）语体文写作能力。

训练话题1 请根据要求撰写评述式读后感。

训练目标：培养学生新闻评述能力、分析问题和解决问题能力、新闻时评收集与识别能力。

训练要求：

(1) 请学生阅读全国知名报纸的评论栏，或者搜索人民时评、中青时评、南方网评、"中国记协网"中国新闻等时评网站；或者，阅读"中国新闻奖"时评类获奖作品，大量广泛地阅读新闻时评，全面地、直观地、感性地了解时评体的特点，并撰写读后感。

(2) 请在所收集到的新闻时评作者中筛选识别出较为优秀的评论者。

(3) 选择一位优秀评论者，持续关注其评论内容，总结其语言特点。

(4) 以最新事件为由头，将归纳出的特点应用到评述式读后感写作中。

(5) 语言表达符合评述（时评）体的基本修辞要求。

训练话题2 请以下面新闻背景为由头，为报纸媒体写作一篇新闻时评。

新闻背景：2015年全国两会开幕前，全国政协委员、华中科技大学校长丁烈云在与记者闲聊中透露说，2015年两会将重点关注国家实验室建设中存在的虎头蛇尾问题——国家实验室作为我国最高等级实验室，继2000年成立沈阳材料科学国家（联合）实验室以来，我国先后有15个国家实验室进入筹建阶段，而十几年过去，依然"筹"字难除。记者对此展开调查。（《中国教育报》）

训练目标：培养学生对新闻事件的捕捉能力、新闻事件研判与评论能力、平面媒体新闻时评语言组织能力。

训练要求：

(1) 全面了解新闻事件的来龙去脉。

(2) 寻找准确的切入角度。

(3) 运用适合于报纸平面媒体的评论语言。

(4) 使用辞格修辞，使评论语言更有感染力。

(5) 篇幅尽量精简，字数不超过600字。

训练话题3 请以下面新闻背景为由头，为广播媒体写作一篇评论。

新闻背景：车辆年检俗称"验车"，相当于车辆的定期体检，对于机动车污染防控起着重要的作用。为了保证验车质量,现在许多城市的验车线都采用了高科技的设备,最主要的目的就是要提高检验精度、避免人为干扰。但是,在很多地方,依然存在不合格的车辆蒙混过关的现象。记者在青岛、济南、深圳、大连、杭州等地进行调查,在节目中记录并反映了不同检测站里验车的作弊行为。(中央电视台《焦点访谈》)

训练目标:培养学生对新闻事件的捕捉能力、新闻事件研判与评论能力、广播媒体新闻时评语言组织能力。

训练要求:

(1) 全面了解新闻事件的来龙去脉。
(2) 寻找准确的切入角度。
(3) 运用恰当的评论语言,尤其是要结合广播媒体来构拟评论语言。
(4) 使用辞格修辞,使评论语言更有感染力。
(5) 篇幅尽量精简,文稿篇幅以播出时间不超过3分钟为宜。

第九章 演讲语体及其修辞应用

【本章导读】 本章讲述演讲语体及其修辞应用的相关问题。在对演讲语体内涵、类型和修辞特点等基本理论知识进行讨论的基础上,根据演讲语体分体状况设计编制了形式多样的知识应用和写作技能训练题目,以备师生开展针对性实践训练之需。

【教学目标】 熟悉并掌握演讲语体的基本概念和修辞特点,能够把所学知识应用到论述性演讲体、传授性演讲体和礼仪性演讲体中,掌握论述性演讲体、传授性演讲体和礼仪性演讲体写作的基本方法和技巧。

第一节 演讲语体理论知识

一、什么是演讲语体

演讲又叫讲演、演说,是在特定时空环境中,运用有声语言和体态语言向听众说明事理、抒发感情,从而说服感召听众的一种交际方式。演讲采用一人讲、多人听的独白式交际方式,往往围绕一个话题或一个观点来抒情说理,以达到宣传鼓动、劝说感召听众的目的。为了使演讲语言有感召力、说服力和吸引力,演讲者常常会对所使用的语言进行反复加工与提炼,从而形成了有别于其他语体的语言运用特征。

基于演讲语言表达而形成的演讲语文体式,学界早已给出了比较有代表性的界定:1987年,郑颐寿指出"讲演体,在功能上,一方面运用通俗、生动的口头语体的语言,另一方面,要具有吸引力、鼓动性,难免有意地对语言进行提炼、加工,而使书卷语体色彩加浓了"[1]。1989年,黎运汉指出"在同一时空环境中,采用口头形式说明事理、传道授业、抒发情感而产生的运用全民语言而形成的言语特点的综合体,是演讲语体"[2]。2009年,他又修改为"演讲语体就是适应口头演讲交际的需要而运用全民语言所形成的言语特点综合体"[3]。

根据以上分析,我们认为,所谓演讲语体,是适应口头演讲这一交际形式的需要而运用全民语言所形成的一种稳定的言语特点综合体,是谈话语体与书卷语体结合的一种交融性语体。

---

[1] 郑颐寿:《语体划分概说》,载中国华东修辞学会、复旦大学语言文字研究所编《语体论》,安徽教育出版社1987年版,第132页。
[2] 黎运汉:《现代汉语语体修辞学》,广西教育出版社1989年版,第84页。
[3] 黎运汉、盛永生:《汉语语体修辞》,暨南大学出版社2009年版,第279页。

二、演讲语体的类型

人们出于不同的目的常常从不同角度对演讲进行分类。比如,从演讲内容看,可分为政治演讲、军事演讲、经济演讲、法律演讲、科学演讲、宗教演讲、道德演讲、礼仪演讲等;从演讲场合看,可分为街头演讲、课堂演讲、法庭演讲、战地演讲等;从表达方式看,可分为说理性演讲、抒情性演讲、叙事性演讲等;从演讲功能看,可分为"使人知"演讲、"使人信"演讲、"使人激"演讲、"使人动"演讲、"使人乐"演讲等;从演讲形式看,可分为拟稿演讲、即兴演讲和论辩演讲等[①];从演讲目的及言语特点看,可以将演讲分为论述性演讲、传授性演讲和礼仪性演讲等。

以上演讲类型,都是不同视角下人们对演讲活动分出的类别。如果把它们分别与语文体式对接起来,则自然会归纳出如上对应的演讲言语体式,即演讲语体及其下位分体。本教材根据教学之需,以演讲的目的、任务和言语特征标准把演讲语体再细分为论述性演讲语体、传授性演讲语体和礼仪性演讲语体三种下位类型。

三、演讲语体修辞应用原则

在现代社会中,演讲活动日益频繁与广泛。通常情况下,演讲由于需要借助口头去"演"去"讲",还要借助书面拟写文稿,这样演讲实际上就得在特定场合和特定时间内实现由书卷语体向口头语体的转化。从这意义上来说,演讲语体既具有谈话语体的修辞特征,又具有书卷语体的修辞特征,因此可以说属于交融语体范畴。为了实现演讲的目的,演讲语体在长时期的修辞实践中逐渐明确了适合自身语体的修辞需求。

(一)要做到简洁明了

演讲采用"一人讲,多人听"的现场讲授模式,演讲内容必须在规定时间内传达给听众,因此演讲语言必须要做到简洁明晰,而不能拖沓啰嗦。如果演讲内容空洞而冗长,听众必然会感到乏味,从而失去耐心和兴趣,而最终达不到演讲的目的。演讲往往只诉诸听觉,没有文字依凭,听众无法反复琢磨演讲内容,这就要求演讲语体在内容关系与层次性方面,也一定要做到清晰明确。

演讲语体坚持简明原则,就是要求演讲者要旗帜鲜明,观点明确,而不能模棱两可、隐晦曲折;演讲内容要紧扣主题,话题要相对集中,而不能太过于发散;要做到语意表达清楚,而不能使用易引起歧解的词语和句法结构;词语选择要适合听众知识水平;尽量多使用语音短句,而较少使用结构过于复杂的长句;要合理地组织演讲结构,使用显性的层次过渡手段。例如:

人生是一个很大、很复杂和常变的课题,我们用分析、运算、逻辑理性的智商(IQ)解决诸多的问题;用理解和自我控制的情绪智商(EQ)去面对问题;用追求卓越、价值及激发自强的心灵智商(SQ)去超越问题。<u>在这个经历中,对此3Q的不断提升是必要的。</u>IQ、EQ、SQ皆重要:学术专业的知识,使我们有能力去驰骋于社会各行

---

① 陈建军:《演讲理论与欣赏》,武汉大学出版社 2005 年版,第 74 页。

各业中；对自己及他人环境的了解，能发挥人与人之间的同情心，加强家庭、学校、机构的团队精神；慎思明辨的心灵能力驱使我们对意义和价值的追求，促动创造精神，把经验转化成智慧，在顺境和逆境之中从容前进。(李嘉诚《成功3Q》)

该例是李嘉诚在香港理工大学李嘉诚楼命名典礼上发表的演讲，属于演讲语体。李嘉诚首先高度赞扬了香港理工大学的贡献，并为理工大学以他名字命名大楼表示感谢；接着便谈到了为什么叫3Q以及讲这个主题的原因。该例主要谈了两个问题，也就是IQ、EQ、SQ的内涵和重要性，语言表达层次明晰、条理清楚。在句式使用上，先后构拟了"用……的IQ（EQ、SQ）去……"三个基本相同的句式，使3Q之间形成对照，以凸显三者之间的不同，更便于在场听众准确把握3Q的内涵。划线部分作为过渡句，使话语自然过渡到对3Q重要性的论述。整个演讲语言简练，语意明晰，思路清楚，上下语句内容紧凑。

（二）要做到生动有力

演讲要学会讲故事，一个好的演讲者必然是一个会讲故事的好手。演讲往往不能流于说教，而应该通过动人的故事、形象的语言来感染并教育听众。要达到鼓动、号召、说服的宣传目的，演讲者在阐发观点、抒发感情时必然要力求使语言生动形象，用丰满的语音形象来唤起在场听众的情感，给听众以美的享受。演讲语体中，做到演讲语言生动有力，就是要做到：在语音方面，要声韵和谐，朗朗上口，富有节奏感；在词语使用方面，要多选用具体而可感的描绘性强的词语，尽量不使用抽象性词语；在句子构建方面，要尽可能创拟错综变化的句式；在修辞格使用方面，则常常会构拟富有形象色彩的修辞格式。例如：

本校在这一年中，好像是我们先生同学工友二百人坐在一只船上，放在嘉陵江中漂流，大的漏洞危险虽然没有，但是小的漏洞是出了一些，这些小漏洞也可以变成大漏洞，使我们的船沉没下去的！然而我们的船没有因为这些小漏洞沉没，竟因为我们这些同船的人，一见有小漏洞，即想尽办法用力去堵塞，有时用手去堵，有时用脚去堵，甚至有时用头用全身的力量去堵，终于把这只船上这些小漏洞堵塞住，而平稳地渡过这一年，而达到了目的地，这是一个奇迹，一个共同努力，共同创造的奇迹。(陶行知《每天四问——在育才学校三周年纪念晚会上的讲演》)

该例中，对于全校师生员工如何齐心协力来创办育才学校，陶行知没有只是抽象地给师生员工讲做法，而是把育才学校比作一艘航行在嘉陵江中的船，生动描述了师生员工作为船员在面对船有漏洞时的反应。"用手去堵，用脚去堵，用头用全身的力量去堵"，这些具有画面感的形象化语言生动有趣，更容易吸引听众注意，更能够抓住听众的心理并使之以最快速度理解演讲内容。再如：

白军强大，红军弱小，我们以弱斗强，只能采取游击战术。什么是游击战术？简单扼要地说是"敌进我退，敌驻我扰，敌疲我打，敌退我追"十六个大字。(肖克《永铭在心的亲切教诲》)

该例中，毛泽东给红军军事干部讲战术课时说过的一段话。"白军强大""红军弱小""敌进我退""敌驻我扰""敌疲我打""敌退我追"等都是四个音节的词语，由此而形成了一种气势，讲（读）起来铿锵有力，听起来则富有节奏感，由此而感染读者和听众。

（三）要做到通俗易懂

通俗易懂是指语言明白如话，一听即明。演讲时话语稍纵即逝，只有让听众立刻抓住主要观点，听出弦外之音，把握言外之意，才能收到理想的演讲效果。要做到这一点，演讲者必然要对听众生理、心理、知识水平及对话题熟悉程度等情况有一个初步的认知，这样才能艺术化地选用施言策略。在演讲语体中，尽量少使用深奥艰涩的词语、过多的专业术语，是做到语言通俗易懂的基本做法。要做到通俗易懂，就要考虑多使用口语词，尽量避免生僻词语、文言词语、专业化强的词语；多用简单易说的语音短句，少用甚至不用结构复杂的嵌套结构；适当运用富有表现力的修辞格式，以表达说明较难理解的复杂的内容。例如：

有人说："出去做事之后，生活问题急需解决，哪有工夫去读书？即使要做学问，既没有图书馆，又没有实验室，哪能做学问？"

……

诸位，十一万页书可以使你成为一个学者了。可是，每天看三种小报也得费你一点钟的工夫；四圈麻将也得费你一点半钟的光阴。看小报呢？还是打麻将呢？还是努力做一个学者呢？（胡适《毕业赠言》）

该例中，胡适劝说毕业生们"不要抛弃学问"时，所用语言非常通俗自然，所用句子不仅长度短小、结构简单，且便于口说。疑问句的使用更能引起学生思考，并构成了一种融洽的交流语境，更容易触发学生的真切感受，以达到说服教育的目的。

（四）要做到灵活有度

演讲语体要做到灵活有度，主要就是因为演讲内容、听众、场合等方面呈现多样化特征。政治性演讲中，政论语体采用的修辞手段与礼仪演讲中的修辞手段必然不同。面对专业人士和面对儿童讲话时，也一定不能采用同一种话语格调，语言手段也必然存在着不同。在即兴演讲和有备演讲中，前者时空感比较强，无准备或准备不够充分；后者虽也要考虑时间和空间，但由于准备充分，可以对语言进行细致加工，所以两者在语言手段选择上也必然会有区别。

就演讲语体话语结构安排来说，这种灵活性主要表现在开头、主体及结尾的灵活多样上。演讲语体中，开头部分可以开门见山，直入主题；也可以巧妙引用，导入主题；还可以写景抒情，引入主题。主体部分可以根据表达的需要，运用各种修辞格式，也可以交错采用叙述、议论、抒情等不同表达方式，由此而将演讲推向高潮，从而引起听众的共鸣。结尾部分要给听众留下意犹未尽、深刻的印象，可以采用总结式、诵唱式、祝愿式、致谢式、誓言式、抒情式等方式。例如：

①同志们：

现在，雷声轰鸣，暴雨倾盆。操场上，顷刻积满了雨水，同志们浑身上下透湿冰凉。这无疑给我们的考核带来了困难。

但是，请看，总部高副参谋长同我们一样，也站在雨中！总队吴副总队长、王参谋长，也站在雨中！首长的形象就是我们的榜样！（刘素丽《即兴演讲》）

②年轻的朋友们！

讲演对于我倒不是件难事，然而要不多不少恰好"五分钟"，却使我感到困难。而主席又只要我作"五分钟"的滩头讲演，让你们好早点跳下海去，作你们的青春之舞泳。

我想了，本来我可以这么开始我的演讲："各位先生，各位女士，请大家沉默五分钟！"于是当大家沉默到五分钟的时候，我便说："沉默毕，我的讲演完了。"

大家假如要反诘我："你向我们作五分钟的讲演，为什么叫我们沉默五分钟呢？"我可以理直气壮地回答："朋友，人们不是说'沉默胜于雄辩'吗？"

本来我可以这么开始我的讲演的，但是当我听了刚才×先生两分钟的演讲，太漂亮了！……太好了，我的五分钟讲演只好改变计划了，让我把年轻人引申来说一下吧。（郭沫若《在萧红墓前的五分钟讲演》）

③朋友，你听到过激越深沉的苗鼓吗？你听到过悠扬悦耳的木叶吗？你听到过土家人欢乐的"咚咚喹"吗？你听到过浩浩莽莽的松涛和叮叮咚咚的山泉吗？那是一曲曲多么美妙的乐章！（张勤《我从玫瑰色的梦境中醒悟》）

例①是某部校长王忠选在军事考核现场即兴演讲的开头。军事考核时正值下雨，面对如此恶劣的天气，考核人员必然有退缩为难情绪。为动员大家积极参与，演讲一开始就直接从天气和考核人员的实际状况入手，以首长做榜样来鼓励大家，达到了动员的目的。例②则从"五分钟"的演讲时间限制谈起，用幽默语言谈自己的演讲设想，由此来拉近和听众的距离。与此同时，又充分利用现场语境条件，结合前面演讲者的演讲内容，进一步补充对"年轻人"的理解，从而引入正题。例③由连续亲切的发问开头，反复用疑问语气刺激听众，由此而引发听众的好奇心。最后一句突然由发问转为抒情，通过表达对湘西山区生活的热爱，而把演讲引向主旨内容。

演讲语体中，不仅开头要采取灵活多样的形式，结尾同样也要采用多种不同的方式。例如：

①同志们，今天，让我们再一次真诚地祝愿，祝愿王力同志在新的工作岗位上更展风采。谢谢大家！（鲁祥林《送你三盆水——在新干部赴任欢送会上的讲话》）

②珍惜方寸土，留与子孙耕。同志们，让我们爱护每一寸耕地，珍惜每一寸耕地，为子孙留一只吃饭的碗吧！谢谢大家！（罗安宝《为子孙留一只吃饭的碗》）

例①是欢送会上演讲的结尾，采用祝愿的方式结尾。例②是针对农村耕地被侵占的事实做的演讲，结尾则号召大家珍惜耕地。显然，不同的结尾方式与演讲的内容和目的直接相关。

四、演讲语体分体修辞特征

演讲语体的分类角度是多样化的，这里仅分析因演讲目的、言语特点不同而形成的分体类型，即论述性演讲体、传授性演讲体和礼仪性演讲体的基本修辞特征。

（一）论述性演讲体修辞特征

论述性演讲体也就是说服性演讲体，是采用演讲的交际形式围绕某一问题或事件来阐明自己的某种观点和主张所形成的言语特点综合体。它包括政治、外交、军事、经济、道德、宗教等方面的宣传演讲。

1. 词语应用特征

为了达到以理服人、以情动人、鼓动宣传的目的，论述性演讲常使用感情色彩强烈的词语、适于口说的词语。

今天，这里有没有特务？你站出来！是好汉的站出来！你出来讲！凭什么要杀死李先生？杀死了人，又不敢承认，还要污蔑人，说什么"桃色事件"，说什么共产党杀共产党，无耻啊！无耻啊！这是某集团的无耻，恰是李先生的光荣！（闻一多《最后一次讲演》）

该例中，"污蔑""杀""杀死""无耻""光荣"等都是感情色彩鲜明、适于口说的词语，而且在感情色彩上又有较为强烈的对比性。这些词语的恰当运用不仅表现了演讲者爱憎分明的立场，而且也使演讲语言更加生动活泼，并富有感染力和鼓动性。

2. 句子应用特征

在论述性演讲体中，要达到以理服人、以情动人、鼓动宣传的目的，既要使用表义明晰、观点明确的句子来表明自己的见解和主张，又要采用完整而严密的论证方式来组织语句。通过对不同语句的合理安排和篇章上的严密布局，由提出问题，到分析问题，再到最后解决问题，形成了逻辑性比较强的语句表现形式。在句子选用上，感叹句、祈使句、疑问句、陈述句、短句、主谓句、单句、整句、散句等多样化的句类、句型、句式，都可以根据需要适时加以创造和运用。例如：

中国代表团是来求团结而不是来吵架的。我们共产党人从不讳言我们相信共产主义和认为社会主义制度是好的。但是，在这个会议上用不着来宣传个人的思想意识和各国的政治制度，虽然这种不同在我们中间显然是存在的。

中国代表团是来求同而不是来立异的。<u>在我们中间有无求同的基础呢？有的。</u>……

我们的会议应该求同而存异。同时，会议应将这些共同愿望和要求肯定下来。这是我们中间的主要问题。我们并不要求各人放弃自己的见解，因为这是实际存在的反映。但是不应该使它妨碍我们在主要问题上达成共同的协议。我们还应在共同的基础上来互相了解和重视彼此的不同意见。

现在，我首先谈不同的思想意识和社会制度问题。我们应该承认，在亚非国家中是存在有不同的思想意识和社会制度的，但这并不妨碍我们求同和团结。……<u>我们有什么理由不可以相互了解和尊重、相互同情和支持呢？</u>……我们亚非国家，中国也在内，不论在经济上或文化上都落后。我们亚非会议既然不要排斥任何人，为什么我们自己反倒不能相互了解、不能友好合作呢？

次之，我要谈有无宗教信仰自由的问题。……中国是有宗教信仰自由的国家，它不仅有700万共产党员，并且还有以千万计的回教徒和佛教徒，以百万计的基督教徒和天主教徒。中国代表团中就有虔诚的伊斯兰教的阿訇。这些情况并不妨碍中国内部的团结，<u>为什么在亚非国家的大家庭中就不能将有宗教信仰的和没有宗教信仰的人团结在一起呢？</u>……

第三，我要谈所谓颠覆活动的问题。……<u>我们反对外来干涉，为什么我们会去干涉别人的内政呢？</u>……（周恩来《在万隆会议上的补充发言》）

该例是周恩来在1955年亚非会议上的演讲。当时中国代表团确定的参加亚非会议的总方针是：争取扩大世界和平统一战线，促进民族独立运动，并为建立和加强我国同亚非国家的关系创造条件。周恩来在演讲中开门见山，直接使用肯定式陈述句表明自己的立场与观点：中国代表团是来求团结而不是来吵架的，是来求同而不是求异的。语气坚决，态度果断，刚中有柔，不卑不亢。然后，构拟一个设问句，引出问题并从三个方面来论述亚非国家之间是具有求同基础的。用"我们""大家庭"来指亚非国家，由此拉近彼此之间的情感距离。周恩来紧承"中国代表团是来求同而不是来立异的"这个陈述句，马上抛出一个设问句（"在我们中间有无求同的基础呢？有的。"），以此来吸引听众的高度注意，并引发在场听众对"求同的基础"的深入思考。这个设问句同时又有启后作用，使演讲顺势过渡到论述"求同的基础"的可能性上。在该例中，还多次使用带有强烈感情色彩的反问句（文中加"＿＿"部分）来表达观点，使演讲语言更有感染力，更能引起听众的强烈共鸣。

3. 辞格应用特征

论述性演讲语体中，经常采用设问、反诘、排比、比喻、引用、反复、警策、借代、对偶、夸张、双关等多种修辞手法使语言生动形象、来激发听众的情感。例如：

①现实生活使人们日益清楚地认识到，只有讲真话，才能分清是非、辨明方向；只有讲真话，才能看到问题、增强信心；也只有讲真话，我们的祖国，我们的民族，才有希望，才能走上繁荣昌盛之路！（戴晓雪《讲真话》）

②我们进行艺术创作首先要有政治民主。如无民主，心有余悸，事先感到害怕，如同鸟笼子的门开着，鸟看着笼子门，心想是出去好还是不出去好？作家不敢写，编辑不敢登，都怕再有康生式的人物。他如一个混世魔王，使小鸟都害怕。

我认为今天形势很好。今天已允许讲真话。真话是苦药，但不是毒药。苦药是治病，毒药是害人。……

春天来了，春天已经来了！这很好，但还应看到有沼泽地带，还有泥浆路。（艾青《诗人应当讲真话》）

例①采用排比、层递、反复手法，层层递进，说明了讲真话的必要性。例②是艾青在粉碎"四人帮"后的第一次全国诗人座谈会上所发表的讲话。演讲中，连续使用比喻、比拟、借代、对偶等多样化的修辞格式，使演讲语言生动有趣，且理趣妙生。比如例中，用"鸟"来比喻作家，把作家在没有政治民主状态下的心理刻画得非常形象。把"真话"比作"苦药"，虽味苦，但良药苦口利于病。将当今的形势比作"春天"，今后可能遇到的困难比作"沼泽地带""泥浆路"等，把抽象的道理说得生动形象，更能激起听众的共鸣。

（二）传授性演讲体修辞特征

传授性演讲体是以交流学术思想、介绍科学研究成果、传授科学知识和信息为主要目的的演讲语体。它包括课堂演讲、学术报告、论文答辩、经验交流等演讲活动。传授性演讲交际的对象往往是学生或同行同专业人士，交际的目的是使听众获得理性认识。在语言应用上，既有谈话语体的基本特征，又有科学语体的基本要求，可以说是谈话语体与科学语体的交融，因此语言应用既有客观理性的一面，又有浅显明确的一面。换句话说，既追求语言应用的科学性、严谨性，又追求语言应用的通俗化、易懂性。

1. 词语应用特征

传授性演讲语体通常采用规范的语言来传递信息，不采用方言土语。在传递信息时，既要考虑语言的通俗性，又要考虑语言的科学性。为此，除了选用一些口语词语外，还大量使用专业术语、行业用语，尽量少用具有描绘性和感情强烈的描绘性词语。如：

汉语的书面语不是分词书写，基本上是分语素书写的。一个方块字代表一个语素，很少例外。所以，我们从语句中划分语素十分容易，而划分词，有时不免各行其是。这种情况与欧美等国的人们感觉恰好相反，他们认为划分词十分容易，而划分语素有时会感到为难。语法书给我们的词下的定义是"最小的能自由运用（或独立运用）的语言单位"。由于"自由运用"可以有不同理解，而且有些语言单位（如"叶""楼""暑"）在一些场合不能自由运用，在另一些场合却能自由运用。（张斌《现代汉语语法十讲》）

该例中，"词""语素""分词连写""自由运用""语言单位"等都是语言学领域的常用的专业术语，其中没有使用描绘性的词语。

2. 句子应用特征

为了客观准确地传递信息，传授性演讲语体多使用完全句、常式句、陈述句，较少使用省略句、变式句、感叹句、祈使句。传授性演讲语体既要考虑传授口说的方便，又要考虑表意的严密性，因此往往采用长短句结合的方式，使语言严谨而不失活泼。例如：

说到科学与宗教，我相信在众多人们的心中，特别是在媒体的宣传中，科学与宗教是世世代代的仇敌，双方交战，十分激烈，谁是谁非是一个基本的问题；第二，在科学与宗教这两个关键词中，科学是什么？学过科学哲学的人已经给它盖棺定论了。我这里所讲的是哲学家如何看待科学的。回答这个问题就是说什么是科学。严格意义上的科学仅仅产生在具有浓厚的基督教文化背景的地方，科学仅仅产生在基督教传统中。为什么科学产生在那里呢？这与我们媒体长期以来宣传的观点是相反的。媒体的宣传坚持科学与宗教的对抗模式，说科学的诞生是文艺复兴的产物，而文艺复兴最根本的工作是反抗黑暗中世纪的宗教行为。这种观点成不成立呢？这种观点与学者考证的科学产生于基督教的文化传统这样一个事实相悖。因此我们有必要重新探讨科学与宗教的关系问题。（张志林《科学与宗教》）

该例立足于人们的通常认识、媒体的宣传、学者考证的结果等之间的不一致，提出重新探讨科学与宗教之间关系的必要性。语言朴实无华，句子都是完全句和常式句。例中小句加"＿＿"部分都是主语，剩余部分是谓语。加"＿＿"的句子都是修饰成分复杂的单句或多重复句，其余是结构简单、短小的句子。长短句交叉搭配使用，既避免了语言的呆板沉闷，又满足了语义表达的需要。

3. 辞格应用特征

传授性演讲语体在辞格使用上比较受限，常使用引用、比喻、对比、设问等辞格，不使用富有联想义、感情义的修辞格式。如：

①写作如下棋，一种基本的训练是最要紧的。我们必须做到有话必说，无话不说，说须心口如一的地步。……作文有如作画。没有深刻的体验写是写不成功的。写作必须要照个人心中所感，如实地写出来……在抗战期间，本人有这样一种感想：我觉得作文有如用兵。兵贵精而不贵多，精兵一名能顶百名坏兵。（朱光潜《谈作文》）

②我对于发心学字的人，总是劝他们：先由篆字学起。为什么呢？有几种理由：（一）可以顺便研究说文，对于文字学，便可以有一点常识了。……（二）能写篆字以后，再学楷书，写字时一笔一划，也就不会写错的了。……

至于用笔呢？算起来有很多种。……

所谓墨色要怎样才可以？即质料要好，而墨色要光亮才对。……（李叔同《出家人与书法》）

例①中，主要谈论的是如何作文。作文主要考虑这些方法：基础训练很重要；一定要如实写出心中所感；精挑语句，注意文章布局等。表达者没有干巴巴地直接讲解，而是采用"下棋""作画""用兵"来设喻，既勾起了听众的兴趣，又激活了听众对下棋、作画、用兵等已有知识的联想，从而更易于理解作文之道。例②中，表达者用几个设问句勾连起整篇演讲，不断提出问题并用问题来引导听众思考，使听众的注意力更加集中。

4. 篇章结构特征

传授性演讲语体的内容有时是系统地论述某个问题，篇幅会较长。为了使演讲的条理性更明晰，在篇章结构方面常常会采用数字或其他语言形式来表明先后顺序。如常采用"第一、第二、第三""首先、其次、最后"等形式来标记顺序。例如：

现在青年第一弱点，就是把事情太看容易，其结果不是侥幸，便是退却……

现在青年第二个弱点，就是妄想凭借已成势力。……

现在青年的第三个弱点，就是虚慕文明……

现在青年第四个弱点，就是好高骛远……（章太炎《今日青年之弱点》）

该例意在说明现在青年的弱点表现在哪些方面。整篇演讲稿共四段，共讲了四个弱点，分别用"第一""第二""第三""第四"序数词来标明。这样就使整篇话语的结构显得更加明晰，更加有条理，使听众（读者）更加能够把握演讲稿（演讲）的脉络。

（三）礼仪性演讲体修辞特征

礼仪性演讲体是用于日常社交事务活动的演讲语体，它包括欢迎词、祝酒词、答谢词、节日献词、就职演说、告别演说、凭吊演说等，往往用较短小的篇幅来表达祝福、感谢、伤感、哀悼等感情。其修辞特点主要体现在以下几个方面。

1. 词语应用特征

为了淋漓尽致地表达特定的感情，礼仪性演讲体多使用感情色彩浓烈的词语、描绘性词语、礼貌性词语等。这些词语大多都是形容词、动词、成语、谚语等。例如：

各位领导、各位亲友：

大家好！

今天是我们的乔迁之日，我和妻子春英十分高兴也十分欣慰。高兴的是，我们终于结束了长达十年的"住院"（成家后一直住在妻子工作的医院宿舍）生涯，终于告别了五味俱全、"潮"气蓬勃的地下室，终于冲出了地平线，搬上这"不敢高声语，恐惊天上人"的七楼。欣慰的是，来了这么多的亲戚、朋友为我们捧场、助兴，与我们共享乔迁之喜悦。在此，我勇敢地代表春英，对各位的到来表示热烈的欢迎！（赵本志《在乔迁喜宴上的致辞》）

该例表达了乔迁的喜悦心情。"高兴""欣慰""热烈"等词语明确了演讲者要抒发的情感；"住院""五味俱全""'潮'气蓬勃""'不敢高声语，恐惊天上人'的七楼"等描写性词语，对以前住宿条件的艰苦和现在所住楼层之高进行了生动的描写。"勇敢地代表春英"中"勇敢"一词也幽默地体现妻子在家庭中的地位之高，使话语颇具诙谐色彩。

2. 句子应用特征

礼仪性演讲体根据感情表达的需要会灵活交错使用各种句子。从句类角度看，相较于其他演讲分体来说，礼仪性演讲体中感叹句、祈使句运用比较多；从风格特征角度看，还经常采用整句和散句结合的方式。例如：

今天，一九八五年九月二十一日，吉林省大学生演讲协会终于诞生了！我钱鸿猷，才疏学浅，但很荣幸地当选为这个协会的主席。现在，我宣布就职！

诸位看到了，这个场面，多么鼓舞人心；这个时刻，多么令人激动。此时此刻，作为首届演讲协会主席，我首先急于说出的话是：衷心地感谢领导、老师的大力支持！衷心地感谢为筹备成立这个协会而辛勤劳动的同学、同志们！衷心地感谢对这个协会寄予厚望的各位来宾及与会的全体同志们！（钱鸿猷《就职演讲》）

该例是就职演讲的开头部分。"吉林省大学生演讲协会终于诞生了"采用感叹句表达了对演讲协会成立的激动喜悦之情。"衷心地感谢……大力支持""衷心地感谢……同学、同志们""衷心地感谢……来宾及与会的全体同志们"，这是三个并列的感叹句，结构一致、语势连贯，使感激之情溢于言表。

3. 辞格应用特征

在演讲语体分体中，礼仪性演讲体的文学色彩最强，往往可以综合使用多种修辞格式。例如：

美好的祝福从心窝里飞出
——在吴老先生80诞辰贺宴上的致辞
余滔

女士们、先生们、朋友们：

大家晚上好！

当和煦的春风吹来明媚的季节，当五彩的华灯照亮美丽的古城，当欢庆的锣鼓奏响优雅的旋律，我们大家今晚怀着一份共同的祝愿，相聚今世缘大酒店，庆贺吴老先生80诞辰。此时此刻，美好的祝福从我们的心窝里飞出，感人的回忆在我们的脑海中翻腾。

敬爱的吴老伯，80年的风风雨雨，80年的长路漫漫，80年的甘甘苦苦，80年的春华秋实。想过去，忆往昔，您从青春岁月到夕阳年华，从英姿焕发到满头银霜，曾给予了身边的人们很多很多。

作为父亲，您给儿女们的是一艘爱的航船，您总是默默地起航，无言地付出，一次又一次送他们轻装远行，把河岸边美丽的风光、沙滩上五彩的贝壳留给他们，把迎战风浪、扬帆拉纤的种种责任留给自己。

作为医生，您给病人的是一盏闪亮的明灯，您总是一路照耀，救死扶伤，一次又一次地为他们精心诊治，把战胜病魔的坚强信念、重新燃烧的生命之光留给他们，把披星戴月、呕心沥血的种种劳顿留给自己。

作为同志，您给同事和朋友的是一架攀登的云梯，您总是轻轻地架起，悄悄地离去，一次又一次给他们向上的机会，把眺望远方的愉悦、振臂欢呼的舒畅留给他们，把独自面对的种种压力留给自己。

明月可以作证，清风可以作证，您——吴老先生在过去的岁月为亲人，为病人，为家乡，为医疗卫生事业曾经付出很多很多。那么，就请您允许我们大家在今天这个美好的夜晚，为您绽开笑脸，为您放开歌喉，为您频频举杯，齐道一声：祝您老人家福如东海，寿比南山，年年岁岁有此日，岁岁年年有今天！

谢谢！（孙立湘主编《凡人演讲辞》）

该例是生日贺词，篇幅虽然短小，但综合运用了排比、比喻、对比、对偶、比拟、仿拟、夸张等多种修辞格。"当……当……当……""80年的……80年的……80年的……""为您……为您……为您……"等排比句，以及"作为……作为……作为……"排比段的运用，使演讲语意贯通、气势连贯。"一艘爱的航船""一盏闪亮的明灯""一架攀登的云梯"排比套比喻的运用，把吴老先生三方面的美好品质形象地展现出来。"美丽的风光""五彩的贝壳"与"迎战风浪、扬帆拉船"对照，"精心诊治""生命之光"与"披星戴月、呕心沥血的种种劳顿"对照，"愉悦""舒畅"与"种种压力"对照，使吴老先生高风亮节、无私奉献的精神得以充分展现。"福如东海""寿比南山"以夸张手法表示美好的祝福。"飞出""翻腾"更是把"祝福""回忆"当作有生命的东西来写，赋予人的情感与行为，语言更加形象生动。"年年岁岁有此日，岁岁年年有今天"作为仿拟辞格，仿照"年年岁岁花相似，岁岁年年人不同"构拟而成，表达了深深的祝福，而且作为对偶辞格，使演讲语言匀称工整，体现出一种韵律之美。

第二节　知识应用与写作技能训练

利用所学演讲语体基本理论与基础知识，在具体语境中根据要求进行演讲语体语言应用训练和演讲语体文写作实践，以培养和训练学生的演讲语体语言应用能力和演讲语体文写作能力。

一、演讲语体知识应用训练

利用所学演讲语体基本理论和基础知识，根据训练要求就如下语例做出讨论与分析，以培养和训练对演讲语体理论知识的简单应用能力和综合应用能力。

（1）根据材料按照要求回答问题。要求：第一，请指出该例所属的演讲语体分体类型。第二，该例的观点是什么？丁玲是如何进一步论述这一观点的？第三，该例中哪些语言现象体现了演讲语体的基本特点？材料如下：

丁玲，作家，1958年被错划为右派，在北大荒生活了十多年，打倒"四人帮"后才落实政策。下面语例选自丁玲在1979年中国文学艺术工作者第四次代表大会上的演讲《讲一点心里话》。

讲一点心里话（1979年，节选）
丁玲

同志们辛辛苦苦筹备了这样一个大会，我虽然身体不好，还是要来讲一点话，讲一点心里的话。我最心里的话就是感谢党。没有现在党中央的同志，我就没有今天，没有又登台发言的权利，写文章的权利。这样的权利，是我过去20余年没敢希望过的，尤其在总理逝世以后，"四人帮"那样肆虐猖狂，我就彻底不抱任何希望了。不是说我们的党、我们这个民族没有希望了，而是说我想发表文字，是在我死后的事了。所以，能有今天，我是从心里往外感谢党的。

我感谢党对我的长期教育，使我有毅力度过这漫长的20年岁月。尽管刘少奇同志后来也被打倒了，但是他的一句话始终铭刻在我脑子里：一个共产党员应该经得起委屈和考验。毛主席也说过嘛，要能上能下。我可以当作家，也可以当工人和农民。当然心里不是没有痛苦，我是跟林冲一样，脸上被刺了字下去的，谁一见我都说这是个大右派、大叛徒。但我在内心始终认为自己还是个共产党员，我要以党员的标准来要求自己。你看吧，你可以看我第一眼，第二眼，第三眼……但我的行动将在你的心里升起新的形象，我不是坏人。我要在几乎没有任何光明的处境里开辟出一条光明的路来。最近有许多人，甚至外国朋友都问我，"你是怎么熬过来的？"我不对他们讲我这些内心经历，对自己的女儿也不讲。我只能说，我有信念，我相信党，相信群众，相信时间，相信历史。（武传涛主编《著名演讲辞鉴赏》）

（2）按要求分析下列语例。要求：第一，谈谈这篇演讲的开头有何特点？可以自拟主题，模仿本演讲的开头方式，设计演讲开头。第二，请指出该例属于哪类演讲语体分体类型，并分析该类演讲体的修辞特点。

论"男子汉"（1987年）
浩云

各位同学：

上星期接到你们学校的电话邀请，要我来参加一次演讲会，既没有提出题目，也没有说限定在几分钟之内。我一点也不明白主办者的意图何在，这使我感到为难，这是我遇到的第一个困难。今天，我是第一次来到你们学校，一切都是陌生的。在一个陌生的环境里，人容易有一种不适应的感觉，这是我遇到的第二个困难。况且，刚才前面的几位同学又做了精彩的演讲，热烈的掌声可以作证，这给我增加了压力，算是我遇到的第三个困难。不巧得很，我本想凭手中这么一张卡片做一次演讲，却忘了戴眼镜了，想把它放在桌子上偷偷地看几眼也不成了，这是我的第四个困难。所以，上台伊始，就弹开"困难四重奏"了。

但是，我并不胆怯，相反，我充满了信心。我相信，既然我站到了这个讲台上来，我就必定能够鼓起勇气，竭尽全力，让自己体面地走下台去！因为，我选择了这样一个演讲题目《论"男子汉"》。（掌声）

掌声证明，这是一个真正的时髦问题。广大的女同胞和男同胞，都在积极地做这一时髦的促进派。呼声日起，浪头一天比一天大，标准一天比一天高，要求一天比一天严，大有让所有的年轻男性公民们脱胎换骨、重新做人之势。刘晓庆说，做女人难，做一个名女人尤其难。我说，做男人难，做一个男子汉尤其难也！但男同胞们是欢迎这个"难"的，正因为其难，才富于挑战，令人神往。

而要成为一个男子汉，最能立竿见影的，大概就是所谓的物理方法了：穿一双中跟鞋，增加些海拔高度；留一撮小胡子，显出些粗犷；着一条牛仔裤，添几分潇洒……

问题只是在于，仅有这一步还远远不够，物理的方法不能改变事物的本质。真正的男子汉不一定需要上天的特别垂青，他们是在人生道路上，在艰难困苦中修炼而成的。……

但是，什么是真正的男子汉呢？

在一次演讲中，一位青年说，阿基米德曾说过，给我一个支点，我要撬动地球，男子汉应当就是这个支点。好！但是，要是用这个支点，撬出来的是一个如"文革"时期的"红彤彤的新世界"呢？他们是真正的男子汉吗？

不，他们不是真正的男子汉。他们也许忠诚，也许还勇敢，然而他们愚昧，带着奴隶的烙印，没有理性的思维和判断。一个真正的男子汉，可以没有伟岸的身躯，可以没有雄壮的体魄，但决不应该只是一架听话的机器，决不可以没有独立的人格，决不可以没有清醒的、闪烁着理性光芒的头脑！（武传涛主编《著名演讲辞鉴赏》）

（3）按要求分析下列语例。要求：第一，请指出该例所属的演讲语体分体类型，并说明理由。第二，分析该演讲的开头方式，你有何评价。

"夏商周断代工程"新闻发布会上的报告（节选）

各位领导，各位女士、先生：

现在我代表"夏商周断代工程"专家组，就"夏商周断代工程"的基本情况和成果，向大家作个介绍：

"夏商周断代工程"是"九五"期间国家重点科技攻关计划项目。这一项目在1995年秋开始筹备，1996年5月16日正式启动。经过200位多学科的专家五年来的集体努力，已经达到了计划预定的目标。今年9月15日，在科技部组织召开的"夏商周断代工程项目验收会"上，断代工程顺利通过了由有关专家学者组成的验收组进行的验收。

今天,《夏商周断代工程 1996—2000 年阶段成果报告》简本已经出版。因此,我们在这里向大家报告项目的成果。

以下我报告的内容,包括四点:

1. "夏商周断代工程"的性质和目标;
2. "夏商周断代工程"的研究途径和难度;
3. "夏商周断代工程"的实施情况和成果;
4. "夏商周断代工程"取得成果中的几点心得。

一、"夏商周断代工程"的性质和目标

"夏商周断代工程"这一项目的总目标,是制订有科学依据的夏商周三个朝代的年代学年表。

……

二、"夏商周断代工程"的研究途径和难度

……"夏商周断代工程"的研究途径主要是两条:

1. 对传世文献的甲骨文、金文等古代文字材料进行搜集、整理、鉴定和研究,对有关的天文历法记录通过现代天文计算推定其年代。
2. 对有典型意义的考古遗址和墓葬资料进行整理和分期研究,并作必要的发掘,取得系列样品,进行常规和 AMS(加速器质谱计)的 C14 年代测年……(《大学学术讲演录》丛书编委会编《中国大学学术讲演录》)

(4) 按要求分析下列语例。要求:第一,请分析下列演讲开头与结尾的特点。第二,该演讲的目的是什么?请从修辞角度分析该演讲是如何实现这一目的的。

亲爱的七爷爷、七奶奶:

你们从台湾回乡探亲,一晃已经 7 天了。相思 40 年,相聚仅 7 天,明天就要走了,要回台湾去了,我真舍不得你们离去。

千封家书寄心曲,万缕情思梦里寻。7 天前夙愿实现,当七爷爷踏上故土的时候,拄着拐杖的爷爷奶奶热泪盈眶地来了;前呼后拥的叔叔婶婶们喜气洋洋地来了;奔走相告的兄弟姐妹们欢呼雀跃地来了;来了,来了,亲人们都来了,都来迎接朝思暮想的亲骨肉。亲人们面对着面,手拉着手,透过泪眼追忆着昔日的容颜,颤抖的双手交流着激动的感情。岁月茫茫,隔海相望,几十年离别的相聚,终于如愿了……

今天晚上,是个令人难忘的夜晚。在亲人即将离别的时刻,一家老小,欢聚一堂,共享天伦之乐,喜悦之情难以言表。此时此刻,我们更加思念没有见过面的远在台湾的 4 位叔叔姑姑们,他们没能和七爷爷七奶奶一同归来,我只能在照片上看到他们,假如他们也能同路归来,也能参加今天的盛会,假如他们也能回来让我们看一眼,也能端起家乡的酒杯,那该多好啊!我盼望他们早日归来,抚一抚家乡的土地,喝一口家乡的米酒,诉一诉离别的衷肠。回来吧,我亲爱的叔叔姑姑们!

七爷爷七奶奶明日就要启程归去,我们没有什么珍贵礼物赠送,只一颗拳拳之心和绵绵眷情,随亲人同去。我们盼望七爷爷七奶奶再次归来,我们盼望叔叔姑姑们早归故里,共叙亲情。我们相信,在不久的将来,当我们再次欢聚之时,我们的家乡将更加富饶,更加美丽;我们的祖国将更加繁荣,更加开放;大陆和台湾的同胞将更加幸福欢乐。我们盼望着，盼望着亲人再次团聚，更盼望祖国的和平统一早日实现！

两岸同根的亲人啊，在即将分别之际，祝愿大家健康长寿，万事如意，天长地久，地久天长……（高振远编著《开口说话》）

（5）请分析下列语例中辞格的使用情况并说明它是如何服务于演讲目的的。

尊敬的各位亲属、各位来宾：

今天是9月30日，是刘礼宾和左燚同志新婚大喜的良辰吉日。在国庆和中秋双重节日的前夕，我们大家来参加刘礼宾和左燚同志的新婚典礼，心情非常高兴，感慨颇多。

大家知道，左燚的名字很特殊，一火是小火，两火为炎，三火为艳，四火为燚。她之所以用四个火字组成名字，除了永远得益的涵义外，我觉得她既像一朵美丽的火花，又像一团蓬勃的火焰；既是一股青春的烈火，更是冬天里的一把大火！

刘礼宾同志，顾名思义，是讲礼节、懂礼貌、有理智、文质彬彬、彬彬有礼的理性青年。他就像节日里的一门礼炮，射向天空，五彩缤（宾）纷。

左燚同志是常德地区安乡县人氏，刘礼宾同志是益阳地区南县公民。常德和益阳简称为常益，标志着他们夫妇生活常年幸福，经常受益，他们过去分在两地，相处较远，实有难言之苦，现在他们如鱼得水，如胶似漆。喜鹊已把天桥架通，天天都是七月七！……

因此，我才敢站在这里，代表德昌纺织厂全体职工，为刘礼宾、左燚两位同志证婚，我宣布：他们是合法夫妻！祝他们小夫小妻月圆花好，白头到老！（高振远编著《开口说话》）

（6）按要求分析以下语例。第一，请分别指出下列A、B、C三个语例所属的演讲语体分体类型，并比较三者的开头结尾有何不同。第二，分析A、B、C三个语例在演讲目的上的不同，并从词语、句子、辞格等角度比较三者在语言使用上的共同性和差异性。

A.　　　　　　　　从师与尊师（1987年）

房晨生

青年朋友，当你在事业上有所成就的时候，当你在科学的论坛上宣读论文的时候，当你用自己的知识报效祖国、服务于人民的时候，你想过没有：是谁给了你打开智慧大门的金钥匙？是谁最先启动了你那驶向知识海洋的航船？是谁在你那空空的心田里亲手播下一粒粒知识的种子？只要你稍加回顾，就会毫不犹豫地回答：是老师。

老师，这是多么亲切而令人崇敬的字眼！有人把它比作"园丁"，有人把它誉为"人类灵魂的工程师"。唐代韩愈所作的《师说》，开篇就写得明白："古之学者必有师。师者，所以传道、授业、解惑也。人非生而知之者，孰能无惑？惑而不从师，其为惑也，终不解矣。"柳宗元在他的《师友箴》里也曾说过："不师如之何？吾何以成？"看来，他们是很懂得从师学习的必要性的。……

大概古人很知道求师的不易，所以就对老师格外地尊重。两千多年前的《礼记》上说：随从先生一起行走时，不越过道路和别人交谈。在路上遇到先生时，要迎上前去，立正拱手施礼。……这些规定，带有封建的色彩，但其中对老师要尊敬、要有礼貌，这一点还是有借鉴意义的。

我们今天的青年，自然不会再有古人那样的从师之难、求知之苦。……

学生尊敬老师，不仅仅为了从老师那里讨求知识，而是做人的一种美德。在这方面，鲁迅为我们树立了典范。他在"三味书屋"读书时，就很敬重他当时的老师寿镜吾先生。……鲁迅在日本学医时，与老师藤野先生建立了深厚的友谊。从这里，我们不是可以洞见他那伟大的人格吗？

青年朋友，我们正值大学时期，能理解老师的心情吗？知道老师付出了多少艰苦劳动吗？当你走上社会，做出一定贡献、受到人民赞扬的时候，你能想起培养过自己的老师吗？（武传涛主编《著名演讲辞鉴赏》）

B. 预设：语义预设与语用预设（2000年）

刘大为

各位同学：

在介绍什么是预设之前，我们一起来接受一个小小的语言测试。先请大家听一则新闻报道：上海万航渡路某号地下车库开设着一家小杂货铺。5月11日下午2时，一老年居民拎着空酒瓶去小店换购啤酒，发现女老板张某被人杀害，倒在血泊之中。……一路侦察员找到女老板的丈夫周某，周反映说，数天前借住附近居民家中的一个青年向他们借钱，……他们想反正是邻居，就将钱借给了他。周边说边流泪，显得非常伤心。……

请问大家，当你听到"周边说边流泪，显得很伤心"这句话时，你对案情有了什么样的感觉？（听众纷纷回答，她的丈夫有重大作案嫌疑）再请问，这句话字面上并没有说到女老板的丈夫有什么可疑之处，为什么你们都会形成这样的感觉？（……听众中没有人能回答）……

一、我们所要探讨的第一个问题是——预设的一般性质

预设是保证一句话语在交际中有效的条件。也就是说，预设本身不是"效"，而是"效"得以发生的前提。因而预设成立，话语并不一定有效，但预设不成立，话语必定是无效的。

1. 预设的两种基本类型及其形式化定义

语言交际的有效性对话语表达提出了许多要求，其中最重要的有两个：一个是话语表达的现实性——话语所表达的内容未必一定是真实的，但它在逻辑上必须有真实的实现的可能性，哪怕这可能性很小。现实性使我们能够有意义地说话，也就是能真实地或不真实地谈论我们生活于其中的这个世界，而不至于空谈一个不存在的世界。……

二、有了对预设一般性质的了解，我们可以进入第二个问题的探讨：如何对语义预设进行类型的分析？

预设的具体表现纷繁复杂，不对它们进行进一步的类型的分析不足以清楚地认识它们。……

三、同样，我们也要对语用预设的类型进行分析

与语义预设的类型分析相反，分析语用预设的类型时很难运用方法（b），因为语用预设的推理要设计我们所有的语境知识，既包括复杂的百科知识，也包括我们对无数

具体而琐碎事件的了解，从这个角度给语用预设分类几乎是不可能的。……

最后，我们可以一起来解答讲座开始时所提出的问题了——为什么大家都会觉得女老板的丈夫有重大的作案嫌疑？显然这是语用预设在起作用……

谢谢大家！（《大学学术讲演录》丛书编委会编《中国大学学术讲演录》）

C. 在紫阳县庆祝老年节大会上的祝辞
许恢佩

尊敬的离退休老干部、职工同志们，尊敬的各位老人们：

每逢重阳消息好，一山红叶醉于人。在老年节来临和《老年法》颁布实施第二周年之际，县委、县政府向全县离退休干部和社会各界老年人致以节日祝贺！

回首人生，老年人是一部历史；把握今朝，老年人是一面旗帜；憧憬未来，老年人是一道风景。

天半朱霞瞻气象，云中白鹤见精神。紫阳的建设成就，渗透着老年人的汗水；紫阳的经济发展，凝聚着老年人的劳动；紫阳的宏伟蓝图，体现着你们的远见。在跨世纪的历史征程中，你们老骥伏枥，壮心不已，余热生辉，志在千里，三通建设有你们的心血，山地开发有你们的足迹，企业复活有你们的卓识。你们的行动给人以力量，你们的精神给人以鼓舞，你们理当受到全县人民的爱戴和尊重。……

尊老的家庭是和谐的家庭，尊老的社会是文明的社会，尊老的民族是进步的民族。……

岁老根弥壮，阳骄叶更浓。老年人是党和国家的宝贵财富，老年人是县城经济开发的重要力量，老年人是后起之秀奋发向上的精神支柱。衷心希望全县离退休老同志、社会各界老年朋友们，在党的十五大精神指导下……为振兴紫阳经济再做新贡献。希望全县老年人拿起自己的法律武器，保护自己的合法权益。也希望全县人民群众要依法尊老，依法敬老，依法养老，弘扬中华民族的传统美德。

祝全县老年人节日愉快，健康长寿，合家欢乐，万事如意！（高振远编著《开口说话》）

（7）以下语例讨论的是文明与文化之间的关系问题。第一，请结合演讲语体的语言特点评价该例作为面向大学生的演讲稿在语言使用的优劣。第二，请按照演讲语体的语言特点改写该语例。第三，字数控制在400字以内。

文明与文化包括三种关系：（1）文明是目的，文化是手段。比如吃饭是个文明事件，但是不同地区、不同民族的人们却可以通过不同的文化形式来实现这一过程。我们可以用刀叉将食物送到嘴中，也可以用筷子把食物送到嘴中，这是不同的文化形式。在前一种意义上，我们可以说茹毛饮血是不文明的表现；在后一种意义上，我们却不能说吃日本料理没有文化。（2）文明是内容，文化是形式。比如穿上衣服，是文明的标志，但具体穿什么衣服则是文化的问题。在前一种意义上，我们可以说衣衫褴褛是不文明的表现；在后一种意义上，我们就不能说穿西装一定比穿和服、中山装更有文化。由于人们不可能穿一种抽象的服装，所以人们的服装形式必然反映不同的文化。（3）文明是一元的，文化是多元的。人类迄今为止的历史，都是在用不同的形式来实现共同的文

明。(李淑梅、宋扬、宋建军编著《中西文化比较》)

二、演讲语体写作技能训练

演讲是一种社会活动,一个成功的演讲是多方面因素交互作用的结果。如演讲者的体态语言(如眼神、身势、手势)、音色、音高、语调、节奏、演讲主题与内容、语言表达方式等都会影响到演讲的效果。这些因素中,有的服务于"演",有的服务于"讲",而"讲"是核心,"演"则是辅助手段。要演讲得好,首先要用语言来吸引听众,要做到言之有物、言之有理、言之有声有色。而要达到语言应用上的这些要求,演讲稿的撰写无疑是决定能否"讲"好的关键一步。通过利用所学演讲语体基本理论与基础知识,在具体语境中根据要求对学生进行演讲语体文撰制技能训练,目的就是培养和训练学生的演讲语体文写作能力。

(一) 论述性演讲体写作技能训练

利用所学演讲语体的基本理论与基础知识,在具体语境中根据要求进行论述性演讲语体文撰制技能训练,以培养和训练学生的论述性演讲语体文写作能力。

训练话题1 请以"求学与做人"为话题,根据要求撰写论述性演讲体(说服性演讲体)演讲稿。

训练目标:培养学生提炼论点的能力、严密论证能力、论述性演讲体写作技能。

训练要求:

(1) 演讲主题是说明求学与做人之间的关系。

(2) 先明确观点,再设计讲稿的谋篇布局,做到思路清楚,层次分明。

(3) 注意开头与结尾的设计(可参考梁启超《为学与做人》)。

(4) 围绕观点寻找论据,论证要严密。

(5) 语言要适合口说,可适当采用设问、反问、引用、比喻、排比等修辞手法,使语言表达更加生动形象。

(6) 篇幅控制在800字左右。

训练话题2 请以竞选学校社团或班级某个职位为话题,根据要求撰写论述性演讲体(说服性演讲体)演讲稿。

训练目标:培养学生关键信息捕捉能力、语境条件利用能力、说服能力、说服性演讲语体文写作能力。

训练要求:

(1) 自我介绍要有针对性,侧重于与该职位相关的自我性格、经历及工作能力。重点突出自己有能力胜任这个职务,切忌用鉴定式或大而空的语言来勾画自己。

(2) 在明确该职位职责范围的前提下,提出当选后的目标及切实可行的措施。目标要有感召力,从听众切身利益出发,能够引起听众的共鸣。

(3) 语言要质朴、明晰、简洁,不说与主题无关的废话,不拖拉。表达要有幽默感,以活跃现场气氛。

(4) 可采用排比、比喻、引用等修辞手法增加语言的生动性。

(5) 语段之间要相互关联,做到层次明晰。
(6) 篇幅控制在 600 字左右。

训练话题 3 请以下列材料为话题,根据要求撰写论述性演讲体(说服性演讲体)演讲稿。材料如下:

上帝拿出两个苹果,让一个幸运男子挑选。这男子权衡再三,终于下定决心,选了其中认为最满意的一个。上帝含笑赐予他,他千恩万谢,接过后转身离去。

突然,他反悔了,想调换成另一个,回头发现上帝已不见了,他为此耿耿于怀地过了一生。

训练目标:培养学生观点提炼能力、说服性演讲体开头与结尾能力。

训练要求:

(1) 根据以上材料,提炼观点并写论述性演讲体(说服性演讲体)演讲稿。
(2) 把面临毕业的大学生作为听众为演讲设计两个开头和结尾,比较哪一个更合适。
(3) 围绕观点进行论证说明,列出主体部分的层次脉络。
(4) 语言要简洁,语句结构简单,不要用结构太复杂的句子。
(5) 注意语言表达的形象性,恰当运用三到四种修辞格式。
(6) 例证要做到详略得当,能够说明问题。
(7) 篇幅控制在 700 字左右。

(二) 传授性演讲体写作技能训练

传授性演讲重在传递新知识新信息,演讲要保证听众能迅速抓住必要的信息,同时要通过一些语言手段吸引听众的注意力。写作时,既要保证语言的科学性,又要避免语言枯燥乏味。适量采用修辞手段,以增加语言的生动性,但要避免主观感情泛滥。通过利用所学演讲语体的基本理论与基础知识,在具体语境中根据要求进行传授性演讲语体文撰制技能训练,以培养和训练学生的传授性演讲语体文写作能力。

训练话题 1 请以"智能扫地机器人"为话题,根据要求撰写传授性演讲体演讲稿。

训练目标:培养学生资料收集与选用能力、规范表达能力、专业术语应用能力、传授性演讲体写作能力。

训练要求:

(1) 介绍智能扫地机器人的工作原理。
(2) 听众背景:不具备相关专业知识。
(3) 可采用适量的演示图片帮助说明。
(4) 查找资料,保证用语规范、科学、严谨,并做到通俗易懂。
(5) 使用"首先、其次……"等话语形式安排篇章结构,使之系统化、条理化。
(6) 避免太过华丽或富有感情色彩的词语,保持语言表述的客观性。
(7) 篇幅控制在 600 字以内。

训练话题2 请以下列材料为话题，根据要求撰写传授性演讲体演讲稿。材料如下：

人体冷冻有多种选择，包括冷冻尸体头部或整具尸体。两种方式的冷冻过程都包含复杂的科学程序。为了获得最佳效果，这些程序必须在生物作用结束后立即执行。必须采取措施使组织分解降低到最低水平，以确保受试体在无法预知的未来成功复苏。

训练目标：培养学生资料分析与运用能力、语境（听众）条件利用能力、专业术语转化能力、传授性演讲体写作能力。

训练要求：

（1）以上材料是关于人体冷冻学的一些知识。在面对非专业人士的一般听众时，这些材料作为演讲材料存在什么问题？

（2）请按照传授性演讲的要求，告知一般听众有关人体冷冻学的一些知识。

（3）首先确定告知的目标内容，并安排篇章层次结构。

（4）语言要简洁、通俗、准确，但又不失生动，尽量少用术语。

（5）使用设问、比喻等修辞手法。

（6）篇幅控制在800字左右。

训练话题3 请以"空心病"为话题，根据要求撰写传授性演讲体演讲稿。

训练目标：培养学生资料搜集与运用能力、语境（听众）条件利用能力、专业术语转化能力。

训练要求：

（1）设想听众是大学生。

（2）搜集资料，确定演讲的内容（包括"空心病"的内涵、起病原因、防治）。

（3）语言通俗、生动、简洁，避免枯燥地解释说明。

（4）结合大学生的状况，用具体典型、能打动听众的事例说明。

（5）开场白避免采用直接释义的方式，可设计两种不同的开头方式。

（6）篇幅控制在800字左右。

（三）礼仪性演讲体写作技能训练

礼仪性演讲重在传达感情，不同场合传递的感情不同。比如"欢送词"重不舍与祝福，"获奖感言"重感谢，写作时就要根据具体场合把握好要传达的感情。感情的表达要真挚，演讲以有礼有节地传递感情为要义，而且演讲时间也不宜过长。利用所学演讲语体的基本理论与基础知识，在具体语境中根据要求进行礼仪性演讲语体文撰制技能训练，以培养和训练学生的礼仪性演讲语体文写作能力。

训练话题1 请以"婚礼贺词"为话题，根据要求撰写礼仪性演讲体演讲稿。

训练目标：培养学生语言适境能力、话语风格调控能力、礼仪性演讲体开头与结尾能力。

训练要求：

（1）设想在好朋友的婚礼上发表贺词。

（2）叙述新娘、新郎爱情路上的动人事迹，重在称颂新郎新娘才貌品性、对彼此的深情厚谊。

（3）注意婚礼场合的庄重性和喜庆性，语言要幽默生动并饱含喜悦之情。

（4）注意开头称谓的选用，可采用开门见山或引用名人名言等不同方式开头；结尾是祝福语，做到态度诚恳，感情热烈。

（5）篇幅不宜过长，控制在400字左右。

训练话题2 请以"给父亲/母亲六十大寿的祝词"为话题，根据要求撰写礼仪性演讲稿。

训练目标：培养学生生日贺词写作能力、礼貌性词语应用能力、礼仪性演讲稿结构布局能力。

训练要求：

（1）设计好开场白。可选择开门见山式或者抒情式开头。抒情式开头要采用排比手法。

（2）可以从父亲/母亲的性格、工作、对子女教育等方面陈述，表达自己的敬仰与感谢之情。

（3）结尾处要表达对父母健康的祝福。

（4）语言要简洁，多用描绘性和具有浓烈感情色彩的词语。

（5）可以采用排比、比喻、引用等修辞手法。

（6）字数控制在600字左右。

训练话题3 请以"给大学母校的告别辞"为话题，根据要求撰写礼仪性演讲体演讲稿。

训练目标：培养学生立意能力、观点提炼与论证能力、句式应用能力。

训练要求：

（1）设想自己作为即将离开大学的毕业生，在毕业典礼上演讲。听众是学校领导和老师及所有毕业生。

（2）明确演讲的观点。观点的提炼要结合学校的实际情况、学生们的实际感受，切忌凭空抒发感情。

（3）演讲内容应包括回顾大学生活、在大学中的成长、对未来的期望、对母校的感恩与祝福等。演讲内容要紧扣观点，不绕来绕去。

（4）论证观点时要思路清晰、层次分明，并做到有理有据。

（5）语言要具体生动，富有感情。努力做到长短句、整散句搭配，灵活应用修辞手法。

（6）字数控制在700字左右。

第十章　网络语体及其修辞应用

【本章导读】 本章讲述网络语体及其修辞应用的相关问题。在对网络语体内涵、类型和修辞特点等基本理论知识进行讨论的基础上，根据网络语体分体状况设计编制了形式多样的知识应用和写作技能训练题目，以备师生开展针对性实践训练之需。

【教学目标】 了解网络语体的内涵和类型；掌握不同网络语体类型的修辞特点；能够在此基础上开展语文实践，撰写特定的网络语体文本。

第一节　网络语体理论知识

伴随着计算机网络技术的不断发展成熟，网络语言已然成为一种颇具影响力的崭新的语言形式。凭借媒介物——计算机和互联网快速便捷的特点，网络语言相对更方便自由、兼容并包。网络的自由开放、触手可及使网民可以自由表达情感，普通民众获得了更多的话语权，语言创造及风格展现都更平等自由，空间也更为广阔。在网络语言快速发展的同时，网络语体不断从其他语体中汲取营养，成为引领语言潮流的重要力量，促进了现代汉语的发展革新。网络语体的修辞特点也在发展中逐渐显现。

一、什么是网络语体

根据于根元在《应用语言学》中的阐释，网络语言指的是电脑和描述网络组成的网络经济、电子商务、网上广告、网络教育等有关的专业术语，当然更多的还包括在聊天室、贴吧等平台使用的语言，可以说，网络语言泛指在网络上使用的一切有其特点的自然语言。[①] 网络语言与时代密切相关，高度、直接地反映了语言的发展。网络语言在词汇、语法、修辞等方面都不同程度地影响着现代汉语的发展。

社会节奏的加快，网络科技的飞速发展都使人与人之间的交流方式正在急剧变化。网络语体作为一种独具特点的语体类型，可以说是言语体式中最简洁、最活泼、最富于变化的。根据中国互联网络信息中心（CNNIC）于 2017 年 8 月在北京发布的第 40 次《中国互联网络发展状况统计报告》显示，截至 2017 年 6 月，我国网民仍以 10～39 岁群体为主，占整体的 72.1%。[②] 可以说，网络语体的创造者大部分为思维活跃、崇尚创新的年轻人，网络世界就是他们可以充分表达、展现个性的平台。网络话语涵盖了整个网络世界，包括各种聊天平台、论坛、微信、微博等空间的话语形式。

---

① 于根元：《应用语言学》，商务印书馆 2003 年版，第 236—237 页。
② 中国互联网络信息中心：《中国互联网发展状况统计报告》，http://www.cnnic.net.cn。

二、网络语体的类型

网络语体涵盖了网络世界的一切言语体式,形式多样,类型繁多。根据表现形式,可分为文字表达体和非文字表达体(例如符号、数字、字母等形式);根据所涉内容,可分为政治体、经济体、社会体、法律体、科学体、生活体、文学体等;根据不同载体,可分为网络聊天体、博客体、网站新闻体、网络文学体、微信(公众号)体、手机短信体等;根据表达方式,可分为描写体、叙事体、抒情体、说明体;根据表述功能,可分为交际体、科普体、宣传体、传递信息体等。

受篇幅限制,本节主要对网络聊天体、网络新闻体、微信(公众号)体、手机短信体等言语体式的相关问题举例加以分析。

三、网络语体修辞应用原则

网络语体是时代发展的产物,极具时代特色,更新换代速度飞快。网络交际模式的快捷性也使交际者经常摆脱语言规则的约束,简洁和变异便成了网络语体的必然倾向。[1] 网络语体的修辞运用并非完全自由,在灵活多变的同时,需要遵循一定的原则。

(一)要立诚向善

虚拟、匿名的表达空间给我们的表达带来了极大自由。正因为如此,网民在网络语言使用过程中更应真诚向善。要努力做到实事求是,讲究信用。要以诚为出发点,以善作为统帅,坚持真善美的统一。要避免说一些不真实的话语、缺乏根据的话语、骗人的话语,要做到不造谣,不信谣,不传谣。要避免使用低俗的词语,要避免在公共空间宣泄负面情绪,更不能粗鄙谩骂。总之,应该营造健康舒适、积极向上的网络环境,以净化网络语言。

2015年,国家网信办曾在北京主持召开"净化网络语言"座谈会,人民网舆情监测室公布了《网络低俗语言调查报告》。报告指出,按照原发微博提及量排行,"尼玛""屌丝""逗比""砖家""叫兽"的转发率最高,均超过千万次。还有部分网友以粗鄙低俗为个性,错误地认为措辞平淡就无人问津,不能彰显个性,[2] 于是便有"标题党"的出现。为了吸引网民,极度夸大,用不实不真的标题和内容污染网络语言环境。例如,将经典童话《灰姑娘》改成"恋爱宝典,身份卑微的我是这样勾引到王子的",而"国家一级保护动物缘何命丧公安局长之手",说的居然是《武松打虎》。显然,这是利用了人们的猎奇心理,传播的则是低俗趣味,故意曲解、歪曲事实真相。[3] 低俗化的网络语言已经成为一大问题,并已向部分纸质媒体转移。如"绿茶婊只是明骚,女汉子才是暗贱""让明星情侣'撕逼'飞一会"等新闻标题。无禁忌地使用网络低俗语言,必将会严重影响社会风气和时代文化。面对碎片化的互联网信息,部分网民在不深入了解事实的情况下,将情绪性的谩骂向公共空间宣泄。值得我们注意的是,在互联网的语言

---

[1] 李军、刘峰:《网络语体:一种新兴的语体类型探析》,载《宁夏大学学报》2005年第2期。
[2] 新浪新闻:http://gongyi.sina.com.cn/gyzx/2015-06-03/102052804.html。
[3] 周东纪:《"标题党"是新闻界的雾霾必须驱除》,http://news.cjn.cn/cjsp/gdzl/201708/t3062561.htm。

使用中，语言暴力的社会危害性尤为突出。随处可见的侮辱性、歧视性话语，将会给个人、群体带来极大的精神压力和负面影响。所有这些其实背离了立诚向善的基本原则，都是应该加以反对的。

（二）要简易精练

如前文所述，信息时代的高节奏生活促使人们选择更简洁的表达手段进行交流，对信息传递的低时间、低经济成本的追求，使网络语体呈现出言简意赅的修辞特点，通常多使用谐音、缩写、数字、符号等方式，使网络语言显得简洁精练。例如曾在网络语体走红过的"人艰不拆""十动然拒""喜大普奔""累觉不爱"，这些貌似成语的四字组合，便是网络语体追求简洁效果的例子。以"十动然拒"（十分感动，然后拒绝）为例，其应用十分广泛。仅以"十动然拒"为关键词搜索，就有299000个结果，其中以"十动然拒"为题的网络新闻就不在少数，例如：

①《古剑》热巴被表白十动然拒　一心痴恋陈伟霆
②大三师弟挂横幅求婚大四师姐　师姐"十动然拒"
③开学季众口难调家乡特产遭"十动然拒"

以上三则分别引自搜狐娱乐2014年9月12日新闻，腾讯新闻网2015年5月17日新闻，新浪新闻中心2014年2月21日新闻。由此可见，简洁的表达手段一经使用，在网络世界的接纳程度和传播速度都是非常迅速的。

同时，为弥补文字的表意不足，网民们充分调动视觉和想象，创造了大量形象生动的符号表情。例如"T_T"表示流泪，"?_?"表示有疑问，"-_-b"表示无语、流汗，这些是一直被网民广泛使用的，能快速表达感情的表情符号。网民借以符号或数字等形式模仿出人脸表情，我们可以将这种做法视为摹绘或拟人修辞手法的广义应用。

除了丰富的"颜文字"，网民还创造了多彩的"网络象形文字"。例如"囧"，读作jiǒng，本义为"光明"。自2008年开始成为风靡网络的表情符号，因为是我们相关面部表情的形象临摹，所以它被赋予与表情关联的"郁闷、无奈、尴尬、困窘"等含义。此外，还有一种"网络象形文字"取生僻字的字形，一般此类生僻字都由两个或三个汉字叠加而成，该字在网络世界的含义也便取几个叠加汉字的意义。如"槑"由两个"呆"组成，被用来形容人又傻又呆。此外还有"烎、夯、嚞、嫑、众"等。

网络语体还常常利用丰富的语言要素进行修辞，从而形象化地表达抽象概念。例如，以"打酱油"的形象说法比喻在网络上不谈论某一话题或某话题与自己无关，更深层次的，也表达了对现实的无奈。还有，将"黑"动词化，表达对某件事物的愤恨、鄙视、不屑或调侃的另类情感。"黑"在网络语体中运用得十分广泛，在网络新闻中有《不会拍照的男朋友是用生命黑你的天使，笑疯了！》；在网络文学中有直接以"黑"为书名——《黑你一生》；在论坛中，有大量的"我真的不想黑你""黑你不是我的错""今天又被黑了"等语句。

（三）要变异创新

网络语体本身就是一种包容性特强的语言运用体式。基于传播优势，把大量其他语种和方言、数字代码、网络符号、新造词语、专业术语、汉语拼音、书面语、口语、字母化汉字、空行、空格、字体、字号、斜体、自造字等糅合在一起形成了以汉语普通话为主体的混合型表达样态。在虚拟交流中,人们往往会根据实际需要而采取一些打破规范的表达手段,这就是变异。具体表现为:

为追求方便快捷的变异。随着现代生活节奏的加快,网络世界的信息传达越来越趋向于更方便、更快速。无论是信息的传递者还是接受者,都希望短时间内传递最多的信息,尽量降低信息传递需耗费的时间和经济成本,这就使网络语言中大量的符号、数字、缩略、缩写和谐音等变异形式出现。例如"88"表示再见,"66666"表示赞扬,"很6"表示很厉害,"520"表示我爱你,这些都是利用数字来进行快速表达的;还有缩略如"表"(不要),"加精"(帖子被加入论坛精华区),"酱"(这样),"DIY"(自己做,Do It Yourself),AA(平分),me2(我也一样,me too)等。我们往往认为,词汇是最贴近社会生活,最能反映社会发展变化的部分,因而词汇的变异是最突出的,而语法和汉字的发展相对缓慢很多。在网络语体中,从上述示例中便可看出,词汇诚然变异最大,而汉字和语法的变异也随处可见,例如"驴友"意为旅友;"很中国""很西方"的"很+名词"的表达方式也始于网络语言。

为张扬个性的变异。网民在自由广阔的网络世界表现出强大的创新能力和强烈的自我表现欲。在交际互动过程中,他们不断创造新的表达方式以张扬个性,突出自我。有时候,为了表达一个现代汉语词汇中没有适合选择的较复杂的意思,网民就发挥想象力"创造"一个。久而久之,许多别具一格的"网上流行语"便成为网络语体的一个重要部分。例如"刷屏"(连续大量地发帖)、"菜鸟"(网络新手)、"马住"(收藏)、"彩蛋"(影视剧结尾的拍摄花絮)等。有时,会借用现成词语,使其发生语义变异,形成一个新的更加形象生动的寓意。比如"马甲"(常用账号外的其他私人账号)、"搬砖"(工作或学习)、"潜水"(只浏览不发言)、"大牛"(某一领域的引领者)、"顶、赞"(支持)等。

此外,我们应看到,网络世界拓展了个人空间,带给网民平等的话语权,使每一位进入网络语体的网民都获得充分表达自我的机会和空间,语言走上了前台,成了"网上自我"的标识。[①] 形形色色的网名、博客、空间、朋友圈、个性签名乃至网络文学创作都成了彰显个性的阵地。而年青一代作为网络中最活跃的群体,他们富有创造力,思维敏捷,标新立异。网络是他们突显个性和释放压力的地方。因此,他们充分利用比喻、缩略、谐音、借代、夸张、仿拟等修辞方法以及数字、符号等非文字手段,不断地创造出属于自己的、鲜活的、变异的表达方式和"自我标识"。网络语体紧跟时代步伐,在彰显个性的同时也充分反映了不同时期网络语言使用者的生活、思想甚至价值取舍。

(四)要轻松随意

话语格调要轻松诙谐、自然有度。为了做到这一点,在表达过程中可以适度利用异读词、网络符号、图标等要素。拿异读词来说,就是形成轻松诙谐格调的重要手段。网

[①] 宋凤龄:《从网络语言看网络文化现象和社会心理》,载《当代教育论坛》2011年第2期。

络语体中衍生出很多谐音的异读词，比如"萌萌哒"由网络热词"么么哒"演变而来，现多用于诙谐形容自我形象；"童鞋"（即"同学"）、"鸭梨"（即"压力"）、"肿么"（即"怎么"）、"口耐"（即"可爱"）等，这些词语和说法都是谐音异读词，多用来以追求活泼可爱的表达效果。"宝宝"一词广泛用于指称说话者自己，等同于代词"我"，当以第三人称身份表达时就颇具可爱风趣特征。比如，"吓死宝宝了"即等同于"吓死我了"。在网络虚拟语境中，以"宝宝"或"本宝宝"自称的现象比较普遍。比如"乐死宝宝了""笑死宝宝了""本宝宝这厢有礼了""本宝宝拜托了"，等等。这种用法能够释放自我，对营造轻松随意的交际氛围具有不可忽视的作用。

四、网络语体分体修辞特征

网络语体结合了口语与书面语的特点，并较之口语更注重修辞。线上的信息交流不同于现实生活中的交流，网民在电脑屏幕上仅能依靠视觉手段进行表达，不能依靠有声语言（"语言聊天"除外），或辅以体态语、面部表情（"视频聊天"除外）等非语言手段，所以他们在充分利用语言要素和超语言要素的基础上，采用各种修辞手法，以实现所追求的表达效果。网络语体在修辞应用上，具有强大的兼容性和极高的密集性，几乎接纳了所有的常规修辞手法，凡是有利于语言表达的修辞手段几乎全被网民们延续到网上。由于网络语言使用者超乎寻常的想象力和创造力，网络语体语言表达创新性非常强。

（一）网络聊天体的修辞特征

根据2017年第40次《中国互联网络发展状况统计报告》显示，中国手机网民规模达7.24亿，而即时通讯类应用的网民使用率高达92.1%，仍旧是使用率最高的基础类互联网应用。[①] 在探讨网络语体时，基于各种聊天应用软件的网上聊天对话是承载网络语体特点的语文实践之一。网络聊天体相较于其他类别，特点更为鲜明，在虚拟空间中一对一或者一对多的聊天场景，话语更加私人化，个性更加张扬。

1. 词语应用特征

网络聊天是一种机对机交际行为，与日常面对面随意性谈话聊天有着较大不同。这种语体主要是依靠书面文字形式来传递信息、交流情感的。由于网络环境具有虚拟性和匿名性，因此网民在此情景下聊天，心理上最放松最自由，各种交际语境的制约也最小。正因为如此，语言的规范性就较弱。口语词语、书面语词语、网络流行词语、同音谐音词语、字母词、外语词、语气词、感叹词、数字词语、生造词语等都会杂糅在一起，由此而形成了丰富多样的词语应用特征。例如：

蓝色梦幻：你嚎吗？

跑车王子：你才嚎呢。

蓝色梦幻：打错字了，我是说你好吗？

跑车王子：不坏。

……

[①] 中国互联网络信息中心：《中国互联网发展状况统计报告》，http://www.cnnic.net.cn。

蓝色梦幻：唉，你都把我说晕了，下次再聊吧，88。
跑车王子：Bye bye。（截取自网络）

例中"嚎""晕""88""Bye bye"等词语在网络语体中经常出现，符合网络语体词语应用的基本特征。

2. 句子应用特征

网络聊天体类似于口头谈话体，且受到键盘输入时间的制约，所以在网络聊天体中往往会使用大量的便于快速输入的短句子、独词句、简单句、非谓语句、省略句、紧缩句以及结构松散的句子。有时，因表达需要或者基于网络语体幽默随意的特点，在句子构拟方面会利用变异和创新手段。例如：

"你好。"
"我很好。"
"聊点什么？"
"无聊怎聊？"
"你现在同时和几个人聊？"
"就你一个。"
"你多大？"
"你请先。"
"20。"
"挺小。"

该例共有10个话轮，10个话轮其实就是10个短句。因为话轮交替十分紧密，时间紧，速度快，而且交流双方指向明确，所以出现了省略句"20""挺小"以及结构随意紧缩的句子"无聊怎聊"。整个聊天过程使用的都是结构简洁的简单句，最长的句子才只有10个音节、8个词，最短的句子仅仅有1个数字词语"20"。再如：

"不要忘了伊妹儿我！"
"楼主，你也太……了吧！"
"郁闷呀，我现在。"
"你饭吃了吗？"
"今天要去食堂吃饭的说？"
"我还真有点儿感动的说。"

这些网络聊天体中的句子，或是受到外语的影响，将名词动词化做了变异处理；或是刻意突破常规，在句中留白，而在书面上留下……表示；或是将主谓、动宾倒装，进行句式变异。这些都是网络聊天中时常见到的。例中"……的说"，将"的说"放在句子末尾，并无实在意义，仅表达一种轻微的感情色彩，更是一种奇特的变异句式。

3. 辞格应用特征

网络聊天体和小说语文体式一样是一种开放的语体，在辞格应用上限制较少。比喻、比拟、对偶、排比、借代、双关、缩略、夸张、仿拟、飞白、缺省等修辞格式都会经常被用来表意。这也是网络语体变异创新、轻松随意特点的具体体现。比如，用"灌水"来比喻在BBS上发大量无意义的帖子；用"造砖"来比喻在BBS上潜心创作；用

"潜水"来比喻隐身看贴；等等。还经常使用仿拟手法创造"黑客"与"闪客"、"菜鸟"和"老鸟"等词语。这些修辞格式的广泛应用，不仅活跃了网络聊天气氛，而且也凸显了网民的幽默感和语言创新能力，更是语意表达的创新应用。

4. 话题表现特征

网络聊天体和日常谈话体一样，没有特别明确的交际目的，说话随意性比较大，因此话题内容比较随意分散。网络技术能够迅速联系整个世界，再加上是虚拟语境，所以在网上人们可以跨越边界限制，轻轻松松地开展交流。正是基于网络优势，认识与不认识的网民，彼此都可以作为聊天对象，随心所欲，畅所欲言，毫无顾忌谈天论地，倾吐心声。这也为话题分散、迅速转换话题提供了便利条件。例如：

我：爸爸。

爸爸：有啥事？没钱。

我：不是要钱啊！我想养狗。

爸爸：不行。

我：我觉得我瘦了。

爸爸：视频吧。

爸爸：晚上回家吃饭。

我：不视。

爸爸：？

我：不回。

该例共有 10 个话轮，"我""爸爸"分别有 5 个话轮。话轮虽然不多，但却有 5 个话题，平均每 2 个话轮转换一个话题。整个会话结构中，话题并不集中，转换速度特别迅速。

5. 语文体式特征

网络聊天涉及的内容繁杂，交流不拘一格，再加上自身所具有的开放属性，这就为其他语体要素和言说体式的移植提供了可能。在表达过程中，表达者常常会根据需要把不同言语体式以及不同的语体要素移植到网络聊天体中，使网络聊天体在语文体式方面表现出更多的混合性特征。比如把事务体、政论体、演讲体等不同的语文体式嫁接到网络聊天体中，把众多不同的字母、符号、形符、图标、图片、公式、数字、表情符号等不同语体要素渗透到网络聊天体中，等等。这些不同的语文体式、语体要素相互渗透、相互交叉运用，便形成了多元要素混杂化的特点。例如：

① "你 QQ 发给我吧，2333。"

② "我已经告诉你 N 次了。"

③ "你懂什么，这叫 fashion。"

④ "今天 520 哎。"

"昂。"

"你还是一个人吗？"

"废话，难道我是一条狗啊？"

"这么没情调，难怪你没有男朋友。"

这些网络聊天话语把字母、数字、表情符号、外语单词等语体要素混杂在正常的语言表达之中。

（二）网络新闻体的修辞特征

网络新闻，顾名思义是以网络为载体的各类新闻，具有快速传播、多样化、多渠道、全面互动等特点。网络新闻因其载体的特点和优势，突破了传统新闻的诸多限制，能够在视、听、感方面给受众全新的体验。新闻也越来越成为人们互动交流的平台。随着网络技术的不断变更，网络世界的不断丰富，网络新闻也在组织方式、内容整合、时效性、发布手段、传播渠道等方面有不同发展和变革。仅从语言角度来看，网络新闻也呈现出网络语体特有的修辞特点。但是值得注意的是，网络语体首先从属于新闻语体，作为记录社会、传播信息、反映时代的重要方式，就必须遵循新闻语体公开、真实、准确等的要求，因而网络新闻对于网络语体特点的呈现较之其他类型，程度相对较低。尤其是政治、经济、军事等类型的新闻与传统新闻风格一致，而社会民生、娱乐、体育等类型的新闻较多使用网络语言。

1. 词语应用特征

在网络新闻体中，词语使用体现了网络语体的基本修辞特点。新闻进入网络空间，必然会借鉴和灵活使用网络语体词。表达者在满足新闻语体基本修辞要求，并遵循网络语体修辞应用原则的前提下，往往会广泛运用网络词语、口语化词语、新词新语等。例如：

①朋友圈被私房月饼刷屏。与以往不同，今年月饼最红火的销售地，已经从稻香村、好利来、星级酒店的大厅转移到了朋友圈中。早在8月初，一些月饼企业和个体作坊开始"抢滩"微信朋友圈，很多人的朋友圈都被号称"纯手工、无添加、低热量"的私房月饼刷屏了。（《私房月饼今年在朋友圈刷屏 若成网红款收益可观》，中国新闻网，2017年9月27日）

②还有一周，就要到一年一度的"月饼节"了，那就是说，一场南北月饼口味之战将被掀起……嗯，毕竟与粽子相比，月饼的口味更加的丰富多样，所以南北月饼大战自然也战意更浓一些啦。所以，重点来了，南北方的月饼到底有什么不同？本期，视觉君就和大家一起来看，南北方月饼的差异。（《南北月饼大PK，你喜欢哪种口味？》，《南方视觉》2017年9月27日）

以上例子都比较明显且广泛地使用了网络词语。例如"刷屏""网红""月饼节""PK"等。由于与传统新闻语言有着不同的词语应用特征，便增加了新闻语言的趣味性，营造了形象、活泼、俏皮的新闻氛围。由此而造成的新闻效果便更贴近网民生活、网民心理，因此也更易于为网民接受。

2. 句子应用特征

如前文所述，新闻进入网络世界，必然就兼具网络语体变异创新的特点，所以在句子使用上，常见到多样化的变异句子，句子的构造随意自由。例如：

①2016年要过去了，这一年之中又发生了不少"热门大事"，随之也衍生出了很多瞬间走红的热词。接下来就给大伙汇总下"2016年网络热词"都有哪些！本着和谐社会的精神，如有疏漏那一定也不是我的错，大家懂的……总之来不及解释了，快上车

吧！(《2016年度网络热词流行语汇总新鲜出炉！》，中关村在线，2016年12月14日)

②不论最后是一直坚守，还是不欢而散，至少他们都曾经只为冠军梦而选择带给自己希望的球队，那时候金钱神马都是浮云，眼里只剩下了闪闪发光的冠军奖杯。(《为圆西决梦：2亿和1亿，神马都是浮云，只为冠军而来》，网易新闻，2017年7月7日)

例①中，"如有疏漏那一定也不是我的错，大家懂的"这句话，不仅在句意表达上超乎寻常，出乎意料，而且更是对网络创新句式"……懂的"的恰当运用，并借以表明彼此只可意会地认同某一观点的状态。"来不及解释了，快上车吧"这句话也是近几年流行起来的网络话语，句子给人以幽默感，用以隐喻"快来""快看"等含义。例②中，为了表达球员们不看重金钱，引用了"神马都是浮云"这句网络流行语。"神马"并非马，而是"什么"的谐音。人们为了表现对某事物某现象的不屑，便以谐音方式创造出了"神马都是浮云"这样的表达式。

3. 辞格应用特征

由于网络新闻体同时属于新闻语体的一种，因而在辞格使用上限制比较多。比如较多使用比喻、引用、设问、对比、借代、对偶等修辞格，而且常常会在新闻标题中出现，以吸引读者的眼球。例如：

①病人欠费扣医生工资？别把医生变成催账员（新浪网）
②中国绿卡世界最难拿？在华老外：难于上青天（新浪网）
③五角大楼为驻伊美军购新战车取代悍马（新浪网）
④美国宇航局专访：愿中国嫦娥奔月成功（新浪网）

例①使用了设问；例②同时使用设问和引用；例③以"五角大楼"代替美国国防部，属于借代；例④以神话人物嫦娥，拟指中国第一颗绕月探测卫星"嫦娥一号"，属于比拟。这几例都是网络新闻标题，不同修辞格的运用使网络新闻语言不仅形象生动，而且别具一格，突破了常规。

（三）微信（公众号）体的修辞特征

微信（WeChat）是腾讯公司于2011年推出的一个即时通讯的免费应用程序，支持智能终端通过网络快速发送语音、视频、图片和文字，同时也可以使用通过共享流媒体内容的资料和社交插件"朋友圈""公众平台"等服务插件。截至2013年11月，注册用户量已经突破6亿，是亚洲地区用户群体最大的移动即时通讯软件。2014年开始，腾讯公司开发"公众平台"服务，通过这一平台，个人和企业都可以打造一个微信的公众号，群发文字、图片、语音三个类别的内容，为用户提供信息分享、传播及获取的平台，数量正在急剧增加。① 由此可见，各式各类的微信公众号已经成为网络传播信息的一大载体。个人通过公众号的打造彰显个性、表达自我；企业、事业单位通过公众号进行消息传播、信息分享、广告营销。但用户关注公众号的数量是有限的，为了在众多的公众号中脱颖而出，抢占粉丝，各大公众号精心编排内容以吸引网民眼球。

微信（公众号）体特点鲜明，个人和企业为了使运营的公众号拥有更多的"粉

---

① 360百科：https://baike.so.com/doc/5329667-5564841.html。

丝",纷纷使出浑身解数吸引读者眼球。从读者角度分析,好的文章除了利用多种手段充分表达自我外,还需要在兼具个性的同时,传递更多的美感。从标题到正文都需要考虑读者的阅读体验,以打造具有吸引力的语文实践作品。

1. 词语应用特征

微信体的文本语言与其他网络语体类别一样,相对于传统媒体,可以较少地受语法规则限制,使用多样新奇的、变异的、创新的、缩略的或是幽默的词语来表达自我,从而营造了微信文章直白、明快、风趣的语言风格。这些词语的使用更易被网民接受,也更具有潮流性、时代性、自由性。例如:

96年,大三,天天做饭,一人扛年夜饭十个硬菜,自理能力Max!

调好馅儿,看着电视包一个小时就能包一百多个。

……这个真的颜值超级高了,前方高能!!!准备好了吗?(●°u°●)我们开始看图~

螺旋蛋黄酥(ps:超级粉嫩有木有!? 老夫的少女心哟~今天刚刚做好,超级喜欢~里面放了豆沙蛋黄)(节选自《1w点暴击!90后会做饭是种怎样的体验?》,"共青团中央",2017年12月2日文)

例文中,"暴击""硬菜""颜值"等词语形象化地展现了抽象的语意内涵;"自理能力Max""ps"借用了外语词汇来表达;"有木有"利用谐音表现诙谐幽默甚至是可爱的情感氛围。符号表情的使用不仅弥补了文字表意的不足,而且也使语言表达具体可感,形神兼备。

2. 句子应用特征

多数微信(公众号)文章存在商业运营和利益之争,撰文的根本目的在于吸引眼球,提高粉丝量和关注度,所以在句子使用上常常会尽量创新,广泛运用新颖的句子形式或者变异句子。例如:

扶墙这个词本身就极具画面感,让人联想到一手扶墙,一手捂心的痛苦状。墙成了最后的依靠,没有它站都站不稳。因此,"我心塞我吐血我扶墙"就被网友们用来表示对某事十分震惊。那么比扶墙还服气,得是怀着多大的敬佩之情啊!(微信公众号文章《论花式夸人,墙都不扶就服你!》)

该例所讲解的"墙都不扶就服你"是2017年开始迅速蹿红网络的句子。这是当遇到某种新鲜的、吸引眼球的事物时,表达自己的认同或者调侃的一种幽默说法。由此还衍生出"老骥枥都不伏就服你""老奶奶我都不扶就服你""水土不服就服你"等众多句子表现形式,并形成了一种"××都不服就服你"体。由此可见,网民们对"水土不服就服你"幽默表达的高度认同。

3. 辞格应用特征

微信(公众号)体中辞格运用丰富多彩,比喻、比拟、对偶、排比、借代、谐音、缩略、夸张、仿拟、飞白等都经常出现,这也符合网络语体变异创新、轻松随意、简洁幽默特点的要求。例如:

今天,团团只想告诉你一件事,人到底为啥要多读书!当你开心的时候,你可以说:"春风得意马蹄疾,一日看尽长安花。"而不是只会嘚瑟:哈哈哈哈哈哈哈哈哈

哈哈哈哈！

当伤心的时候，你可以一声叹息："问君能有几多愁？恰似一江春水向东流。"而不是小拳拳捶胸口：我的心好痛！

很不幸，失恋了，可仰望感慨："人生若只如初见，何事秋风悲画扇。"而不是只会说：蓝瘦，香菇……

当思念家乡时，可以说："露从今夜白，月是故乡明。"而不是委屈捶腿：宝宝想回家！（《朋友圈这样发瞬间高大上！终于知道为啥要多读书……》，"团中央学校部"，2017年8月26日文）

该例中，根据主题表达的需要采用了引用辞格。"春风得意马蹄疾，一日看尽长安花。""问君能有几多愁？恰似一江春水向东流。""人生若只如初见，何事秋风悲画扇。"这些诗句顺势被先后引用，使主题内容的表达更为丰满。一连串的"哈哈哈哈哈哈哈哈哈哈哈哈"则是摹声辞格的使用，虽然不符合常规表达，但却与微信（公众号）体求新求异的要求相吻合。"蓝瘦""香菇"利用因同音近关系表达了"难受""想哭"之意，属于谐音双关，这无疑增添了文章的幽默诙谐感。

（四）手机短信体的修辞特征

手机短信作为人们交流、问候乃至维持关系的重要手段，因其方便快捷、经济有效的特点而被广泛使用，也给了不善表达的人们一个更加自由轻松的交流平台。手机短信体的字数一般较少，其内容也常是根据节日、纪念日、对象等的不同而传递简短的祝福和情感，或者互传幽默笑话内容等。篇幅短小就要求作者以高度凝练的语言来表达和传递信息。手机短信结构整齐，综合使用多种修辞手段，从而使短信文本读起来朗朗上口。

1. 词句应用特征

用词简洁，句式整齐，多种语体要素杂糅，这是手机短信体词句应用的基本特征。手机短信体以书面语为主，往往会夹杂使用众多网络流行语、同音词语、谐音词语、字母词、表情符号等新元素以及其他语体的词句。例如：

①祝你在新的一年里，有棒棒的 Body，满满的 Money，多多的 Happy，每天心情都 Sunny，无忧无虑像个 Baby。

②删除昨天的烦恼，确定今天的快乐，设置明天的幸福，存储永远的爱心，取消世间的仇恨，粘贴美丽的心情，复制醉人的风景，打印你的笑容。

例①使用了"Body""Money""Happy"等英语词语。例②中，"删除""粘贴""复制""打印"等词语则是借鉴了行业术语，使表达更具巧思和趣味。①

2. 辞格应用特征

手机短信可谓修辞特点鲜明的一大网络语体类型。对于比喻、对偶、排比、反复、对比、夸张、双关、顶针等修辞手法的灵活运用，几乎使每一则手机短信都成了"网络现代打油诗"。如下列例子：

①我把祝福浸在水里，把思念揉在年糕里，把甜蜜润在红枣里，把如意变成红红的

---

① 孟建安：《手机短信话语文本的语体学分析》，载《修辞学习》2004年第4期。

火苗,蒸一锅幸福、快乐、温馨的年糕送给你,我远方的亲人,祝你新春佳节更快乐!

②小兔子乖乖,把财门开开。福禄都进来,快乐又开怀。收入都翻番,金银堆高台。红包送无猜,寿高送爷奶。人康又安泰,美好寄未来。恭祝兔年大吉大利!

祝福我生命中遇到的每个人!

例①②句句押韵,格式对仗,通过比喻、拟人、夸张等手法表达节日祝福。通过两个例子也可以看到,随着即时通讯软件的崛起,人们用手机短信进行沟通交流的频率逐步降低,使用空间逐渐变小,越来越多的人仅在表达节日祝福时选择手机短信方式。

3. 语文体式特征

第一,篇幅短小,结构不完整。受手机屏幕制约,短信体的篇幅比较短小,而且也不讲究语篇结构的完整性,一切以达意为目的。一般情况下,手机短信分为礼节性问候类短信和信息沟通类短信。这两类短信都要求要有明确的目的,做到简明扼要,以简洁为原则,必须在手机短信容量允许范围内完成文本创作。例如:

①收到短信方便的时候回我电话。李

②林小姐:请问是否确定来访日期? 张华

③祝你生日快乐!

第二,不同语体要素和语文体式的交叉使用。多元要素混杂化使用,常有形符、图标等组合图形出现,增强了手机短信的可视性、立体性、形象性。同时,像诗歌体、散文体、对联体、说明体等不同的语文体式也经常被手机短信体借鉴使用,使表达更加灵活有趣、生动形象。例如:

③考试如此多娇,引无数考生尽通宵。

惜秦皇汉武，胆子太小；
唐宗宋祖，不得不抄，
一代天骄，成吉思汗，
最后只把白卷交。
俱往矣，数风流人物，全部重考。

例①②使用大量符号进行形象化表达，弥补了文字表意的不足。不仅充分调动了接受信息者的视觉力和想象力，而且也彰显了手机短信体形象活泼、个性变异的特点。例③则是整篇模仿了毛泽东的诗词《沁园春·雪》，以调侃诙谐的口吻表达了学生对考试的态度。但需要说明的是，整个仿篇格调不高，没有传递正能量。①

第二节 知识应用与写作技能训练

对网络语体类别和修辞特点的总结，是认识和掌握其修辞运作的第一步，而不同语体材料的配置、修辞策划与运用都需要回归文本实践与训练才能从更深层次上理解和巩固所学知识。利用所学网络语体基本理论与基础知识，在具体语境中根据要求进行网络语体语言应用训练和网络语体文写作实践，以培养和训练学生的网络语体语言应用能力和网络语体文写作能力。

一、网络语体知识应用训练

利用所学网络语体基本理论和基础知识，根据训练要求就如下语例做出讨论与分析，以培养和训练对网络语体理论知识的简单应用能力和综合应用能力。

（1）请结合下文和自身体会谈谈对网络聊天体的看法，包括积极和消极两个方面。例文如下：

前几天，简单心理发起了一个话题征集：我们当下所生活的这个时代，有哪些新的社交礼仪？当时这个征集是来源于一个感叹：现如今要证明自己在笑，真的需要好努力喔……以前只需要打"哈哈"就可以了，而现在，"哈哈"跟"滚"的意思差不多，"哈哈哈"是"好无聊"，"哈哈哈哈"代表"敷衍笑一下"。你至少要笑到6、7个哈字才能表示是真的好笑，这变成了我们约定俗成的一种社交礼仪。而好像在我们今天的日常社交中，类似这样的"潜规则"还有很多。

第一，如果跟你说话你回复"嗯"或者"哦"，那基本就要关掉对话框了，但如果是"嗯嗯"或"哦哦"，就感觉还会想跟你聊天。

第二，嗷嗷＝噢噢＞哦哦＞哦。

　　　嗯嗯＞恩恩＞嗯。

　　　行嘛＞行＞行吧。

　　　好嘛＞好吗＞好么。

第三，表情包三连击：不知道说什么的时候，发表情包就可以了。但发表情包不一

---

① 孟建安：《手机短信话语文本的语体学分析》，载《修辞学习》2004第4期。

定是要跟你斗图，可能是说话题可以结束了我还有事儿。互发表情包几个回合，就代表聊天即将尴尬又不失礼貌地终止。

第四，遇到别人转发或者迷恋的东西，除非涉及道德底线，否则再不喜欢也不要随意评判。通用句式"只有我觉得××××吗？"对只有你。你是电，你是光，你是唯一的神话。

第五，单身狗，考研狗，加班狗……都是自嘲，只能用于自己，不宜用于别人，望周知。

……

在人际交往中，"有礼貌"可能是最底线的要求了。也许不是所有人都能处理好人际关系，不是所有人能够很敏感地"读懂空气"，但至少，最起码，要懂礼貌。然而，社交方式在不断发展的同时，"有礼貌"的定义也发生了巨大改变。以前普遍遵循的礼貌和规矩，因为在使用的过程中自然而然地被人添加了附加含义，而偏离原意。比如微微一笑以表敬意，可能现在看来却十分迷幻；"呵呵"过去真的是正经笑声，现在却是嘲讽第一词汇。另一方面，从前被认为是"没礼貌"的举动，因为时代的变化，也变得可被接受。比如聊天随时开始和结束，没有正式的招呼和再见，在微信中就是常态。

因为当今的很多交流从线下变为了线上，因此沟通中的许多非言语线索（表情、语气、肢体）就被过滤掉了，表达礼貌的态度就更加困难。因此我们产生了表情包、颜文字、去弥补那些消失的非言语线索，努力让自己看起来更礼貌。所以我们需要一些思考，社交工具对我们的影响并不再是单纯的技术革新，它也在不断改变我们的社交行为，塑造我们的个人边界。每个人心中都有一套不断更新着的规则和界限，而我们，需要在这些变化中彼此触碰，了解什么可以做，什么不可以。（节选自微信公众号文章《"呵呵"不能随便说，这些新世纪社交礼仪你必须知道》，为方便阅读，略有改动）

（2）请向同学介绍你最常关注的三个微信公众号。

要求：第一，要介绍这是一个关于什么的微信公众号，好在哪里？为什么我最常关注？第二，结合微信公众号中的文章进行介绍和分析。第三，适当总结该公众号及公众号文章的语言应用特点。

（3）阅读网络新闻评论语体文（节选），结合该文谈谈你对网络新闻体修辞应用状况的看法，包括正面的和负面的。例文如下：

曾经有人说网络时代的到来是真正民主化的开端。从理论上讲，媒介接近权的扩大有利于新闻更加真实全面地反映现实生活的本真状态。但是在网络新闻热闹非凡的民主化的背后，我也看到了网络新闻的一些特点，这些特点的列出或许让我们能够看出网络新闻的一些深层问题。

一、网络新闻发布的口水化特点。网络新闻的口水化特点是指它的个人化的不规范，不严肃性和一些无聊的内容多而杂。网络是一个自由的乐园，每一个网民都可以依照自己的喜好，依照自己的道德价值判断随意地发布新闻，常常是一些花边新闻在网络上铺天盖地，让人无法判断它的真实性，很明显，这类新闻是缺少新闻自律的，新闻自律又被称为新闻道德，它是新闻媒体的灵魂。由于缺少新闻自律，所以，网络上的新闻发布在人们的内心里就常常成了一种约定俗成的不可靠性和不真实性。

二、网络新闻的娱乐性特点。网络是一个虚拟世界,但是,这种虚拟却也恰好很容易暴露隐藏在电脑后面那个人的内心世界。由于人们上网大多是寻求一种轻松自在的娱乐目的,因此网络新闻就具有了一些娱乐性特点。尤其是一些图片新闻,这种娱乐特点就显得更为明显。网民们通过一些网络技术将现实中的新闻人物或事件制作成搞笑的卡通或有声有色的flash,在幽默和诙谐中来表达自己对现实世界爱恨情仇的心声,这种网络新闻常常让人笑后引起反思和心照不宣的共鸣。如网络上流传一个反映美国9·11事件的新闻图片,上面仅是一个布什和拉登裸体的照片,却将事件展示得惟妙惟肖,那玩世不恭的可爱图片让人笑得喷饭,而后对那次事件来一次悲怆的回味。

……

四、网络新闻具有快捷性,新鲜性和高透明度。网络新闻与传统媒体相比,由于它得天独厚的技术优势,可以逃脱报纸版面、广播电视固定时段、节目容量等诸多限制。网络新闻的发布甚至可以随事件的发生而随时报道,比如非典型性肺炎刚刚在广东出现,网民们就在网上发布出一些围绕这种病情的各方面的新闻,虽然有些消息缺少真实性,容易让人以讹传讹,但是,网络新闻快捷性的特点是不言而喻的,大大方便了人们的生活,也印证了时间就是新闻的生命这一论点。(节选自360个人图书馆2006年5月25日文章《网络时代新闻的一些特点》,原地址:http://www.360doc.com/content/06/0525/14/7099_121821.shtml)

(4) 手机短信是当代大学生交流沟通的重要形式之一,它满足了大学生互动式、快捷式交流的需要,也从侧面促进了大学和谐校园文化环境的建设,但也给大学生生活和成长带来负面影响。请结合自身体会,结合实际事例,谈一谈你对手机短信类网络问题的认识。

二、网络语体写作技能训练

利用所学网络语体基本理论与基础知识,在具体语境中根据要求进行网络语体文撰制技能训练,以培养和训练学生的网络语体文写作能力。

(一)网络聊天体写作技能训练

训练话题1 使用以下12条语言材料按照要求编写网络聊天对话。材料如下:

抢到沙发。
很傻很天真。
请脑残粉不要给自家爱豆招黑。
将薪比薪,是找不痛快的快捷方式。
对这个世界累觉不爱了。
宝宝委屈但宝宝不说。
你这么牛,你家里人知道吗?
人与人之间最基本的信任呢?
屌丝终有逆袭之日。
那画面太美,我不敢看。

认真你就输了。

明明可以靠脸吃饭，偏偏要靠才华。

训练目标：培养学生追溯本义的能力、材料分析与利用能力、网络聊天修辞运作能力。

训练要求：

（1）逐条解释如上网络语料的实际意义，即在正常谈话中或常规口语、书面语中的本来意义。

（2）结合网络聊天体修辞特点逐个分析其修辞特点。

（3）请使用这12条语料分别编写对话，语言表达要符合网络聊天体的基本修辞要求。

（4）编写的每则聊天话语篇幅控制在200字以内。

训练话题2 请根据如下材料按照要求完成训练。材料如下：

(ʋ•̀_•́)ʋ　　(,,•₃•,,)　　(｡◦ε◦｡)
(´・ω・`)　　(｡-ω-)　　(´・ω・`)
(・◇・)?　　ヽ(*´Д`*)ﾉ　　ﾉ/ﾉ/ω/N.
(´-ｌ_-`)　　ヽ(*°▽°*)ﾉ　　(｡⊙ᴗ⊙｡)

训练目标：训练学生表情符号识别与理解能力、表情符号利用能力、网络聊天修辞运作能力。

训练要求：

（1）解释每种表情符号所表达的情绪、表情。

（2）罗列并分析这些表情符号的使用语境。

（3）运用每组表情符号分别编写聊天对话文本，要求充分并合理使用这些表情符号。

（4）所编写的聊天对话文本在语言使用上要符合网络聊天体的基本修辞要求。

（5）每篇聊天文本篇幅控制在200字以内。

训练话题3 请审读所提供的材料，根据要求完成训练。材料如下：

材料①

话题："江歌事件"

词语：刷屏、爱豆、表

句式：主语省略句、动宾倒装句

材料②

话题：迪士尼翻拍真人版《花木兰》

词语：打call、玻璃心、老铁

句式：宾语省略句、主谓倒装句

训练目标：培养学生材料分析与应用能力、发散思维能力、网络语言组织能力。

训练要求：

（1）请根据提供的话题、词语、句式要求分别编写网络聊天对话文本。

（2）对话要围绕话题展开，可做适当拓展，要求不少于10个话轮。

(3) 对话应使用给出的网络新词，注意新词的含义和用法。
(4) 对话应使用给出的句式，同一个句式可以重复使用。

（二）网络新闻体写作技能训练

训练话题1 以下节选自某社会新闻事件而引发的网络评论文章，请根据文章内容，还原该网络新闻语体文。例文如下：

大妈们跳广场舞没毛病，甚至可以治疗毛病。只是，为跳舞而跳舞，视一切空地为舞台的大妈们也要讲道理。大妈们的健康是重要，周遭的感受也不能忽略。年龄大受尊重，这是岁月给大妈们的特殊待遇。但待遇不是特权，更不是群起向少年的组合拳。

一群大妈大爷挥拳向少年，看起来很是滑稽。都什么年代了还流行"文革"那套斗地主逻辑，你们咋不上天？有时候，真不是年轻人不理解你们，都土埋半截的岁数了，竟然还欺负一帮少年，也能想想你们年轻时是什么德行，这和现在那些校园暴力有什么区别。

……

有关洛阳"广场舞地盘之争"的事件，主流舆论还是停留在是非曲直的天平上，进行道德比对。……很多人甚至都不知情，只因有大妈们参与，就认定大妈们"不对"。显然，在他们的眼里，大妈们的人设早已崩塌。

人们总说"大妈们"的是非，可明明也有"大爷们"混迹在其中跳舞呀。社会的情绪有时候也是选择性反感，当然这不代表"那一代大爷"就很讲理。甚至，相当一部分糟老头子骨子里也装满坏水。只是，有大妈出头，他们根本没有出头之日。即便犯下罪过，也有大妈顶着，在年龄的势能里，姜还是大妈辣，所以炮灰自然也难免是大妈当。一群少年和大妈们争高下。讲真，这是逻辑内核都出了毛病的一代人，讲什么他们都不可能听进去的。（《"地盘之争"中的广场舞大妈请搞明白功能优先级？》节选，搜狐新闻2017年6月4日，为方便阅读，略有改动）

训练目标：培养学生理解能力、新闻语体立意能力、网络新闻语言应用能力。

训练要求：
(1) 通读全文，掌握文章主旨。
(2) 根据评论文章所指，写一篇反映该主题的网络新闻。
(3) 立意要正确，思路要清晰，条理要清楚。
(4) 语言表达要符合网络新闻体的基本修辞要求。
(5) 篇幅控制在500字以内。

训练话题2 请结合关键词撰写一则网络社会新闻。关键词如下：陕西吴堡古城、近日、免费开放、乱刻乱画、密密麻麻。

训练目标：培养学生关键词应用能力、网络新闻立意能力、网络新闻结构布局能力。

训练要求：
(1) 注意网络新闻体语言运用的准确性。
(2) 构拟网络新闻体诙谐幽默、轻松调侃的话语格调。

(3) 精心设计该网络新闻的标题，可以适当夸张，以吸引网民眼球。
(4) 要充分利用给出的关键词，认真捕捉重点信息。
(5) 立意要正确，思路要清晰，条理要清楚。
(6) 篇幅控制在 300 字左右。

训练话题 3 请认真阅读下列报纸新闻根据要求完成训练。例文如下：

《广州日报》佛山讯（全媒体记者李贤　通讯员禅公宣摄影报道）中秋佳节，佛山禅城南庄上元村的火龙巡游如期举行，央视 CGTN 频道向全球 160 多个国家现场直播巡游盛况，现场好不热闹。

记者了解到，火龙巡游路线全程为 3.8 公里，有近 1 万市民到场参与活动。禅城警方联动了消防、卫生等应急部门，组成 300 人的安保工作小组，全力保障巡游活动安全有序开展。

农历八月十五晚 8 时许，负责指挥的村民喊一声"起龙！"随着鞭炮锣鼓声响起，火龙巡游表演开始，整个村子都热闹起来，披着蓑衣戴着草帽的孩童舞动着手中的龙棒，在家家户户门前挥舞游走。鼓乐声中，村民跟随着火龙为各家各户送上祝福，场面热闹而充满乡情。

从晚上 8 时到 10 时，中途火龙要停下来换几次香。第二天晚上巡游结束，参与舞火龙的村民可以收到利是和舞龙礼品，意在图个吉利。这便是南庄上元村火龙巡游的全过程。

据说，在南庄镇上元、溶洲、东村一带，舞火龙的习俗延续了 100 多年。每到农历八月十五、十六两天，村民便在村中举行传统的舞火龙习俗。（《舞火龙巡游　近万市民参与》，《广州日报》2017 年 10 月 6 日）

训练目标：培养学生异"体"新闻语言比较能力、新闻文本改写能力、话语风格转化能力。

训练要求：

(1) 请通读这一篇社会新闻全文，掌握其主要信息。
(2) 请根据网络新闻体的修辞要求，把该例改写为网络新闻。
(3) 改写新闻要体现网络新闻体的基本修辞特征，尤其是要表现出网络社会新闻形象活泼、幽默诙谐的特点。
(4) 尽可能较多地使用网络新词新语。

（三）微信（公众号）体写作技能训练

训练话题 1 以下材料选自于微信（公众号）文章《中文系学生的痛，你们是不懂的》。请根据要求完成训练。材料如下：

自从当初高考志愿填报中文系以后，周围同学都说我很幸福啊，以后每天看看书写写文章生活非常惬意啊，然后毕业就去考考公务员或者去当老师啊，这都曲解成什么鬼啊！他们说中文系天天读书很容易啊！容易毛线啊！读得完吗？读得完吗？就问你读得完吗？每节课老师都要推荐书目啊，没读过这些书都没法理解文学的思想和内涵啊，各种课老师推荐的加起来每周十几本书啊怎么读啊！

训练目标：培养学生材料分析与利用能力、文本续写能力、微信体语言组织能力。

训练要求：

（1）仔细阅读原文，掌握文章主旨大意。

（2）根据材料提供的启示，发挥想象力，结合自身体会续写该文本。

（3）注意与原文本风格的一致性，保持原文的基本话语格调。

（4）语言应用要符合微信（公众号）体的基本修辞要求。

（5）要求字数不少于600字。

训练话题2 提示：段子手是写段子的笔者。段子形式大多以短篇和语段为主。好段子都是金句，都是洞察人性的总结，或魔幻，或黑色幽默。成为好的段子手，至少具备以下三个基本素质：洞察人性，有意识地触及现象背后的本质；遣词造句能力强；掌握抖包袱的技巧，并能够灵活使用网络语言。例子：最危险的事莫过于把闹钟关掉后又闭上了眼睛，这是目前人类唯一可实行的穿越方法，闭眼五秒钟就能抵达两个小时后的未来。

请结合以上提示和例子，根据要求完成训练。

训练目标：培养学生感悟生活能力、网络段子分析能力、网络段子写作能力。

训练要求：

（1）请认真审读给出的提示并仔细研读例子，感受网络段子的魅力。

（2）请以当下社会生活、民生热点等为话题撰写三条段子，每条字数不多于200字。

（3）段子要清新活泼，幽默诙谐，并充满智慧。

（4）立意要正确，充满正能量。

（5）语言表达要符合微信（公众号）体的基本修辞要求。

训练话题3 请根据下列文章标题和类别，尝试写作微信（公众号）语体文。

（1）标题：《我在大学城的花海里等你，而你在哪里》；类别：青春类。

（2）标题：《番茄鸡蛋放糖还是放盐？又一次南北差异大战！快来盘点你知道的南北方差异》；类别：生活百科类。

训练目标：培养学生审题能力、组织材料能力、微信（公众号）文章写作能力。

训练要求：

（1）请认真审读题目，确定写作的切入点。

（2）结合文章标题，抓住文章主旨进行立意。立意要正确，充满正能量。

（3）按照给出的文章类别组织相关材料，做到材料适当适量。

（4）多使用网络新词新语以及网络流行句式，要体现微信（公众号）语体文的基本修辞要求。

（5）篇幅控制在700字以内。

（四）手机短信体写作技能训练

训练话题1 根据下列关键词及要求，编写手机短信。

A组　关键词：中秋节、祝福；提示：句式对仗，至少使用比喻、拟人两种辞格。

B组　关键词：生日、问候；提示：句子押韵，至少使用夸张、谐音双关两种辞格。

训练目标：培养学生关键信息捕捉能力、限定词语利用能力、手机短信编写能力。

训练要求：

（1）仔细研读关键词，捕捉核心信息。

（2）请按照提示中的要求编写短信。

（3）短信内容要充满正能量，注意情感的表达。

（4）语言表达要符合手机短信的基本修辞要求。

（5）篇幅要符合手机短信的容量要求。

训练话题2 请根据要求填空。

（1）送一个祝福：祝你们两情相悦，做事三思而行，收入四平八稳，生活五彩缤纷，_____，_____，_____，_____，幸福十拿九稳。

（2）正月十五月儿圆，月色明亮照堂前，彩灯对月相辉映，火树银花不夜天！_____，_____，盛世神州幸福远，欢欢喜喜又一年！

（3）一二三，四五六，广寒宫中逗玉兔。拍拍玉兔头，_____。捶捶玉兔腿，_____。_____，快乐就加倍。亲亲玉兔嘴，_____。兔年快乐！

（4）放鞭炮，贴春联，吃饺子，看春晚，年年节目不同；_____，_____，_____，_____，_____。横批：新年快乐！

训练目标：培养学生语境利用能力、话语风格调控能力、手机短信文本创作能力。

训练要求：

（1）把给出的短信文本作为上下文语境，展开丰富的想象力，撰写适宜的短信。

（2）要注意上下内容的关联性、前后风格的一致性。

（3）词语、句子、辞格的构拟要符合手机短信体的基本修辞要求。

（4）篇幅要符合手机短信的容量要求。

训练话题3 请根据以下两条提示分别编写手机短信。提示1：请用一则手机短信介绍你的家乡；提示2：春节将至，正值狗年，请结合"狗"这一动物的某种特征，分别给自己的朋友和亲人设计一条手机短信，送上自己的祝福。在内容上，写给自己的朋友，要祝他们事业兴旺发达；写给自己父母的，要表达自己对他们的思念与祝福。

训练目标：培养学生材料分析与利用能力、定向思维能力、手机短信文本创作能力。

训练要求：

（1）请仔细阅读提示及内容要求，发挥想象力。

（2）要求句式整齐，顺畅连贯。

（3）使用比喻、对偶、反复等修辞手法。

（4）短信要情真意切，礼貌性强。

（5）要求篇幅不多于100字。

第十一章 修辞病例及其评改

【本章导读】 本章讲述修辞应用中出现的修辞病例及其评改相关问题。在对修辞病例内涵与类型、评改原则与方法等基本理论知识进行讨论的基础上,根据修辞病例状况设计编制了内容不同的知识应用训练题目,以备师生开展针对性实践训练之需。

【教学目标】 了解修辞病例的基本内涵和类型特征,能够把所学相关知识应用到各类修辞病例研判与评改中,掌握修辞病例识别、评价与修改的基本方法和技巧,培养学生实现由负偏离修辞向零度修辞和正偏离修辞转化的能力。

本章在实用修辞理论知识和各种不同语体规制及其分体理论知识指导下,以收集到的特定语体和具体语境中的修辞病例作为基础加以归类和评改,并从语音修辞病例、词语修辞病例、句式修辞病例、意义修辞病例、辞格修辞病例、语体风格病例等多个侧面设计编制类型多样的实践训练题,从综合应用角度培养学生评改修辞病例的能力。

第一节 概 述

一、什么是修辞病例

按照零度偏离理论[1],语文实践中的修辞应用存在着零度和偏离两种情况。修辞应用上的零度实际上就是常规表达,也就是各种语体规制和具体语境中合乎规制的表达,即规范、合格、适体。修辞应用上的偏离又分为正偏离与负偏离,各种语体规制和具体语境中的超常修辞应用都可以视为正偏离,通常所谓变异表达也就是超越规制的表达都属于正偏离;各种语体规制和具体语境中的不符合规制的修辞应用都可以视为负偏离,通常指所谓病例[2]、病辞、语病,也就是背离了语言规则、情景规则、文化规则和心理规则的表达都属于负偏离,也就是修辞应用失范现象。

负偏离修辞应用现象就是修辞应用失范,即修辞病例。修辞病例简单地说就是用修辞学眼光来看,语文实践过程中违背语言、情景、文化和心理等规则,并带来消极修辞效果的负偏离修辞应用现象。从修辞的四个世界去观察,修辞应用失范就分别存在于语言世界、物理世界、文化世界和心理世界。换句话说,凡是与特定语体规制和具体语境不相适应的语音失范、词语失范、意义失范、句子失范、辞格失范、风格失范、语体失范等,都属于修辞病例。它们分别是由语言世界、物理世界、文化世界和心理世界因素造成的。通常所谓近音拗口、同音误读、韵律不和谐、词语误用、生造词语、滥用古语

---

[1] 王希杰:《修辞学通论》,南京大学出版社1996年版,第199—201页。
[2] 易蒲(宗廷虎):《小议"病例"修辞》,载《修辞学习》1992年第1期。

词、滥用方言词、滥用简称、割裂词语、熟语不当、褒贬不当、重复啰嗦、成分残缺、搭配不当、成分多余、语序紊乱、句式杂糅、句子冗长、歧义多解、句意费解、概念不当、判断错误、推理不当、不合情理、关系不调、层次不清、表意不准、辞格误用、风格不调、语体失误等，在修辞学视界里都属于修辞应用病例。

二、修辞病例评改

（一）"病例评改"解读

按照辩证法观点，零度与偏离之间可以转化，正偏离与负偏离之间也可以转化。比如作为零度的常规句、作为负偏离的病句和作为正偏离的佳句之间就可以相互转化。我们把由于语境和语体的作用而使修辞病例化腐朽为神奇的转化称为"软"转化；把由修辞主体通过修辞评改手段而使修辞病例成为适合于特定语体规制和具体语境的转化称为"硬"转化。"硬"转化是修辞转化表现形式之一，是本教材要分析说明的重心。

"硬"转化其实就是对修辞病例的评改。要对修辞病例进行修改，必须要考虑语体和语境条件，以修改后适应于特定语体规制和具体语境为准则。换句话说，之所以出现修辞病例，就是因为这些现象没有做到对特定语体规制和具体语境的适应和得体，出现了语言运用上的不畅与障碍，阻断了表情达意的正常通道。"硬"转化就是要以强势态度通过增添、删减、换序、替换等手段而使修辞应用符合特定语体规制和具体语境的要求，做到对后者的最大适应与得体，消除一切障碍和消极因素，而使表情达意畅通无阻。

（二）评改原则

"硬"转化过程中也就是评改过程中需要坚持一定的原则，[①] 主要原则有：

1. 要保持基本意思不变

保持基本意思不变就是说改文所表达的语意和原文保持高度的一致性，基本语意并没有发生大的变化。除非是原文所表达的意思本身出现了问题，否则的话，对失范现象的修改就必须要尊重原文语意，使改文能够忠实于原文意思。原文中表达基本意思的关键词不能作较大删改，也不能增加较多影响原文意思的关键性成分。如果过度地删减、增添或更换，那么就不是在修改失范现象，而是在重新创造修辞文本。

2. 要做到多就少改

多就少改是说在修改修辞病例时要尽量保持原文的本来面貌，哪些地方出现错误就修改哪些地方，尽量不要无穷尽地处处修改，但也不能少改。换句话说，一个修辞病例有几处不当的地方就修改几处，并且仅仅针对这几处错误做出相应的修改，切忌大动干戈大删大改，使原文面目全非。

3. 要优选恰当答案

按照同义手段理论，一样话可以百样说。修改同一个修辞病例时，在保证基本语意

[①] 孟建安：《汉语病句修辞》，中国文联出版社2000年版，第123—128页。

不变的前提下可以有相对无限种修改结果。不管是哪一种修改答案，都能够表达所要表达的基本意思，只不过在语体规制、话语基调、句法形式、意义色彩等方面存在着差异而已。那么，究竟选择哪一种修改结果，这就要结合特定语体规制和具体语境来进行优化选择。在选择过程中，自然是以更适合特定语体规制和具体语境为基本原则。为了更便于集中说明问题，本教材在修改修辞病例时一般只采用一种修改结果。

4. 要做到合格合理

合格合理是说对修辞病例的修改要做到语言上规范、语义上合理。修改过程中，既要在语言世界内循规蹈矩，坚持包括语音规则、词汇规则和语法规则等在内的语言规则，又要在物理世界内遵守语义搭配规范，做到组词、造句、构篇符合约定俗成的语义规约，使修辞应用言之有理、言之有物。

5. 要顺应语境语体

顺应性原则是指在得体性原则统领之下，对修辞病例的修改要做到对特定语体规制和具体语境的适应，包括对语篇（前言后语、上下文）、话语内容、语体规范、风格特征、交往情景、交际氛围、修辞主体、修辞目的、效果追求、群体心理、文化背景、文化氛围、文化素质等的适应与协调。

（三）评改方法

"硬"转化方法和手段有很多。孟建安在相关论著中提出并分析了修改修辞病例的六种常用方法，即删减、添加、换序、替换、修正、重组。这六种方法各有侧重，具体地说：删减就是竭力将修辞病例中多余的成分剔除掉，使修辞病例成为修辞应用常态；添加是把修辞病例中缺少的必要成分补充出来；换序是针对语序混乱、语意不明、层次不清、语意关系错乱等修辞病例，通过改变某些成分的相对位置，使修辞文本呈正常样态；替换是用相应语言成分代替修辞病例中已有的不当成分；改正就是把修辞病例中的错误直接改正过来；重组是在保持基本语意不变的前提下重新组词造句并构拟语篇。[①]对修辞病例的评改，可以说评改有法，但并无定法，需根据特定语体和具体语境做出适宜判断与选择。

第二节　语音修辞病例及评改

在修辞学范畴内，认知、识别、归纳特定语体规制下具体语境中的语音修辞病例类型，并在遵循修辞病例评改原则前提下评点修改语音修辞病例，属于修辞应用与语文实践课的重要内容，也是践行实用修辞理论并训练学生语音修辞知识应用能力的重要渠道和有效手段。

一、语音修辞病例

从修辞角度看，语音关注的不是语音系统内部构成情况以及语音规则的具体要求，

---

① 孟建安：《汉语修辞转化论》，暨南大学出版社2013年版，第268—269页。

而是在特定语体规制和具体语境中语音综合运用的得体度。这个得体度强调的是语音使用与语境、语体的契合度。契合度越高，则表明语音修辞应用与语境、语体的关联度越大；相反，契合度越低，则关联度越小。契合度越高，关联度越大，表明修辞应用对语体和语境的依赖性越大，语体和语境对修辞应用的制约力和影响力越大；契合度越低，关联度越小，则证明修辞应用对语体和语境的依赖性越小，语体和语境对修辞应用的制约力和影响力越小。当契合度低到不能满足语体和语境最基本要求的时候，语音修辞应用失范就在所难免。特定语体规制和具体语境中的音节不匀称、平仄不相间、近音拗口、同音误读、押韵不和谐、轻重音错位、停顿失误等都属于语音修辞病例现象。

二、评点与修改

根据以上分析，针对修辞病例举例分析如下。

（一）韵律不协调

1. 音节不匀称

做到音节整齐匀称是收到整齐和谐效果的先决条件。要做到音节匀称，关键在于调配好音节组合，比如单音节对单音节、双音节对双音节、三音节对三音节等，从而使音节处在平衡状态，以满足所在语流节拍的需要。音节不匀称不是音节自身结构出现了问题，而是音节与音节之间在数量多少上达不到平衡状态，比如双音节对三音节、四音节对双音节、单音节对双音节等音节结构就没有做到匀称均衡。如果这种不平衡的音节结构模式与特定语体规制、具体语境不匹配，没有做到对语体和语境的得体，没有满足音节保持平衡和语流节拍的需要，那么这种音节不匀称现象就是语音修辞应用失范现象。例如：

原句：有些人连带想起全县的教育费不知究竟有多少，仿佛就想问一问；又觉这有点不好意思，只得暂且闷在肚里。（叶圣陶《抗争》）

改句：有些人连带想起全县的教育经费不知道究竟有多少，仿佛就想问一问，又觉得这有点不好意思，只得暂且闷在肚子里。

从实用修辞角度来分析，原句中"费""知""觉""肚"等都是单音节词，与"教育""究竟""多少""仿佛""暂且"等双音节词先后相互出现，读起来显得疙疙瘩瘩，不是特别顺口畅达。改句采用替换、增添方法把这些单音节词分别改为双音节词，就使上下文中音节节拍顺畅匀称多了。再如：

原文：他的命就是数学。（徐迟《哥德巴赫猜想》）

改文：他的生命就是数学。

例中原文"命"为单音节词，而"数学"则是双音节词，不对称。改文把单音节词"命"替换成双音节词"生命"，这样就和双音节词"数学"形成了对称，前后配合得整齐匀称。读起来上口，听起来也悦耳。

2. 押韵不和谐

韵脚和谐是汉语韵律的重要表现。如果不押韵，不仅读起来觉得不畅，而且也会使韵律失去应有的美感，从而因韵而害意。例如：

原诗：石不烂抬起头，
　　　穷岭上，
　　　红灯出。（田间《赶车传》）
改文：石不烂抬起头，
　　　穷岭上，
　　　红灯亮。

该例中，原文"上""出"不押韵，"上"属于江阳辙、唐韵，押的是普通话韵母中的 ang 韵；"出"属于姑苏辙、模韵，押的是普通话中的 u 韵。作为韵脚的"上"和"出"不同辙不同韵，所以在韵律上读起来就显得不自然不和谐。改文利用替换方法把"出"改为"亮"，也就是把模韵（u 韵）换成了唐韵（ang 韵），这就使上下韵脚相近，从而造成合辙押韵的声音美。

（二）节拍造成歧解

节拍就是由一定数量的音节构成的音律单位，也就是节奏规律。它是话语中声音长短强弱的一种组合现象，是语音句中音节和音节群的有规律排列组合的方式，也就是语音句内部间歇和停顿有规律出现的模式。就节奏在句子中的作用来看，可以把它分为"顿"和"逗"。就诗句而论，四言句为 2（字）+2（字）两顿，五言句为 2（字）+1（字）+2（字）或 2（字）+2（字）+1（字）三顿，七言句为 2（字）+2（字）+2（字）+1（字）或 2（字）+2（字）+1（字）+2（字）四顿。① 语音上的节拍是划分意义单位的一个重要依据，节拍安排不当就会造成歧义。例如：

①一米九个头的冯骥才。
②取得文凭的和尚未取得文凭的同志。
③看打乒乓球的小学生。

以上各例，在口语和书面语中由于语音停顿不同，造成节拍的不同，由此就会在语意上形成歧解现象。如例②：

取得文凭的，和尚未取得文凭的同志。
取得文凭的和尚，未取得文凭的同志。

如果分别这样断句，则表达了两种完全相反的意思。这就是一种因节拍不同而造成的歧义现象。

（三）同音近音拗口

同音是指音节声音完全相同，近音是指音节声音相接近。由于音同音近的关系，造成说读中语音上的拗口现象，甚至是由此而造成语意上的歧解现象。例如：

①就在旅馆前面的码头上上了船。（郁达夫）
②十和四：四是四，十是十，十四是十四，四十是四十，莫把四字说成十，休将十字说成四。（绕口令）

---

① 黎运汉、盛永生：《汉语语体修辞》，暨南大学出版社 2009 年版，第 142—143 页。

③各部分分别处在什么样的位置上。
④修辞应用与语文实践的关系究竟怎么看待,这是需要深入讨论的问题。
⑤所以革命前夜的纸张上的革命家,而且是极彻底,极激烈的革命家……(鲁迅《非革命的急进革命论者》)

例①中,方位词"上"和动词"上"先后连续出现,从语法、语义上说都没有什么问题,但是从修辞角度看读起来费力拗口,听起来也不太容易听清楚。例②属于绕口令,"十""是"是舌尖后音、翘舌音,"四""字"是舌尖前音、不翘舌,它们属于近音词。当先后连接在一起形成话语时,读起来就很辛苦,听起来也吃力。余例同理。

第三节 词语修辞病例及评改

在修辞学范畴内,认知、识别、归纳特定语体规制下具体语境中的词语修辞病例类型,并在遵循修辞病例评改原则前提下评点修改词语修辞病例,属于修辞应用与语文实践课的重要内容,也是践行实用修辞理论并训练学生词语修辞知识应用能力的重要渠道和有效手段。

一、词语修辞病例

在用修辞学眼光来观察词语运用时,主要侧重的是语法范畴内的词类误用和词汇范畴内的词义应用问题。因此,词语修辞病例是指在语文实践过程中,当运用词语进行修辞表达时在词类语法功能、词义搭配、词义准确度、词义色彩、词义选择等方面没有做到对语言世界、物理世界、文化世界和心理世界的得体,从而造成与语言规范、语义搭配规则、特定语体规制和具体语境的高度不吻合现象。词语修辞失范涵盖特定语体规制和具体语境中的词语色彩不调、词语选用失当、词类误用等词语修辞失范现象。

二、评点与修改

(一) 词语色彩不协调

不少词语含有鲜明的色彩,也就是通常所谓感情色彩、语体色彩等色彩义。在修辞应用过程中,鉴于不同原因会造成褒贬色彩不相宜、语体色彩不相称等词语修辞失范现象。例如:
①我们班长为了班上的工作整天上蹿下跳,忙个不停。
②在劳动的过程中,很少人为了个人的什么锱铢计较。(吴伯箫《记一辆纺车》初稿)

例①从全句上下文意看,说话的人是在表扬班长为了班上的工作整天忙忙碌碌,相当地辛苦,但是由于错用了"上蹿下跳"这个含有贬义色彩的成语,使词语的贬义性和整个句子的褒义基调相矛盾,造成感情色彩不协调现象。修改时,可以改"上蹿下跳"为"跑前跑后"。例②中,"锱铢计较"比较深奥难懂,一般人难以理解,而且也不常用,属于书面语色彩比较浓的词语。该词语的使用和整个话语的口语化色彩不匹配、不相呼应。如果改为口语中常用的"斤斤计较"一词，那么就做到了用词通俗易懂，而且也与该例口语色彩保持了一致性。

（二）词语选用失误

词语选用失误是说在表达时由于不分场合、不看对象、不管体式、不考虑语意，而在对诸如同义词、反义词、方言词、古语词、生造词、网络词、缩略词、外来词、熟语、关联词等选用上出现了偏颇、不当和错误，由此造成修辞应用上的不伦不类现象。例如：

今天是国庆节，因为英明伟大的政府建设国家、爱护百姓的功绩罄竹难书，所以放假一天，爸爸妈妈特地带我们到动物园玩。

按照惯例，我们早餐喜欢吃地瓜粥。今天因为地瓜卖完了，妈妈只好黔驴技穷地削些芋头来滥竽充数。没想到那些种在阳台的芋头很好吃，全家都贪得无厌地自食其果。出门前，我那徐娘半老的妈妈打扮得花枝招展，鬼斧神工到一点也看不出是个糟糠之妻。头顶羽毛未丰的爸爸也赶紧洗心革面沐猴而冠，换上双管齐下的西装后英俊得惨绝人寰，鸡飞狗跳到让人退避三舍。东施效颦爱漂亮的妹妹更是穿上整形内衣愚公移山，画虎类犬地打扮得艳光四射，趾高气扬地穿上新买的高跟鞋。

我们一丘之貉坐着素车白马，很快地到了动物园，不料参观的人多到豺狼当道草木皆兵，害我们一家骨肉分离。妻离子散的爸爸鞠躬尽瘁地到处广播，终于找到差点认贼作父的我和遇人不淑的妹妹，困兽之斗中，我们螳臂当车力排众议推己及人地挤到猴子栅栏前，鱼目混珠拍了张强颜欢笑的全家福。接着到鸡鸣狗盗的鸟园欣赏风声鹤唳、哀鸿遍野的大自然美妙音乐。后来爸爸口沫横飞地为我们指鹿为马时，吹来一阵凉风，唾面自干的滋味，让人毛骨悚然不寒而栗，妈妈连忙为爸爸黄袍加身，也叮嘱我们要克绍其裘。（网络文章《成语大师的日记》）

该例只是网络笑料而已。由于对所用成语、文言词等的意思不甚了了，也是出于卖弄炫耀心理，文中便过度集中滥用乱用成语、文言词、古语词、贬义词等词语，造成了文白夹杂、语体色彩不协调、感情色彩不匹配等不伦不类的现象，读来叫人啼笑皆非。修改时，可以据情把含有贬义色彩的成语、比较拗口难懂的文言词语、与时代文化氛围相悖的历史词语等一并删除或适度调整，以使修辞应用与该语篇的语体色彩、话语格局、感情基调相和谐。再如：

①虽然今天放假，天气又这样好，所以我还是不想出去。（选错关联词语）

②因为他今天感冒了，所以不能来上班，因此，要我给他请个假。（滥用关联词语）

例①本为转折关系，应该选用表示转折关系的关联词语"虽然……但是"，但是用了表示因果关系的连词"所以"与"虽然"搭配。由于错选了连词"所以"，不仅造成关联词语搭配不当，而且也使复句内部上下分句逻辑关系出现了故障，语意表达也不清楚了。修改时，可改"所以"为"但是"。例②从语义关系看，分句间确实存在因果关系，但是有因果关系不一定非要用表示因果关系的连词来连接。在具体语境中，有的时候用了连词不但不能凸显分句之间的因果关系，相反还显得不简洁、不流畅。该例中把表示因果关系的"因为""所以""因此"这三个连词都用上了,但显然并没有把分句间的因果关系表达得更清楚、更明白。实际上,这三个连词的使用还成了句子的赘余,因此并不是得体的选用,而是滥用连词。修改时,把这三个表示因果关系的连词删掉即可。

(三) 词类误用

特定语体规制和具体语境中词类误用主要表现为包括名、动、形、副、助、代、连、介等实词和虚词在内的相关词类之间在修辞应用时所发生的相互误用现象。这属于消极修辞范畴。在语文实践中,会出现实词、虚词及其小类之间相互误用的现象,尤其是名词、动词、形容词这三大类实词之间常常会发生混用现象。比如名词与动词、名词与形容词、动词与形容词、连词与连词、副词与副词、助词与助词、副词与形容词等之间都会出现误用现象。无论是哪些词类之间或者同一类词内部的哪些词之间的混用、误用,在一定语境和特定语体规制中都会造成负面影响,给语意表达带来障碍,并使句法结构不能成立。例如:

①他在工作中犯了这么大的错误不是偶尔的。(副词误用为形容词)
②请发微信圈,为我们师生呼吁,尽快解决我们的健康!(形容词误用为名词)
③老一辈科学家身上充沛着可贵的工作热情。(形容词误用为动词)
④新来的老板同原来的老板一样更会体贴职员。(副词误用)
⑤本校职工或学生出入校门要凭工作证和学生证。(连词误用)

在例①上下文语境中,作为副词的"偶尔"被误用为形容词。作为副词的"偶尔"和形容词"偶然"在构形上十分相似,意思也相近,但是在表达功能上却存在着相当大的差别。该例用否定式来表达"工作中犯这么大错误在事理上是可以找到原因的"这一语意,应该说选用形容词"偶然"更为准确妥帖,但错误地选了"偶尔",并把副词"偶尔"当作形容词来使用了,使句法结构难以成立。修改时,可改"偶尔"为"偶然",这样就不仅做到了对上下文意的适切,而且也保证了句法结构的通顺。例②中,"健康"是形容词,被误用为名词,这显然是错误的。正由于此,造成了作为谓语的动词"解决"与作为宾语的形容词"健康"搭配上出现了问题,"解决健康"是说不通的。修改时,可在形容词"健康"之后添加上名词"问题",让"健康问题"这个名词性偏正短语作宾语。这样语句就通顺了,语意就明朗了。例③同理,把形容词"充沛"误用为动词,可改为"充满"。副词"更"在语意上表示更进一层,但根据例④中上下文语意来看,新来的老板和原来的老板在体贴职员这一点是一样的,没有什么不同,不存在新来老板比原来老板更体贴职员的意思。显然,该例是把表示比较意义的副词"更"误用为表示范围的副词"都"了。修改时,把二者互换一下即可。例⑤的意思是,本校职工出入校门要凭借工作证,学生则要凭借学生证。但是由于表达者误用了连词"和""或",造成了该句语意表达不清,以至于让人觉得该例意思是本校职工和学生出入校门都必须提供工作证和学生证两种证件。这自然与客观实际不符,也并不是表达者的真实意图所在。修改时把"和"与"或"互换位置,即可消除这一词语误用现象。

第四节 句式修辞病例及评改

在修辞学范畴内,认知、识别、归纳特定语体规制下具体语境中的句式修辞病例类型,并在遵循修辞病例评改原则前提下评点修改句子修辞病例,属于修辞应用与语文实践课的重要内容,也是践行实用修辞理论并训练学生句子修辞知识应用能力的重要渠道和有效手段。

一、句式修辞病例

当用修辞学眼光来透视语法范畴内的语言应用失范现象时,主要把关注点聚焦于句子修辞失范上,尤以特定语体规制和具体语境中句法结构构成、句式(句型、句类)选择等失当为核心。句子修辞失范主要表现为成分多余、成分残缺、搭配不当、句式杂糅、成分错位、句子冗长、句式失调等句法不当现象。这属于消极修辞范畴。

二、评点与修改

句法不当有很多种情况,这里分类举例分析如下。

(一)成分多余

在句法结构中,由于不必要的构成成分多、结构复杂而造成表意不清、冗长重复、画蛇添足现象,这就是成分多余。在特定语体规制和具体语境中,组词造句形成修辞话语时,现代汉语的主语、谓语、宾语、定语、状语和补语六大句子成分及其自身构成成分都可能会存在多余的问题。例如:

①马金龙的成长和发展,使他认识到平凡人也可做不平凡事情。(主语多余)
②大家的关心照顾,使我感到不再想家了。(谓语多余)
③当时我心里感到又喜悦又满意的心情。(宾语多余)
④老赵对工作很勤勤恳恳。(状语多余)
⑤同学们愉快地度过了五月一日的劳动节。(定语多余)
⑥他基本上把不好的习惯克服干净了。(补语多余)

例①中,主语中心是个并列短语,但构成成分"成长""发展"意义相近,连续使用造成主语多余。修改时,删除其中任何一个词语即可。例②中,后半句中的谓语"感到"是冗余成分,删除后说成"使我不再想家了",语句通顺,语意明确。例③中,动词谓语"感到"是心理动词,带"又喜悦又满意"这个谓词性宾语,句子很完整了。再在其后加上"心情"这一名词性成分,造成了宾语构成成分的多余,而且也使"感到"与"心情"搭配不当。所以,修改时可以把"的心情"这一宾语中的多余成分删除。例④中,作状语的程度副词"很"表示了程度深的意义,而作为谓语的"勤勤恳恳"是重叠形式的性状类形容词,带有一定的程度意义。用表示程度意义的副词"很"去修饰也具有程度意义的"勤勤恳恳"就显得没有必要,造成状语多余。修改时,可删去多余的状语"很"。例⑤中用定语"五月一日"修饰限制"劳动节"完全没有必要，属于定语多余，应删除。例⑥中，补语"干净"与状语"基本上"语意相抵牾，从补语角度看就属于补语多余。修改时，可删去补语"干净"。

(二) 成分残缺

在句法结构中，不可缺少的构成成分因为种种原因而没有出现，由此造成句法结构不完整并影响到语意表达的修辞失范现象就是成分残缺。在现代汉语中，成分残缺主要表现为主语残缺、谓语残缺、宾语残缺、定语残缺、状语残缺、补语残缺等现象。例如：

①风儿掠过稻田时，恰似波涛滚滚的黄河，上下起伏。（主语残缺）
②那一排排矫健挺拔的大官杨，一片片随风摇曳的柳树林，一亩亩银花盛开的棉田，一垛垛刚收割的玉米和高粱堆得像小山。（谓语残缺）
③你更得守纪律，起模范啊！（宾语残缺）
④要想取得优异成绩，必须付出努力。（定语残缺）
⑤当大家把他送到医院，他早已停止了呼吸。（状语残缺）
⑥夏日的早晨，金灿灿的朝霞驱散了笼罩在大地上的雾气之后，雄伟壮观的南京长江大桥便展现了。（补语残缺）

例①中，究竟是"风""黄河"还是"稻田""恰似……上下起伏"呢？似乎都说不通。比较能说得通的"稻子"，但是由于在"恰似"前又不合理地省略了"稻子"这个必不可少的主语，由此而造成主语残缺。修改时，可在"恰似"前添加"稻子"。例②中，根据上下文来看，"堆得像小山"显然是用以描绘主语"玉米和高粱"的。那么"大官杨""柳树林""棉田"是什么样子的呢？句子下文没有交代，这就造成这三个被陈述对象分别缺少相匹配的谓语成分。修改时，可把原句改为"那一排排大官杨矫健挺拔，一片片柳树林随风摇曳，一亩亩棉花银花盛开，一垛垛刚收割的玉米和高粱堆得像小山"。例③中，"起模范"说不通，动词谓语"起"对"模范"没有关涉作用。人们在表述过程中经常说的是"起作用"，可见该句缺少了一个必要的宾语"作用"。修改时，可在"模范"后边添加宾语中心"作用"。例④中，"必须付出努力"本身似乎并没有错，但是结合上文"要想取得优异成绩"这种期盼，仅仅付出努力是远远不够的，只有付出艰辛或艰苦的努力才有可能取得优异成绩，也就是说原句给出的条件不充分。句法上就是缺少必要的定语成分，可在宾语中心"劳动"之前加上必要的定语"艰苦"。例⑤中，句首状语"当大家把他送到医院"这种说法是半截话，结构不完整，可在"医院"后加上"的时候"。例⑥中，谓语中心"展现"出了什么？语意不清。这是由于缺少必要的补语。根据上下文意，可在谓语中心"展现"后加上趋向动词补语"出来"，也可加上介词短语充当的补语"在人们的眼前"。

(三) 搭配不当

句法结构中成分与成分之间在搭配时存在着违背语法规则的不匹配现象。这就是搭配不当。这种失范主要表现为主谓不当、主宾不当、动宾不当、状中不当、定中不当、中补不当等。例如：

①大家都注意卫生，全校同学的健康和疾病就有了保障。（主谓搭配不当）
②秋天的广州是个美丽的季节。（主宾搭配不当）
③中国选手分别击败了朝鲜和日本，收到男女单打冠军。（动宾搭配不当）
④他怀着一颗激动的心情登上天安门城楼。（定中搭配不当）
⑤绚丽的朝阳，灿烂地放射出万道光芒。（状中搭配不当）
⑥他把教室打扫得干干净净、整整齐齐。（中补搭配不当）

例①中联合短语"健康和疾病"作为主语，但它们共同拥有一个谓语"保障"。这种情况下，"健康就有了保障"说得通，但"疾病就有了保障"说不通。也就是说，谓语"保障"只能和主语中的一部分成分搭配，与另一部分不能搭配在一起，造成了主谓搭配不当现象。修改时，可改原句为"……全校同学的疾病就减少了，健康就有了保障"。例②中，表示所处的名词"广州"在句子中作为主语，表示时间的名词"季节"作宾语。当用判断动词"是"把它们连接在一起的时候，就会发现这种搭配是不合理的。"广州"和"季节"不在同一个意义范畴，从语法上说，这就是主宾不能搭配。修改时，可改为"广州的秋天是一个美丽的季节"。例③中，通常情况下是把"夺得""取得""获得"等动词与"冠军"组合在一起，一般不会说"收到冠军"。例中"冠军"却与动词谓语"收到"搭配在一起，由此造成了动宾搭配不当（谓宾不当）。修改时，可改"收到"为"夺得"等词语。例④中，代表了抽象事物的"心情"是抽象名词，是不能与量词"颗"搭配的。该例说"一颗心情"是定中搭配不当，修改时可删去"一颗"。例⑤中，定语"灿烂"错放在了状语位置上，由于句法位置的原因而改变了自身的语法属性作状语，由此造成"灿烂地放射"状中搭配不当。修改时，可改为"……放射出灿烂的万道光芒"。例⑥中，可以说"把教室打扫得干干净净"，但不能说"把教室打扫得整整齐齐"。"干净"是打扫出来的，"整齐"则是整理、布置出来的。本例是中补搭配不当现象。修改时，可改原句为"他把教室打扫得干干净净，布置得整整齐齐"。

（四）句式杂糅

句式杂糅是指由于思路不清、犹豫不决造成句子内部在结构上前后牵连、纠缠不清的现象。例如：

①我一定要做好一个受学生欢迎的心理咨询师工作。
②住了几天，大家都发觉，这个村为什么北山上采石叮叮当当，田地里生产却冷冷清清？
③我们听到一个中学生奋不顾身同罪犯搏斗的英勇事迹对我们教育很大。
④考试场设在一间宽敞明亮的学术报告厅里举行的。

两式混杂就是把两种说法混在了一起。说话写作时拿不定主意，既想用这种说法，又想用那种说法，结果把两种格式糅到一起，形成两式混杂。[①] 上例①②就是如此。例①中，说话的人既想说"我一定要做好心理咨询师工作"，又想说"我一定要做一个受

[①] 黄伯荣、廖序东：《现代汉语（下册）》，高等教育出版社2011年版，第119页。

学生欢迎的心理咨询师",结果就把两种说法都用上了,使两种句式混杂在一起,造成句法结构上的纠缠,分不清彼此。修改时,可采用拆解方法使之以一种句法形式出现。即"我一定要做一个受学生欢迎的心理咨询师",或"我一定要做好心理咨询师工作"。例②同理。感觉类动词谓语"发觉"带小句宾语时,这个小句宾语应该是陈述语气。该句中,小句宾语则是疑问语气,违背了感觉类动词带小句宾语的基本要求。修改时,可把"为什么"删去,并把疑问语气调整为陈述语气;也可以改"发觉"为"感觉很奇怪"并把"发觉"后的逗号改为冒号。例③④都属于藕断丝连现象。要表达两个意思,本应该说完一层后再说另一层,但说话者还没有把第一层意思说完,就赶紧说出了另一层意思,把一句话的结尾部分当作另一句话的开头部分。前后句子结构上纠缠焊接,看似藕断,其实丝连,两个句子扭曲变形,成了一个句子。这种失范现象就是藕断丝连。[①] 例③中,说话的人本来要说两个意思,也就是两个句子,第一是"我们听到一个中学生奋不顾身同罪犯搏斗的英勇事迹";第二是"一个中学生奋不顾身同罪犯搏斗的英勇事迹对我们教育很大"。结果把说话者把这两个句子囫囵吞枣地一起说出来了,出现前后语句互作句法成分现象,使两句话在结构上你中有我、我中有你。修改时,全句可改为"我们听到一个中学生奋不顾身同罪犯搏斗的英勇事迹,受到很大教育。"例④把"考试场设在一间宽敞明亮的学术报告厅里"和"考试在一间宽敞明亮的学术报告厅举行"这两个句子焊接在一块了,造成这两个句子在结构上纠缠不清,在语意上似断似连,也就是藕断丝连现象。可酌情删去"举行的",也可删去"场""设"以及句末的"的"。

（五）成分错位

现代汉语句法结构中,句子构成成分虽然有灵活的一面,但一般来说,什么样的构成成分出现在句法结构什么位置往往是相对稳定的,常常会受到诸多限制。如果说话写作时强行突破条件制约,而又没有做到对特定语体规制和具体语境的适应,那么就会造成成分错位。常见的成分错位现象主要有主状错位、谓宾错位、定中错位、定状错位、多层定语错位、多层状语错位、分句错位等。例如:

①这本书写得不错,对自学的青年很有兴趣。(主状错位)
②很久以前,我们就把这件事知道了。(谓宾错位)
③我国棉花的生产,长期不能自给。(定中错位)
④讲清楚基本概念的过程,也就是培养学生的抽象思维能力的逐步过程。(定状错位)
⑤屋里陈列着各式各样的鲁迅过去所使用的东西和手稿。(多层定语错位)
⑥这个名词深深地早已在他的脑海里生了根。(多层状语错位)
⑦在抢险防洪的战斗中,经过四个小时惊心动魄的同洪水搏斗,同志们奋不顾身地跳进汹涌澎湃的激流,保住了大坝,战胜了洪水。(分句错位)

通常情况下,主语和状语各自出现在句法结构的什么位置上是有规则的。如果把主

[①] 孟建安:《汉语病句修辞》,中国文联出版社2000年版,第221页。

语和状语的位置颠倒了,而且又没有合情合理的理由作为支撑,那就会造成主状语序不当即主状错位现象。例①便是如此。按照语法规则,由介词"对"构成的介词短语作状语时,可以放在句首作句首状语,也可以出现在主语之后作状语。该例中,介词"对"却把介引对象"这本书"放在了主语位置上,把主体"自学的青年"作为介引对象了。这就使主客体发生了错位,从而造成主语与状语语序紊乱。修改时,可在介词"对"后面加上代词"它",并把"对它"移到"很"前。例②中,由于错用介词"把"而把本应该出现在谓语动词之后的宾语"这件事"提前到了谓语动词之前,并和"把"构成介词短语作为状语,由此而造成谓宾错位现象。修改时,去掉介词"把"并把"这件事"还原到谓语"知道了"之后。例③中,"棉花"本为主语中心,"生产"应该是定语,但二者相互错放了位置,以至于造成定中不当,并导致主谓搭配不当。例④中,把本该作为状语的"逐步"错放在了宾语"过程"之前作为定语,造成定状错位现象。修改时,把"逐步"调到谓语"培养"之前作为状语即可。例⑤中,宾语"东西和手稿"前定语不止一个,有多个定语。"各式各样"作为表示外观意义的称谓性定语,本应放在"鲁迅过去所使用"这个领属性定语之后,但在句中放在了领属性定语之前,造成了多层定语错位。修改时,可改为"屋里陈列着鲁迅过去所使用的各式各样的东西和手稿"。例⑥中,谓语"生"前有"深深""早已""在他的脑海里"三个状语。状语"深深"本应该在谓语动词"生"之前,但例中错放了位置,造成错多层状语错位。例⑦是一个顺承复句。顺承意味着构成复句的几个分句之间存在着语意上的逻辑关系,也就是说有先后顺序。这种情况下,哪个分句在前,哪个分句在后,都是讲究规则和内在逻辑关系的。该例显然是把分句顺序给颠倒了,这样内部语义关系就不成立了,违背了基本的逻辑事理。修改时,可改为"……战胜了洪水,保住了大坝"。

(六)句子冗长

在修辞应用过程中,要根据表意的需要和具体语境条件所提供的帮助,做到句子该长则长,该短则短。如果不考虑这些因素,一味地追求句子叠床架屋、繁复详细、复杂多变,则必然会给读者带来阅读和理解上的困难。当句子构成成分数量多到超越了临界点、结构复杂到难以驾驭的程度时,这实际上就造成了一种"大肚子"现象,也就是句子冗长修辞失范现象。句子太长、构成成分过于繁杂,也容易造成前后照顾不周、搭配不当、成分残缺、成分多余等毛病。例如:

这份历史文献具体地阐明了解放军奉行的:联合各被压迫阶级、各人民团体、各民主党派、各地华侨和其他爱国分子,组成民族统一战线,成立民主联合政府;实行人民民主制度,保障人民的言论、出版、集会、结社等项自由;肃清贪官污吏,建立廉洁政治;没收官僚资本,发展民族工商业,改善职工生活,救济灾民贫民;废除封建剥削制度,实行耕者有其田的制度;承认中国境内各少数民族有平等自治的权利;废除一切卖国条约,同外国订立平等互惠通商友好条约,联合世界上以平等待我之民族共同奋斗等基本政策。(李裕德《怎样改病句》用例)

该句长达207个字,读起来相当辛苦,看起来也难以上下兼顾。它不再是一般意义上的长句,句子长得已经让人不能接受,字数多得已经让人无法理解。李裕德这样分析：这个长达 207 个字的长单句的作者，可能意识到这个句子太长，采取了一些措施为读者提供点方便。例如在"奉行"之后加上冒号，用以提示下文；中间用了几个分号，让句子条理清楚一些。但是，这只是从小处着眼，解决不了多大的问题。在谓语"阐明"和宾语中心"基本政策"之间插入了一个 192 个字的定语，形成了名副其实的"大肚子"句子。读者读了谓语，读完了定语之后，才好不容易见到宾语，谓语可能早已忘记了，还得回过头来寻找谓语。他建议将宾语提到前边，改为："这份历史文献具体地阐明了解放军奉行的基本政策：联合各被压迫阶级……联合世界上以平等待我之民族共同奋斗。"①

（七）句式失调

在表达语意过程中，同一个意思可以采用不同句式来表达，这实际上就是同义句式选择问题。同义句式选择如果没有做到对特定语体规制和具体语境的适应与得体，那么就会造成句式选择不当的错误，也就是所谓句式失调现象。现代汉语中所有句类、句型、句式一旦被作为同义句式进入修辞应用状态，都可能会出现选择不当的错误。比如"把"字句与"被"字句、祈使句与感叹句、疑问句与祈使句、主动句与被动句、常式句与变式句、兼语句与双宾句、存现句与一般主谓句、连谓句与一般动词谓语句、长句与短句、松句与紧句、口语句式与书面语句式等不同类型的句子形式，当表达相同语意的时候它们之间就相互成为同义手段。在具体使用过程中，如果没有结合语体和语境进行适当选择，就会造成句式失调现象。

例一："把"字句与"被"字句失调。

原文：瞧，那一棵棵枝叶茂盛的果树上，累累的果实把树枝都压弯了，有的树枝竟然被苹果压断了，而大多数树枝不得不用木杆撑住。（峻青《秋色赋》）

改文：瞧，那一棵棵枝叶茂盛的果树上，果实累累，树枝都被压弯了，有的树枝竟然被压断了，大多数树枝不得不用木杆撑住。

原文"累累的果实把树枝都压弯了"是主动句中的"把"字句，而其后紧接着的两个句子"有的树枝竟然被苹果压断了""而大多数树枝不得不用木杆撑住"，则都是被动句中的"被"字句。通读整个句子就会发现，后两句与第一句在句式选择上存在着较大不同，而且这种不同影响到了语意表达语态上的一致性。为了保持句法结构的一致性和语意表达上的上下贯通，在收入中学语文课本时教材编写者便采用变换的方法，改"把"字句为"被"字句。

例二：祈使句与感叹句失调。

原文：不要小视这些枯燥的数字。（马识途《我们打了一个大胜仗》）

改文：这是多么触目惊心的数字啊！

原文和改文在语气和语意上都有强调的色彩。原文书面上虽然是句号，但从语意和语气看应该属于祈使句，带有更多意义上的祈求性、强制性、命令性意味，句类选择失当。为了适应文意，改文换用了一些词语并把祈使语气改为感叹语气，句子也就由祈使

---

① 李裕德：《怎样改病句》，北京出版社 1980 年版，第 24—25 页。

句而转化为感叹句。这就不仅加深了"强调"的色彩,而且还增加了惊叹意味,语意更丰满了,与表达者的心境更匹配了。

例三:反问句与揣测问句失调。

原文:"这不是一座古老的园林的遗迹么?"(郑振铎《石湖》)

改文:"这大概是一座古老的园林的遗迹吧?"

原文与改文都是问句,但原文属于反问句,改句则属于带有更多揣测性的问句。原文用反问口气表达了更为肯定的语意,强化了"这是一座古老的园林的遗迹";改文则以一种不确定口气来揣摩猜测这一语意,从而使句子所表达的肯定意味减弱了许多。根据上下文,在没有确凿证据情况下选用反问句来强化肯定的意思显然是不确当的,是与文意不相称的,是一种句式失调现象。

例四:"被"字句与一般主谓句失调。

原文:他被一位女教师抚着肩,慈爱地轻婉地问道:"你知道你自己的名字么?"(叶圣陶《阿菊》)

改文:一位女教师抚着他的肩,慈爱地轻婉地问道:"你知道你自己的名字么?"

原文中"抚着肩,慈爱地轻婉地问道"叙述对象是女教师,但"被"字句的使用造成上下语气不畅通,表意也不连贯。为了适应下文叙述对象"一位女教师"这一语境条件,改文把"被"字句改为了一般主谓句,全句的主语也就由"他"而换成"这位女教师"。这一调整就保持了上下文叙述对象的一致性,句式选择做到了对上下文语意、语气的适应。

例五:长句与短句失调。

原文:本着可开可不开的会议不开,可缓开的会议缓开,必须开的会议做好准备,缩短会议时间,能下去开的会议就下去开的精神,第一季度就减少了四次全县性的会议,需要召开的会议也就缩短了召开的时间。

改文:本着精简会议的精神,可开可不开的会议不开,可缓开的会议缓开,必须开的会议做好准备,缩短会议时间,能下去开的会议就下去开。这样,第一季度就减少了四次全县性的会议,需要召开的会议也就缩短了召开的时间。

原文是典型的"大肚子句",也就是句子冗长现象。介词"本着"介引的对象有"可开可不开的会议不开""可缓开的会议缓开""必须开的会议做好准备,缩短会议时间""能下去开的会议就下去开"四个主谓小句(或主谓短语),远远超过了介词结构所容许的长度,以至于造成该句过于冗长。由于介词"本着"与中心语"精神"中间穿插了这么多定语,距离相差太远,因此使整个句子难以卒读。改句采用分化的方法把句中四个定语抽离出来,让它们分别单独成为一个短句并变成复句中的一个分句。这样化长句为短句,就使句子与人的阅读习惯、客观生理需求相吻合,做到了得体适度。

第五节 意义修辞病例及评改

在修辞学范畴内,认知、识别、归纳特定语体规制下具体语境中的意义修辞病例类型,并在遵循修辞病例评改原则前提下评点修改意义修辞病例,属于修辞应用与语文实践课的重要内容，也是践行实用修辞理论并训练学生意义修辞知识应用能力的重要渠道和有效手段。

一、意义修辞病例

意义（语意）是语言形式所负载的内容。语意的表达不纯粹是语言问题，较多时候还与思维、逻辑关系密切。语文实践过程中，只有做到内容和形式完美地结合，才能使语意表达更为明白、更为准确。所以，无论采用何种方式进行修辞运作，语音修辞、词语修辞、句子修辞、辞格修辞、语体修辞和风格修辞及其综合运用的落脚点最后都集中在具体语境中语意的表达上。语意的表达并不简单，稍不留意就会出现词义搭配不当、词义不准确、歧义多解、句意费解、概念误用、判断错误、推理不周、关系不调、层次不清、否定不当等修辞失范现象。

二、评点与修改

（一）词义不搭配

词义不搭配是说在表达过程中违背了词语和词语之间约定俗成的语义搭配关系，造成了词语意义搭配不当。例如：

①由于教学场地不够，今年学校招生人数减少了一倍。
②工人们的生活水平没有改善。

在现代汉语中，按照约定俗成的习惯性语义搭配关系，倍数在数量增加时才可以使用。如可以说"招生人数增加了一倍"，"增加"一词的词义和"倍"一词的词义满足了语义搭配所需要的基本条件，所以这种搭配是正确的。当数量减少时，不能用倍数，只能说"减少（降低）了多少"或者"减少（降低）到多少"。例①可以说"今年招生人数减少了一半（或二分之一、百分之五十）"，或者"今年招生人数减少到一半"，但不能说"今年招生人数减少了一倍"。显然，"倍"与"减少"在词义上是不搭的，不符合人们观念中词义搭配的基本规则。例②同理，事物性词语"水平"和动作性词语"改善"在意义上不能搭配。现代汉语中，从意义上来看只有"提高水平""改善生活"之类的搭配现象，不存在"改善水平""提高生活"这样的说法，所以例中"水平"与"改善"在词义上不存在搭配关系，是错误的词义不搭现象。修改时，可改"改善"为"提高"，这样就符合基本的语义搭配规则了。

（二）词义不准确

在特定语体规制和具体语境中，词语的理性义会被修辞化、语境化，由此而使理性义转化为修辞义、语境义。在具体修辞应用过程中，有时由于语境或语体限制不够，使词义不准确或者造成多解现象，尤其是多义词、同义词、同音词、模糊词语等的使用更会如此。例如：

①某电视台又出爆炸新闻。
②军队已经撤回自己的边疆。

③王莉和李梅在路上遇见了，她三步两步跑上前去，拉住她的手问长问短。

④今日洞庭，诗意盎然，彩笔难绘，简直是一个用珍珠砌成的崭新世界！（郭璞《珍珠赋》初稿）

例①中，由于"出""爆炸"词义的多义性，使这句话所表达的意思模糊不清，语意出现歧义性。既可以解释为"某电视台发生爆炸而产生新闻"，也可以解释为"某电视台又闹出了令人惊奇的爆炸性新闻"。修改时，要根据客观实际并依据上下文调整该例。如果是前者，该例可改为"新闻：某电视台又发生了爆炸"；如果是后者，则可改为"某电视台又闹出爆炸性新闻"。这样修改，"出""爆炸"的语境义就给固定下来了，词义准确无误。例②中"边疆"应改为"边境"。"边疆"和"边境"互为同义词，但词义范围有大小。"边疆"是指靠近国界的大片领土，词义所指范围较大；"边境"往往是指紧靠国家边界的地区，所指范围要小得多。根据背景知识，在该例中用"边疆"时词义范围过大，不够准确。例③从全句看，先后在上下文出现的两个"她"，哪一个指代王莉？哪一个指代李梅？究竟是谁拉住谁的手？完全说不清楚，语意模糊不清。修改时，如果把第二个"她"改为"李梅"，语意就明确了。例④中用"砌成"来描述颗粒状的"珍珠"显然不贴切，意思不准确。在修改稿中，作者把"砌成"改为"缀成"用以描绘洞庭湖的新气象，就像一粒粒珍珠连缀而成的样子。一字之改就十分确切逼真地表达了语意。

（三）歧义多解

在具体语境中句意不是单义的，而至少有两种以上意义的语义现象，这就是歧义多解现象。造成歧义多解现象的原因有很多，谐音、一词多义、句法层次和句法关系不同、语义关系不同、语境制约不够等都是不可忽视的重要因素。例如：

①他走了一个多钟头了。

②我想起来了。

③这一行人来到了广东和广西的部分地区。

④这个老人谁都可以接待。

⑤今年游行，女同志一律不准穿裤子。（吕叔湘用例）

例①中，"走"是个多义词，既可以理解为"离开"，也可以解释为"步行、行走"，甚至还可以解释为"去世"。如果把这三个词义分别与句子对接起来，则分别形成"他离开一个多钟头了""他步行一个多钟头了""他去世一个多钟头了"三个完全不同的意思。要消除这种歧义性，必须结合具体语境做出适宜的分化。例②中，趋向动词"起来"轻重读都可以，但意思完全不同。若是轻读，句意是说之前把什么事给忘了，现在又回忆起来了；若是重读，句意则是说原来躺着或坐着，现在想站起来了。修改时，可据情采用增添方法在心理动词"想"的后边添加动词"站"或把心理动词"想"改为"回忆"或"记"。这样歧义就分化掉了。例③中，"广东和广西的部分地区"有两种结构层次，一种是"（广东和广西）的部分地区"，前后是偏正关系；一种是"（广东）和（广西的部分地区）"，前后是并列关系。第一种情况下，全句意思是说这一行人来到了广东和广西这两个省的部分地区；第二种情况下，全句意思是说这一行人来到了广西的部分地区和广东省。修改时,可根据实情采用添加法在"的部分地区"之前加上"这两个省区"。这样就使该句意固定下来了。例④中,从名词与动词之间的语义关系看,"老人"既是施事又是受事,具有施受双重身份。这样该句便有两种不同的语义理解:一个意思是说"这个老人可以接待任何人",一个意思是说"谁都可以接待这个老人"。修改时,根据语境把"老人"的施受身份确定下来即可消除歧义性。例⑤是吕叔湘的用例。1954年某机关要举行"五一节"大游行。筹备组开会时,一位女同志大声宣布:"今年游行,女同志一律不准穿裤子。"结果引来哄堂大笑。其实,这位女同志说这句的意思显然是"今年游行,女同志只能穿裙子,不能穿裤子",但是由于说话时语境限制不够,前言后语制约力不够,便让在场听众产生了联想,进而把这句话理解成另外的意思,因此才有哄堂大笑的效果。修改这类病例必须要考虑补足具体语境条件。

(四)句意费解

句意费解是说句子表意不清晰、不明确、不好理解。吕叔湘、朱德熙把"话说得不明不白,要人家猜测,叫做'费解'"①。从句子外部看,故作高深是造成费解的主要原因;从句子内部看,又有搭配不当、苟简、语序不当、句子冗长等原因造成句意费解。例如:

①它每年的发电量,除供给杭州使用外,还向上海、南京等地输送。
②为了搞好考试工作,上海铁路局成立了技规考试委员会。
③市公交公司决定,陆续从今天起在早晨高峰时增开母子专车。
④N老师好,我没有在群里的文件发现开会时发的申硕的两份要填写的表格。

例①中,"发电量"供给杭州,输送给上海、南京等地,不太容易理解。这实际上是由主语"发电量"和谓语"输送"在语意上搭配失误造成的话语语意费解。修改时,可改原句为"它每年发的电,除供给杭州使用外,还向上海、南京等地输送"。例②是在没有作任何背景说明的情况下,因过度采用简化形式"技规"而造成的句意费解。"技规"是什么意思?究竟是"技术规格考试委员会",还是"技术规定考试委员会"?如果不了解客观物理世界的实际情况,恐怕难以推断。由于"技规"语意晦涩难懂,因此造成整个句子意思不明不白。修改时,可酌情改"技规"为"技术规格"或"技术规定"。例③读起来就觉得十分别扭。这是因为弄错了多层状语的顺序,也就是把距离中心语最近的状语"陆续"错放在距离最远的位置造成的费解。修改时,可改原句为"市公交公司决定从今天起,在早晨高峰时陆续增开母子专车"。例④要表达什么意思着实让人费解。该句可改为"N老师好,在群里的文件中我没有发现开会时发的关于申硕工作要求填写的那两份表格"。

(五)逻辑错误

修辞应用中的逻辑错误主要表现为概念误用、判断错误、推理不周等失范现象。就

---

① 吕叔湘、朱德熙:《语法修辞讲话》,中国青年出版社1979年版,第88—190页。

概念运用不当来说，存在用错概念、混淆概念、偷换概念、种属概念错置、交叉概念错置等运用不当现象。例如：

①他一个月来参观了几个高校，即北京大学、复旦大学、南京大学中文系。
②我这学期看了《红楼梦》《三国演义》和许多小说。
③在座的有辩护人、证人、男的、女的、老的、少的。
④这次征集的所有设计都不理想，唯有那位青年设计师的方案被选中了。
⑤老张是记者，他的儿子一定也是记者。

例①中，"高校"这个概念的外延涵盖北京大学、复旦大学、南京大学等，但涵盖不了"南京大学中文系"。因为"中文系"只是南京大学的一个组成部分，是一个系和专业。显然，该例是把"高校"概念的外延给无限扩大了，概念用错了，由此造成不在同一个意义范畴内的概念错误地并列出现。修改时，应删去"中文系"。例②中，"《红楼梦》""《三国演义》"是种概念，"小说"是属概念。种属概念是一种包含与被包含的关系，不能并列出现。修改时，可改连词"和"为助词"等"。例③中，"辩护人""证人""男的""女的""老的""少的"这六个名词性成分表达了六个不同的概念。可是，这几个概念之间的外延存在着交叉关系，当把它们罗列在一起时，标准是多样化的，因此让人觉得语意表达缺乏思路，语意混乱。修改时，可酌情统一列举的标准。例④中，前后语意矛盾。前半句在逻辑上是一个全称否定判断，意在否定同类事物的所有对象都不具有某种属性；后半句是一个单称肯定判断，意在肯定同类事物的某一个对象具有某种属性。这就与逻辑上的不矛盾律相悖。正是由于表达者在对征集到的所有设计作品做出判断时，没有严格把握构成判断的条件和要求，使判断出现了错误，从而造成了句意前后矛盾现象。例⑤表达了一个推理，但是这个推理是错误的，由此造成整个句子的语意也是错误的。推理是要有大前提的，该例却省略了大前提。这个被草率地省去的大前提"凡是记者的儿子都是记者"，其实是错误的，违背了语义与事实之间的真值关系。因为物理世界内的客观事实是，父亲是记者，儿子未必一定是记者。该例中，说话人设置的大前提是错误的，犯了推理不周的毛病，因此必然会得出错误结论。如果把该例改为"老张是记者，他的儿子可能也是记者"，就没有问题了。

（六）关系不调

语意表达中的关系不调主要聚焦于复句内部分句之间在意义关系方面存在的不适现象。在语文实践过程中，并列、顺承、解说、选择、递进、转折、条件、假设、因果、目的等所有意义关系都存在着关系不协调现象。例如：

①社会生活是文学的取之不尽、用之不竭的源泉，我们要经常看小说。
②不但你愿意，而且我陪你去白云山看看。
③为了有一个健康的身体，他天天早上跑步，并经常去图书馆看书学习。
④如果我们前一时期已经克服了学习上的一些困难，那么今后的困难也同样能够克服。

例①中，第一分句说的是社会生活怎么样，第二分句说的是我们应该怎么样，两个分句之间在意义上南辕北辙，风马牛不相及。说话人没有弄清楚二者之间的关系，却把它们并列在一起，由此造成并列关系不调的现象。修改时，如果把"社会生活"作为话题，就可以把第二分句改为"我们要经常深入社会生活"，使句子由原来不协调的并列关系转变成为因果关系。例②中，通读全句搞不懂是什么意思。原因就在于，表达者把本来属于假设关系的两个分句误认为是递进关系，并对应错用了表示递进关系的关联词语"不但……，而且……"。修改时，可改"不但……，而且……"为"如果……那么……"。例③中，把"天天早上跑步"作为达到健康目标的条件是没有问题的，但是把"经常去图书馆看书学习"也作为实现健康目的的理由就说不通了。这就是由缺少必要的限制成分而造成的一种目的关系失调现象。可改"并经常"句为"并经常去图书馆看有关身体健康方面的书籍"。例④中前后分句所表达的语意在事实上存在着已然与未然的不同，第一分句说的是已然事实，而且错用了表示假设关系的关联词语"如果"，这就把第一分句和第二分句之间的关系错误地扭成了假设关系。为了照顾上下语义关系，可改表示假设关系的关联词语"如果"为表示推论因果关系的关联词语"既然"。

（七）层次不清

语意表达依赖于清晰的思维，并要根据事物间的逻辑关系合理地安排句子的顺序。先说什么，后说什么，都要做到早心中有数，决不能杂乱无章。否则，必然会造成语意混乱、层次不清的现象。层次不清在语言上主要表现为前后语意不相关联、前后交错混杂、语序紊乱等。例如：

同学们必须学会一分为二地看自己，老师讲得有效果好的，也有效果差的，对这个问题我们要有全面认识，不能认为某某老师水平太低，我们学不到东西。同学们学习有成绩好的，也有成绩差的，教师对这个问题，也得有个全面认识，不能认为学习成绩差的同学都没有培养前途。

对于该例，张静有如下分析。第一句说的是同学们要一分为二地看自己。第二句说的是一分为二地看教师，但讲得不全面，只说了对讲课效果差的教师应采取的态度，没说对讲课效果好的教师应采取什么态度。第三句先提出同学有学习成绩好的，也有学习成绩差的，后写教师对这个问题的态度，但只说了对"差的"怎么样，没说对"好的"怎么样。总之，全段没有一个明确的中心意思。思路不明，层次不清，语意混乱。修改时，可改为："我们同学必须一分为二地看待教师。教师讲课有效果好的，也有效果差的。对这个问题我们必须有个全面认识：不能认为好的一切都好，差的就什么东西都学不到。教师也要一分为二地看学生。学生学习有成绩好的，也有成绩差的。对这个问题，教师也得有个全面认识：不能认为只有成绩好的才有培养前途，成绩差的就没有培养前途。"[①]

（八）否定不当

现代汉语中，一个否定的意思要用否定形式来表达，一个肯定的意思也可以用否定

[①] 张静：《新编现代汉语》，上海教育出版社1986年版，第489页。

形式来表达。这需要好好利用否定性词语、反问语气等因素，以便做出适宜的运筹，尤其是双重否定不当问题更应该受到重视。否则，就会出现否定不当的错误。运用包括否定性副词、否定性动词在内的否定性词语表达肯定意义时，通常情况下都是为了增强肯定语意，或表示委婉语气。当把握不准这些否定性词语与被否定者所具有的特征时，往往就会造成否定不当错误，使语意刚好与要表达的意思相反。例如：

①谁也不会否认，地球不是绕着太阳转的。
②难道能否认培养建设人才不是我们的责任吗？
③当下某些领导所缺乏的，一条是不专业，一条是不走群众路线。

例①中，否定副词"不"语义指向了具有否定意义的否定性动词"否认"，这就等于是两次否定，也就是否定之否定。否定之否定即为肯定，也就是说，该例前半句的意思是"谁都承认"，后半句是一个否定性小句，表达了否定意义。当把前后语意连在一起的时候，就会发现该句的意思是"谁都承认地球不是绕着太阳转的"。这正好与真正要表达的意思相反，也与客观事实不相符。可见，该例是病句，属于多重否定不当。修改时，删去第二个否定副词"不"即可。例②是一个反诘问句。贯穿在整个句子上的反问语气本身就具有否定的意味，实际上就是一次否定。句中又先后运用了"否认""不"两个否定性词语，这就形成了三次否定的事实，从而使该句表达了否定意义，即承认培养建设人才不是我们的责任。这个意思显然不是表达者的本意。修改时，删去否定副词"不"即可。例③想表达的意思是"当下某些领导不专业、不走群众路线"。由于上文否定性动词"缺乏"的语义分别指向下文先后出现的否定性副词"不"，从而造成两次否定，由此表达了与本意完全相反的意思，语意成为"当下某些领导专业、走群众路线"。

第六节　辞格修辞病例及评改

在修辞学范畴内，认知、识别、归纳特定语体规制下具体语境中的辞格修辞病例类型，并在遵循修辞病例评改原则前提下评点修改辞格修辞病例，属于修辞应用与语文实践课的重要内容，也是践行实用修辞理论并训练学生辞格修辞知识应用能力的重要渠道和有效手段。

一、辞格修辞病例

辞格是修辞应用中由语言要素综合应用构成的超语言要素手段，是为了表意的需要而临时创造的用以提高表达效果的模式化表达方法，是一定语境中的产物。每种辞格都有用以建构和使用的条件和语境，如果没有满足得以成立的语言内和语言外条件，那么就会发生偏误而造成辞格修辞失范现象。毫不夸张地说，有多少种辞格在语文实践中就可能会发生多少种格运用不当现象。人们常用的比喻、比拟、借代、拈连、移就、夸张、排比、对偶、仿词、顶针、回环、反问、设问、映衬、通感、婉曲等，如果不具备建构条件或者不适应特定语体规制和具体语境，都会产生相应的辞格修辞失范现象。

二、评点与修改

辞格修辞病例有两种情况，一种是建构失误，一种是选择失误。

（一）辞格建构失误

辞格建构失误是说修辞主体在修辞应用过程中，所构拟的修辞格式缺乏足够的语言内和语言外基础，从而生成出发生病变的修辞格式。例如：

那年黄梅季节，呼和浩特一带足足下了五六十天雨，谷子、高粱都霉烂了，连人也发霉了。

该例在描写呼和浩特梅雨季节时，采用了夸张手法。然而，在建构生成夸张辞格时完全没有考虑到呼和浩特梅雨季节的真实情况。呼和浩特一带终年雨量稀少，"足足下五六十天雨"有点似实似虚；"连人也发霉了"，更是夸大其词。因此，该例所建构的夸张辞格是失真的，缺乏厚实的客观现实基础，只能看作夸大浮夸，而不是夸张辞格。修改时可在尊重事实的基础上调整，比如可改为"那年……，呼和浩特一带下了很长时间的雨，谷子、高粱都霉烂了，连人都觉得身上黏黏糊糊的"。再如：

那一棵一棵的大树，像我们的俘虏一样狼狈地躺在工地上。

该例中，本体"大树"和喻体"俘虏"之间没有相似点，借助于丰富的想象力也很难找到它们之间的契合点。虽然有"像"这个看似喻词的动词存在，但本质上看该例不具备构成比喻的基本条件，因此所建构的比喻是失当的，实际上并不是比喻，最多只能算比较而已。修改时，可以继续用辞格，也可以不用辞格。例如可以改为"那一棵一棵的大树被砍倒放在了工地上"等。

（二）辞格选择失误

辞格选择失误表现为多个方面，比如不该用某辞格而选用了某辞格、辞格使用过于繁复、辞格选用对特定语体规制和具体语境的适应度不够、缺乏使用辞格的必要性，等等。例如：

这吻的分量也很轻，范围很小，只仿佛清朝官场端茶送客时的把嘴唇抹一抹茶碗边，或者从前西洋法庭见证人宣誓时的把嘴唇碰碰《圣经》，只多像那些信女们吻西藏活佛或罗马教皇的大脚趾，一种敬而远之的亲近。（钱钟书《围城》）

该例中，其实用"清朝官场端茶送客时的把嘴唇抹一抹茶碗边"这个喻体，就已经能够很好地说明"吻的分量很轻，范围很小"，完全没有必要再用另外的三件事作比。从这个意义上说，这里的另外三个比喻或喻体是多余的，不运用并不造成语意理解上的障碍，也不减少或削弱小说语体语言艺术的魅力。倒是连用四个比喻或喻体，会误导读者的思路和欣赏倾向。因为读者往往会因为迷恋于过多的陌生化的比喻样式，而忽略对小说其他方面的鉴赏和玩味，这并不是作者的初衷。[①] 从这个意义上说，后两个比

---

① 孟建安：《钱钟书设喻的得体与偏误》，载《中国修辞学会第12届年会暨国际学术研讨会论文集》，北京大学出版社2007年版。

喻的运用是没有必要的，有点泛滥化。修改时，可以考虑选择一个比喻，其他比喻可以删除。再如：

①刚刚施救成功的消防队员满头大汗地从库房跑了过来，记者们像捕获到野兽似的扑上前去……（比喻色彩不对）

②一家理发店门口招聘广告上横书"不可丝艺"。（仿拟、谐音双关失当）

③电影散场后，我徒步回家，回家路上骤然落雨，雨越下越大，大雨把我淋成了落汤鸡，落汤鸡的我很狼狈！（顶针失当）

④为了严防敌人进犯，我们要坚决保卫好海防线！我们的海，是人们的海；我们的防，是人民的防；我们的线，是人民的线！（排比失当）

例①是比喻中的明喻，消防队员是受人尊敬的英雄式人物，用"捕获到野兽"来比喻记者们蜂拥围住了消防队员，感情色彩不对头，被贬义化了。例②"不可丝艺"显然是仿造"不可思议"而生成的谐音双关，但是语意不明，不好理解，是对仿词和双关的错误运用。例③是顶针辞格运用不当。该例语意比较简单，上下文之间在逻辑事理上没有相互依存的内在联系，也没有强烈的情感基础。这是顶针。修改时，可改为"电影散场后，我徒步回家，忽然下起雨来，并且越下越大，把我淋成了落汤鸡，好狼狈呀"。例④为了运用排比辞格，特意把"海防线"胡乱拆开使其构成语素"海""防""线"分别单独使用，形成结构一致的句式。然而，这种不顾具体语境和表意需要的强行拆解，使语意含糊，表达生硬。修改时，可以把"我们的海……"统统删掉。

第七节 语体风格病例及评改

在这里，语体风格不是偏正关系，而是并列关系，即语体与风格。语体是言语体式，风格是话语格调。语文实践中存在着语体和风格失范现象，如何评改是本教材应该解决的重要问题之一，也是践行实用修辞理论并训练学生语体风格修辞知识应用能力的重要渠道和有效手段。

一、语体风格病例

语体风格病例是指在修辞应用中由于研判有误而选择了错误的言语体式和话语格调，并由此而造成的语体失范现象和风格失范现象。比如在公文事务领域，本该采用法律体、通报体、约据体、函电体及其修辞手段，或者本该采用正式严肃等话语风格，但是由于某种原因而错误地选择了不合时宜的小说体、诗歌体、散文体、剧文体等及其相应修辞手段，或者滑稽幽默、生动形象、戏谑讽刺等话语风格。这就是语体和风格失范现象。正如王希杰在论及风格时所说："在修辞学中，繁丰过了头，就是堆砌；简洁过了分，就是苟简；平实过分了，就是浅薄；含蓄出了格，就是晦涩；夸张没有节制，就是说瞎话，胡言乱语；整齐过量，就是呆板单调；变化过头，就是杂乱无章；比喻的本体和喻体之间的关系，太明显了，缺少新奇感，就没有艺术的魅力，但是如果太离奇了，交际对象便无法解码，叫他去猜谜语也就失去了美的情趣。所以在修辞学中，最重要的事情就是适度，一切的一切都不可以过分、过头、过量、过火，不可以太出格。"[①]

---

① 王希杰：《修辞学通论》，南京大学出版社1996年版，第20页。

在语体和风格方面，如果做得过分、过头、过量、过火、太出格，那就会造成语体失范和风格失范。

二、评点与修改

语体失范和风格失范其实很难分清楚，为了方便讨论特意分别举例加以分析。

（一）语体失范

针对不同的语体失范现象，必须要把它们放在特定语文实践领域，把特定语体规制和具体语境作为参照条件，这样才能够做出适境得体的评点和修改。语体失范有两种情况：一种是言语体式选择失误，比如通知体与散文体、信函体与小说体、通知体与广告体、新闻体与广告体等语文体式之间相互错误地选用；一种是在选用的特定语文体式中，语言应用不符合该语文体式的基本要求。例如：

沁园春·住房

神州大地，千人蜗居，万人房奴。望长城内外，大厦高楼，工地上下，人浪滔滔。祖孙三代，倾尽所有，为凑首付血压高。须钞票，清银行贷款，分外自豪。

楼价如此虚高，逼无数英雄竞折腰，昔秦皇汉武，见此技穷，唐宗宋祖，还是没招。一代天骄，成吉思汗，只好屈身蒙古包。俱往矣，数天价楼盘，还在今朝。

该例选自网络段子，带有更多调侃意味。第一，从言语体式上看，该例采用了文学语体范畴内韵文体中的词体行文程式，和毛泽东的词《沁园春·雪》同体。但是，选择词体言说方式来表达对房价虚高现象的看法完全没有必要，错用了语体。第二，从表达手法上看，该例采用了仿拟修辞格式，是把毛泽东的词《沁园春·雪》作为本体加以仿造的，并设喻用典，有大词小用之嫌。第三，从主旨内容上看，该例是在嘲讽楼价虚高现象并抒发个人惆怅的情绪，多为负面情绪的宣泄，精神境界不高。第四，从语言运用上看，虽有"滔""高""豪""腰""招""包""朝"等同韵词的使用，但是"奴"并没有入韵，全词并没有做到合律入韵，而且即便是合律入韵的句子，读起来也并不自然，相反有相当多刻意追求有意雕琢的痕迹。第五，从整首词的风格来看，虽然在仿拟《沁园春·雪》试图创造雄阔豪放、气势磅礴、雄健大气的风格，但是即便做到了这一点，也与所要表达的内容并不适应。由此可见，该例无论从哪个角度来分析，都是一种语体选择失范现象。此类语体失范可按照一般杂文言说体制和话语风格去修改。

理同上例，此不赘言。再如引自朋友圈的《妻子说明书》：

妻子说明书

【品名】妻子
【通用名】老婆
【化学名称】已婚女性
【成分】水、蛋白质、脂肪、核糖核酸、碳水化合物及少量矿物质，气味幽香。

【理化性质】酸性；可分为一价（嫁）、二价（嫁）、三价（嫁）……n价（嫁）。易溶于蜜语、甜言；遇钻石、名车、豪宅熔点降低，难溶于白丁。

【性状】本品为可乐状凹凸异性片，表面光洁，涂有各种化妆品、对钻石、铂金有强烈的亲和力；羞涩时泛红，生气时泛绿，随时间推移表面会出现黄斑，起皱，但不影响继续使用。

【功能主治】主治单身恐惧症，对失恋和相思病有明显效果，亦可用于烧淘洗买、带孩子。

【副作用】气管炎、耳根软、视疲劳、行为受阻等。严重不良反应者，可致皮肉损伤。

【用法用量】一生一片。

【禁忌】公开服用两片或两片以上。

【注意事项】肾功能不全者慎用。

【规格】35千克至n千克，片重超标不影响使用。

【贮藏】常温下保存。避免与成群女性、单独帅哥相处。严禁在外过夜。

【包装】各种时装、鞋帽、首饰、手袋，随季节变化更换。

【有效期】至离婚日止。

【批准文号】见结婚证。

【生产日期】见身份证。

【生产企业】岳父岳母。

从修辞学范畴内来看，该例虽然是笑料，但无疑是语体选择失范的典型案例。该例对妻子的介绍偏离了正常的介绍方式，而采用了药用产品说明书这一言说体制。药用产品说明书是大众传播的一种宣传方式，其中包括对产品名称、规格、功效、副作用、生产企业、生产日期、有效期、贮藏方式、包装、注意事项等详细的介绍与说明，但是用以介绍妻子则有失妻子的尊严，是对妻子的不恭，并带有一定的性别歧视意识。整篇都是对语体的负偏离，是错误的语体选择。再如某教育局给某某小学关于某事件批复中的修辞表达：

请贵校妥当处理此事，并将处理结果告诉我局。

教育局作为主管部门与小学是上下级关系，给管辖内小学的批复属于下行文。既然是下行文，那么在称呼该小学时就不能使用"贵校"一词。"贵校"是尊称，是平行单位之间业务往来时经常应用的称呼，在该例中被误用了，由此造成对"批复"这种语文体式的不得体。这属于词语修辞不符合所选用特定语文体式语言应用要求而形成的语体失范。修改时，把"贵校"改为"你校"即可。

（二）风格失范

每个人说话写作都有自己的话语风格，每种语体都会形成与之匹配的风格基调。如果在特定语体规制和具体语境中选择了不适宜的说话风格，就必然造成风格失调现象。与常见表现风格相对应，在语言表现上如果没有做到得体，那就会出现刚健风格失范、柔婉风格失范、藻丽风格失范、平实风格失范、明快风格失范、含蓄风格失范、简洁风格失范、繁丰风格失范、严谨风格失范、疏放风格失范、庄严风格失范、诡奇风格失范、典雅风格失范、通俗风格失范等现象。例如：

妻子：今个儿你怎么这样晚才回来？

"上"人：主观上我是希望早一点回来，但是由于客观上难以逆流、无法控制的原因，以致我实际上回来的时间跟正常的时间发生了距离。

妻子：你干脆说吧，是散会晚了，还是没挤上汽车？

"上"人：从质量上说，咱们10路公共汽车的服务水平不能算低，可惜数量上远远跟不上今天现实的要求。

女儿：爸爸，咱们这个星期天去不去公园呀？

"上"人：原则上，爸爸是同意带你去的，因为公园是个公共文娱活动的地方。不过——不过近来气候变化很大，缺乏稳定性，等自然条件好转了，爸爸一定满足你这个愿望。

妻子：吃吧，别转文了。

女儿：爸爸，我要吃糖。

"上"人：你热爱糖果，这是完全可以理解的。这种副食品要是不超过定量，对身体可以起良好的作用。不过，今天妈妈不是分配两块糖果给你了吗？

妻子：今个儿商店来了一批新鲜的菜，你尝一尝合不合口味。

"上"人：从味觉上说——如果我的味觉还有一定的准确性的话——下次如果再烧这个汤的话，那么我倾向于再多放一点液体。

家庭生活话语领域属于日常谈话交往领域，夫妻子女之间交流自然要首选日常谈话语体，在话语风格上当然也要以自然、简洁、通俗、平实为主导，但是该例中"上"人却错误地使用了严谨、庄重的话语格调。说话四平八稳，有板有眼，话语空洞啰嗦，完全没有考虑时空语境等条件的变化。"上"人已经从办公室回到了家里，交往对象是妻子和女儿。空间位置、交流时间、交往对象、交际场合、交际氛围等物理语境条件都发生了重大变化，但是"上"人并没有进行角色转换，也没有把自己置身于家庭这一特定交往空间和场合，依然把自己置于工作状态或固有的思维模式之中。其思维依然停留在公务场合、官方话语、同事甚或上下级交往等固化的语境中，因此便在毫无意识状态下惯性地和妻女打起了官腔，说话正式严肃并大讲原则。妻子嘘寒问暖中的嗔怪、三番五次的纠偏，女儿略嫌不耐烦的插话，都说明他与妻子女儿的交流进行得比较艰难，交往活动进展得并不怎么顺利，交际效果自然并不理想。"上"人选择的话语格调是错误的，是与家庭环境、妻女对象、生活话题等语体、语境要素所形成的话语氛围格格不入的。再如曾毅平《华语修辞》用例：

①子夜时分，月光皎洁，疲惫的驾驶员进入梦乡，于是惨剧发生了。（交通事故勘察报告）

②周爷爷：

惊悉阁下病了，父亲让我登门造访，未能见面，现馈赠鲜花一束，祝早日康复！

李晓明
8月10日

这个两例所选择的语体规制没错，都是公文事务语体，在语言应用上的要求是基本一致的。只不过，例①是报告体，例②是便条体。这两例犯了同样的错误，在语言格调上都存在风格偏误。例①作为报告体，只要在尊重事实的基础上把交通事故发生的时间、地点、原因、事故状况等准确地记录下来、交代清楚即可，不需要用描写性强、情感化的文学性语言来记叙。该例恰恰违背了报告体语言应用的基本要求，放弃了严谨准确、平实简洁的表现风格，而错误地选用了生动形象、典雅藻丽的话语格调。例②作为便条体，在语言应用方面本来应该有较大的随意性，可以带有更多的口语化色彩；在行文过程中不必文绉绉的，话语不必过于书面化。可是，该例在语言笔法上则刚好相反。"惊悉""阁下""造访""未能""馈赠""一束""康复"等词语都过于书面化，过于正式，过于严肃，从而使整个语篇风格呈现出庄重、严肃、正规的特征。这种笔法与便条这种语文体式在语言上的要求是相悖的，因此属于失范的不得体的风格选择。类似的风格失范，在修改时必须要和特定语体规制紧密相连，努力使修辞应用与特定语体规制相适应。

第八节 修辞病例评改技能训练

本节在修辞学范畴内，利用所学实用语体修辞理论知识，立足于众多修辞病例事实，设计编制了语音修辞病例评改训练、词语修辞病例评改训练、句式修辞病例评改训练、意义修辞病例评改训练、辞格修辞病例评改训练、语体风格病例评改训练等题目，从不同角度通过实践训练以培养学生修辞病例评改的技能。

一、修辞病例收集与归类

观察现实语言生活，收集不同话语领域的修辞应用失范语料并归类。（要求收集20例，并标明语料出处）

二、语音修辞病例评改训练

从语音修辞角度评改下列病例。
（1）我们下个月一起上上上海逛逛广州，多好啊！
（2）去年市图书馆虽然花了300万元购买书，但是还是满足不了读者的需求。
（3）今天下午开展公益活动，全体同学打扫街。
（4）明白从前苦，方知今日甜。
（5）动人的事说不尽，丰收的喜讯到处传。
（6）他引着我，向野里走，一路同我谈。……两个人向野里走。没有路灯。
（7）他的命就是游戏。
（8）你受点委屈，倒到这单人床上，我们爷儿俩合睡那双人床，不就解决了……
（9）要多多种些粮食，造些武器，送到前方。
（10）我是一名清洁工，
　　　绿色奥运记心怀，

早出晚归勤打扫，
要为祖国立新功。

三、词语修辞病例评改训练

从词语修辞角度评改下列病例。

（1）一个教师总愿望他的学生成为有用的人。
（2）远处的白塔，是中国古代杰作的建筑物。
（3）不少导演说要改编我的小说，我真是十分激动与合作。
（4）用先进的保管方法，囤粮食的席子比过去节省一倍。
（5）科长是个大约三十岁上下的人。
（6）那位瘦瘦的女看守说来也奇怪，她似乎很听这位女人的话，她支持她，不论什么事她差不多都瞒过其他警卫和看守照着去办。
（7）大妈心里一酸，眼泪唰地滚了下来，你委屈透了，你的委屈向谁说呢？
（8）他们的观点基本上完全一致。
（9）他比我很漂亮。
（10）面对这种情况，我们能不无动于衷吗？
（11）无论在学习、生活，都得到无微不至的关怀。
（12）我上街买了白菜、萝卜和许多蔬菜。
（13）工人和农民和战士都参加了抗洪抢险的斗争。
（14）张老师非常慎重地向领导汇了一次报。
（15）他今天穿了一件干干净净衣服。
（16）各种业务专长，都可以成为高傲自大蔑视旁人的资本。
（17）几个女人在大槐树下打织毛衣。
（18）我坐在教室，思考良久，无一佳法。
（19）播音员干吗要介绍一处小小不言的名胜。
（20）老师指出了我作业中的错误，我向老师表示一定要痛改前非。
（21）那个时候小朋友就要诞生了。……在这里，我要向父母认真地道歉，认真地感谢！
（22）要想提高产品的质量，还需要不断改良技术。
（23）这位教授之所以取得这么骄人的成绩，主要得益于自己有个黄脸婆。
（24）法庭之上，法官说："带犯人的老婆到庭。"
（25）我们一定要开展爱卫活动，就必须得走群众路线。

四、句式修辞病例评改训练

从句式修辞角度评改下列病例。

（1）学习了这些材料，使我明白了很多道理。
（2）通过我们调查，对这件事有了更深的认识。
（3）大家为尽快把新产品试制出来。

(4) 老师的热情关怀和谆谆教诲，还一直响在我耳边。
(5) 今年麦子的收成是几年来麦子收成最好的一年。
(6) 读音是否准确是鉴别标准普通话的关键。
(7) 许多老一辈革命家的革命事迹，就是我们学习的好榜样。
(8) 任何一切困难都吓不倒我们。
(9) 李卫任何工作都是非常认真得很。
(10) 很久以前，我们就把这件事知道了。
(11) 我们来了的消息传开了，附近的妇女、老人和孩子许多都跑来看我们。
(12) 这是两千多年前新出土的文物。
(13) 要想真正学点东西，一定要下苦功夫不可。
(14) 鲁迅具有坚韧不拔的战斗精神是我们学习的榜样。
(15)《归心似箭》描写的是我东北抗联某部连长魏得胜在一次激烈的战斗中身负重伤，与部队失去联系。他经历千辛万苦，重重艰险，不为金钱所诱惑，不惧死亡的威胁，战胜日寇、伪军和叛徒等形形色色的敌人，并正确对待和处理了他同勤劳、善良的农村妇女齐玉贞的爱情关系，最后终于找到部队的故事。

五、意义修辞病例评改训练

从意义修辞角度评改下列病例。
(1) 这位同学，请你不要在桌子上糊纸。
(2) 最喜欢的是他弟弟。
(3) 盐在血液循环中起着重要地位。
(4) 这篇文章反映了一个课余生活的上海高校学生的侧面。
(5) 作家们通过努力写出的小说、散文、剧本，以及画出的漫画都受到了读者的欢迎。
(6) 洞庭湖，一望无边，波涛汹涌，气势雄伟。经过长时期的建设，现在洞庭湖已经成了祖国的商品粮基地之一。
(7) 我们货架上所有文具和钢笔、圆珠笔、铅笔都应有尽有。
(8) 小林想了一会儿，肯定地说："民歌嘛，就是流传在民间的歌谣。"
(9) 学生是应当努力学习的，我不是学生，所以我不应当努力学习。
(10) 他生长在偏僻的山区，因而从小就对农民有深厚的感情。
(11) 大家如果不认真学好语文，就不会有较高的思想水平。
(12) 我家有爸爸、妈妈和我三个成员，每天早上我们三人就分道扬镳，各奔前程，晚上又殊途同归。爸爸是建筑师，每天在工地上指手画脚；妈妈是售货员，每天在商店来者不拒；我是学生，每天在教室呆若木鸡。我们三人臭味相投，家中一团和气。但我成绩不好的时候，爸爸就同室操戈，心狠手辣地揍得我五体投地，妈妈在一旁袖手旁观，从来不曾见义勇为。
(13)【××小区物业服务中心】温馨提示：
尊敬的业主：

您好！节日临近，为了防止小区业主财产安全不受侵害，自五一期间，对小区长期无人居住的住户采取暂停水电防范措施，防止滴漏跑冒和火灾隐患，避免造成业主不必要的损失，如需使用，请及时通知物业服务中心开通。

（14）朋友的儿子读高二，有天晚上打电话给女同学，很不幸被女同学的母亲接到。正为女儿成绩下降着急的母亲一听是个男生，就非常警惕，很不悦地问道：你姓什么？男孩说：我姓魏。对方的语气很不客气：魏什么？男孩更紧张了，结结巴巴地回答：我也不知道为什么，我爸爸也姓魏……

（15）我我我！爆炸！不是！瞎子的话！你全身都是小哥的血！他没有多少血再给你了！啊啊啊啊啊啊啊啊啊又萌又虐又燃又心疼！之前胖子看到的那些记号嗷嗷嗷嗷我一个语无伦次的哭泣和原地螺旋升天！俩泡油条终于舍得出来了！几乎是毫无预兆俩人就出来了！心情简直跟昨天看了妇联三预告一样一样的！刀尖上舔糖吃！我不管这就是糖！

六、辞格修辞病例评改训练

从辞格修辞角度评改下列病例。
（1）一个南瓜如地球，结在五岳山上头。把它架到大西洋，世界又多一个洲。
（2）大家决心学雷锋人，走雷锋路，接雷锋抢，使雷锋精神不断发扬光大。
（3）登山远望，对岸一方池一方池的稻田，好像天上的繁星一样。
（4）武震一到桥头，先听见一片人声，鬼哭狼嚎地从桥南头滚过来，转眼就有无数朝鲜人从烟火里涌出来。（杨朔《三千里江山》原稿）
（5）公园里，人群喧闹，小孩嬉笑；百花争艳，桃李争妍，一派春意盎然的景象。
（6）这歌声似一盏灯把我的红心照亮。
（7）人群欢跃，泥土也从地下伸出头来向着人们微笑。
（8）老周惨死在日本鬼子监工的棍棒之下。老人回想着，眼眶里淤满一层潮湿的泪雾。
（9）花明柳媚春光好，大江南北庆丰收。
（10）秋雨跳着欢快的舞，一下就是几天，什么活也干不了，真闷死人了。

七、语体风格病例评改训练

从语体修辞和风格修辞角度评改下列病例。
（1）一位职员的请假条：

请假条

王总：
　　本小姐因家中有急事，本周三至周五不能回单位上班，特此请假。
　　此致
敬礼

职员　金慧兰
2011 年 3 月 7 日

（2）初中生记叙文《变迁》片段：

阿婆笑着对我说："自十一届三中全会以来，我们家的生活日益美满。我虽然年高体弱，不再从事田间劳动了，然而干些家务还精神抖擞的。"

（3）梁启超在徐志摩婚礼上致的证婚词：

徐志摩，你这个人性情浮躁，以至于学无所成，做学问不成，做人更是失败，你离婚再娶就是用情不专的证明！

陆小曼，你和徐志摩都是过来人，我希望从今以后你能恪遵妇道，检讨自己的个性和行为，离婚再婚都是你们性格的过失所造成的，希望你们不要一错再错自误误人。

不要以自私自利作为行事的准则，不要以荒唐和享乐作为人生追求的目的，不要再把婚姻当作儿戏，以为高兴可以结婚，不高兴可以离婚，让父母汗颜，让朋友不齿，让社会看笑话！

总之，我希望这是你们两个人这一辈子最后一次结婚！这就是我对你们的祝贺！——我说完了！

（4）曹雪芹《红楼梦》中薛蟠作的诗句：

女儿悲，嫁个男人是乌龟。女儿愁，绣房钻出个大马猴。女儿喜，洞房花烛朝慵起。

主要参考文献

[1] 安国启,等. 中外著名演讲欣赏[M]. 北京:春秋出版社,1988.
[2] 白春仁,等. 俄语语体研究[M]. 北京:外语教学与研究出版社,1999.
[3] 蔡玮. 新"新闻语体"研究[M]. 上海:学林出版社,2010.
[4] 曹林. 时评写作十讲[M]. 上海:复旦大学出版社,2011.
[5] 曹炜,高军. 广告语言学教程[M]. 广州:暨南大学出版社,2007.
[6] 陈炳迢. 辞书概要[M]. 福州:福建人民出版社,1985.
[7] 陈光磊. 修辞论稿[M]. 北京:北京语言文化大学出版社,2001.
[8] 陈建军. 演讲理论与欣赏[M]. 武汉:武汉大学出版社,2005.
[9] 陈满铭. 章法学综论[M]. 台北:万卷楼图书股份有限公司,2003.
[10] 陈望道. 修辞学发凡[M]. 上海:上海教育出版社,1979.
[11] 程祥徽,邓骏捷,张建桦. 语言风格学[M]. 南宁:广西教育出版社,2000.
[12] 丁金国. 语体意识与语言运用[J]. 修辞学习,2005(3).
[13] 高彤心. 应用写作实训教程[M]. 北京:高等教育出版社,2015.
[14] 郭志林. 应用写作手册[M]. 长春:吉林大学出版社,1994.
[15] 郭光华. 新闻写作[M]. 北京:中国传媒大学出版社,2006.
[16] 何兆熊. 语用学概要[M]. 上海:上海外语教育出版社,1989.
[17] 黄伯荣,廖序东. 现代汉语(下册,第五版)[M]. 北京:高等教育出版社,2011.
[18] 胡范铸. 幽默语言学[M]. 上海:上海社会科学院出版社,1987.
[19] 金锡谟. 病句分析[M]. 北京:书目文献出版社,1983.
[20] 李贵如. 现代修辞学[M]. 北京:经济科学出版社,1995.
[21] 李军. 话语修辞理论与实践[M]. 上海:上海外语教育出版社,2008.
[22] 李裕德. 怎样改病句[M]. 北京:北京出版社,1980.
[23] 黎运汉. 黎运汉修辞·语体·风格论文选[M]. 广州:暨南大学出版社,2004.
[24] 黎运汉,盛永生. 汉语修辞学[M]. 广州:广东教育出版社,2006.
[25] 黎运汉,盛永生. 汉语语体修辞[M]. 广州:暨南大学出版社,2009.
[26] 黎运汉. 汉语风格学[M]. 广州:广东教育出版社,2000.
[27] 李元授,邹昆山. 演讲学[M]. 武汉:华中科技大学出版社,2003.
[28] 林兴仁. 实用广播语体学[M]. 北京:中国广播电视出版社,1989.
[29] 刘伯奎. 教师口语——表述与训练[M]. 上海:华东师范大学出版社,1994.
[30] 刘伯奎. 教师口语训练教程(第二版)[M]. 北京:中国人民大学出版社,2011.
[31] 刘凤玲,曾毅平. 修辞·语体·风格[M]. 香港:香港文化教育出版有限公

司，2000.
[32] 刘进喜，等. 中外幽默演讲选评［M］. 北京：中国华侨出版社，1993.
[33] 吕叔湘，朱德熙. 语法修辞讲话［M］. 北京：中国青年出版社，1979.
[34] 罗成. 领导干部演讲艺术［M］. 厦门：鹭江出版社，2014.
[35] 陆仁昌. 现代汉语教程［M］. 长春：东北师范大学出版社，1990.
[36] 孟建安. 汉语修辞转化论［M］. 广州：暨南大学出版社，2013.
[37] 孟建安. 汉语病句修辞［M］. 北京：中国文联出版社，2000.
[38] 孟建安. 修辞语义：描写与阐释［M］. 广州：暨南大学出版社，2015.
[39] 孟建安. 口语交际教学新思维［M］. 广州：暨南大学出版社，2018.
[40] 孟建安，等. 现代汉语（上、下）［M］. 北京：东方出版社，1998.
[41] 孟建安. 人际交往语言学［M］. 广州：世界图书出版公司，2019.
[42] 孟建安，苏文兰. 中国文化概论［M］. 广州：暨南大学出版社，2016.
[43] 聂焱. 广义同义修辞学［M］. 北京：中国社会科学出版社，2009.
[44] 童兵，陈绚. 新闻传播学大辞典［M］. 北京：中国大百科全书出版社，2014.
[45] 王德春，陈晨. 现代修辞学［M］. 南昌：江西教育出版社，1989.
[46] 王德春. 语体略论［M］. 福州：福建教育出版社，1987.
[47] 王德春，陈瑞端. 语体学［M］. 南宁：广西教育出版社，2000.
[48] 王建华，周明强，盛爱萍. 现代汉语语境研究［M］. 杭州：浙江大学出版社，2002.
[49] 王军元. 广告语言［M］. 上海：汉语大词典出版社，2005.
[50] 王荣生. 解读语文实践［J］. 课程·教材·教法，2006（4）.
[51] 王希杰. 修辞学通论［M］. 南京：南京大学出版社，1996.
[52] 王希杰. 修辞学新论［M］. 北京：北京语言学院出版社，1993.
[53] 王希杰. 病句生成学［J］. 汉语学习，1989（3）.
[54] 夏晓鸣，钱正，曹晓燕，等. 广告文案写作［M］. 武汉：武汉大学出版社，2006.
[55] 邢福义. 现代汉语［M］. 北京：高等教育出版社，1991.
[56] 杨岱励. 怎样纠正病句［M］. 上海：上海人民出版社，1975.
[57] 于根元. 应用语言学概论［M］. 北京：商务印书馆，2003.
[58] 袁晖，李熙宗. 汉语语体概论［M］. 北京：商务印书馆，2005.
[59] 曾毅平. 华语修辞［M］. 广州：暨南大学出版社，2012.
[60] 张武江. 电视商业广告语体研究［M］. 北京：中国传媒大学出版社，2015.
[61] 张静. 新编现代汉语［M］. 上海：上海教育出版社，1986.
[62] 张弓. 现代汉语修辞学［M］. 石家庄：河北教育出版社，1993.
[63] 张炼强. 修辞认知理论与实践［M］. 北京：首都师范大学出版社，2012.
[64] 章毅. 大学应用文写作教程［M］. 天津：南开大学出版社，2012.
[65] 郑颐寿：语体划分概说［M］//中国华东修辞学会，复旦大学语言文字研究. 语体论. 合肥：安徽教育出版社，1987.

［66］郑颐寿. 比较修辞［M］. 福州：福建人民出版社，1982.
［67］祝克懿. 新闻语体探索——兼论语言结构问题［M］. 福州：海风出版社，2007.
［68］祝克懿. 掇沉珠集·李熙宗卷［M］. 上海：复旦大学出版社，2010.
［69］庄涛，等. 写作大辞典新版［M］. 上海：汉语大词典出版社，2003.
［70］宗廷虎. 修辞的原则和标准［J］. 修辞学习，1986（5）.
［71］易蒲. 小议"病例"修辞［J］. 修辞学习，1992（1）.
［72］宗廷虎，等. 修辞新论［M］. 上海：上海教育出版社，1988.
［73］宗廷虎. 宗廷虎修辞论集［M］. 长春：吉林教育出版社，2003.

后 记

　　新时代背景下，高等院校尤其是地方性高校大多都在重新思考办学新理念并重新定位人才培养目标，试图寻求一种能够与地方、与社会、与基础教育对接的新型办学模式。正是基于这样的大背景，作为以中文为背景的各相关专业，在人才培养方案修订过程中，应紧跟学校改革的步伐，坚持学校办学思想，努力进行课程改革，使专业课程设置及课程群的构建更加符合应用型人才培养的要求。在汉语言文学专业课程体系中，"中小学语文修辞实践"课程是实践类课程模块中的一门课程。该课程旨在帮助汉语言文学专业大学生在掌握实用修辞理论知识尤其是特定语体理论知识的基础上，逐步分层提高综合性修辞应用能力与语文实践能力。

　　与课程匹配的是要有适宜的教材，这样才能更有效开展实践训练教学，并最终达成应用型人才培养目标，因此，教材建设就成为摆在教师面前的首要任务。我们意识到了这一问题的急迫性与重要性，经过反复思考形成了编写配套教材的基本构想。本教材秉持应用型人才培养办学理念，奉行"应用至上，能力为本"思想，把大学生综合性语文实践能力培养作为目标导向；坚持"语体为纲"，突出"语境参照"，并以特定语体为抓手；紧紧围绕"实践应用"与"能力培养"来组织教材内容，通过知识应用训练和语体文写作实践来强化培养大学生的综合语文实践能力。教材主体内容凸显的是"说""写"语文实践以及特定语体规制下具体语境中的修辞应用，由此而形成本教材聚焦应用能力培养并把特定语体文写作实践落到实处的内容特色。每个章节开篇都编制有"本章导读""教学目标"，以帮助引导师生把握核心教学内容以及要达成的教学目标；每个章节都结合教学重点与教学要求，设计构拟了形式多样、题量适宜、针对性强、实用性高的知识应用与写作技能训练题。这是对教材主体内容的延伸与拓展，更是对应用能力培养的进一步强化。本教材为新版应用型人才培养方案汉语言文学专业实践类课程"中小学语文修辞实践"的使用教材，也适合于以中文为背景的各相关专业。

　　为了编写出一本质量较高应用性较强的语文实践类教材，我们组织了跨专业学科并长期从事语言类、写作类、新闻类、广告类、文学类课程教学与实践的教师成立了编写组。本教材由孟建安教授担任主编，并由易洁副教授、陈爱锋博士、黄年丰博士以及黄秋尘和段然两位年轻老师作为编写组成员。编写组经过长时间反复沟通与讨论，由孟建安教授最终拟定了编写大纲、编写体例、编写要求、大部分内容要点，并根据各自的学术旨趣与教学实际分配了编写任务。全书共十一章，其中第一、十一章由孟建安（肇庆学院）编写，第二、四章由黄年丰（肇庆学院）编写，第三章由易洁（肇庆学院）编写，第五、九章由陈爱锋（浙江理工大学史量才新闻与传播学院）编写，第六、八章由黄秋尘（肇庆学院）编写，第七、十章由段然（肇庆学院）编写。书稿编撰后，由主编孟建安教授三次统稿，并经参编者修改后再由孟建安教授调整、修改（重写了个别节、点）而定稿。由于种种原因，疏漏与错误在所难免，敬请各位学者与读者批评指正！

后 记

在编写过程中，参阅了学界不少前辈和同仁的相关研究论著，吸收借鉴了一些有实际意义的材料和观点，选用了（含网络）一些图片。除个别文献、图片失记外，我们都尽量一一标明出处。对诸位学者，我们怀着无限的感佩和敬意！尤其需要特别说明的是，我们把黎运汉、袁晖、李熙宗、盛永生等先生有关语体的分类与相关论述作为本教材编写的重要参照，在此谨向各位学术前辈致敬并表示最由衷的谢意！本教材获肇庆学院校本系列教材出版基金资助，校本系列教材编委会主任曾桓松书记、副主任王忠副校长以及教务处丁孝智处长一直关心并热情支持本教材的出版，评审专家给予本教材以充分肯定，肇庆学院文学院张令吾教授提出了非常宝贵的意见！一切都历历在目，值此本教材出版之际，向各位领导、专家表示由衷的谢意！

孟建安
2018 年 9 月 28 日